Hidup Saya Iman Saya I

"Aku cinta pada mereka yang mencintai Aku; dan mereka yang rajin mencari Aku akan menemui Aku."
(Amsal 8:17)

Hidup Saya Iman Saya I

Dr. Jaerock Lee

Hidup Saya Iman Saya I oleh Dr. Jaerock Lee
Diterbitkan oleh Urim Books (Wakil: Kyungtae Noh)
73, Yeouidaebang-ro 22-gil, Dongjak-gu, Seoul, Korea
www.urimbooks.com

Semua Hak Cipta Terpelihara. Keseluruhan atau sebahagian buku ini tidak boleh diterbitkan semula dalam apa jua bentuk, disimpan dalam sistem dapatan semula, disebarkan dalam apa jua bentuk atau dengan apa jua cara, biarpun secara elektronik, mekanikal, fotokopi, rakaman atau lain-lain cara, tanpa dahulunya memperolehi kebenaran bertulis daripada penerbit.

Kecuali dinyatakan sebaliknya, semua petikan Kitab diambil dari Kitab Suci Injil, NEW AMERICAN STANDARD BIBLE, ®, Hak Cipta © 1960, 1962, 1963, 1968, 1971, 1972, 1973, 1975, 1977, 1995 oleh Yayasan Lockman. Digunakan dengan kebenaran.

Hak Cipta Terpelihara © 2015 oleh Dr. Jaerock Lee
ISBN: 979-11-263-0037-2 04230
ISBN: 979-11-263-0036-5 (set)
Hak Cipta Penterjemahan © 2012 oleh Dr. Esther K. Chung. Digunakan dengan kebenaran

Dahulunya diterbitkan kepada bahasa Korea oleh Urim Books pada tahun 2006.

Pertama Diterbitkan Pada Disember 2015

Disunting oleh Eunmi Lee
Direkabentuk oleh Biro Editorial Urim Books
Dicetak oleh Syarikat Pencetakan Yewon
Untuk maklumat lanjut, hubungi urimbook@hotmail.com

| Pujian |

Aroma Kerohanian Yang Mendalam

Sering dikatakan bahawa kita boleh mendapatkan minyak wangi yang paling harum daripada bunga mawar di Pergunungan Balkan. Namun, kita tidak boleh memperolehinya daripada sebarang bunga mawar Pergunungan Balkan. Untuk mendapatkan minyak wangi dengan mutu tertinggi, pati perlu diekstrak daripada bunga mawar yang dipetik pada pukul dua pagi, waktu yang paling sejuk dan paling gelap.

Hidup Saya Iman Saya I & II, siri autobiografi dua bahagian mengenai Dr. Jaerock Lee, turut menyediakan aroma kerohanian yang paling harum bagi para pembacanya. Ini adalah kerana kehidupan beliau diekstrak daripada kasih Tuhan setelah mengalami kehidupan diselubungi kegelapan, kedinginan serta perasaan putus harapan yang agak mendalam.

Kenapa Dr. Lee tidak mempunyai waktu usia muda seperti orang lain yang mengimpikan sebuah kehidupan yang cerah di masa hadapan? Terdapat suatu ketika dahulu dalam kehidupan beliau di mana beliau berusaha untuk menamatkan pengajian daripada sebuah kolej yang terkemuka, belajar di luar negara, dan menjadi seorang insan yang hebat dan berjaya. Tetapi yang terjadi, tidak seperti impiannya, kehidupan beliau mula penurunannya ke dalam lembah penuh kekecewaan. Badannya diliputi oleh luka-luka penyakit. Daripada mendapat kemasyuran, beliau dipandang rendah oleh orang-orang yang terdekat dengannya. Beliau mendapat kesedaran yang mendalam betapa tidak bermaknanya kasih duniawi. Dia mengerti tentang kemiskinan dan betapa pedihnya apabila dia tidak berdaya selaku ketua keluarga. Justeru itu, beliau telah cuba membunuh diri sebanyak dua kali.

Sewaktu di dalam lembah kekecewaan yang melemaskan inilah dia menemui Tuhan. Sehingga ke saat itu, beliau berjuang bersendirian menghadapi kehidupan yang memenatkan. Tetapi Tuhan yang Maha berkuasa dan penuh kasih sayang datang kepada beliau dan mula berjalan dengan beliau. Tuhan menyelamatkan beliau daripada kekecewaan dan memenuhi dirinya dengan harapan syurga! 'Bagaimana saya harus membayar balik curahan rahmat Tuhan yang menakjubkan ini?' menjadi fokus segala-gala tindakan dalam kehidupan Dr. Lee. Beliau melakukan "Suruhan" yang diperintah oleh Tuhan. Beliau menjauhi segala larangan Tuhan. Beliau pergi apabila Tuhan perintahnya "Pergi." Beliau menjadi tawanan kasih sayang tertinggi dan teragung Tuhan, dan matlamat utama hidupnya kini adalah untuk menjadi lebih menyenangkan di mata Tuhan.

Pengakuan kasih sayang yang mendalam Paulus sebagaimana

tercatat dalam Roma 8:35-39 juga merupakan pengakuan Rev. Dr. Lee: *"Siapa akan memisahkan kita daripada kasih sayang Yesus? Adakah dugaan, atau kekecewaan, atau penganiayaan, atau kebuluran, atau keadaan bogel, atau bahaya, atau pedang? Seperti yang telah tercatat, 'Demi Kamu kami dibunuh sepanjang hari; kami dianggap sebagai biri-biri untuk disembelih.' Walaupun menghadapi semua dugaan ini, kita akhirnya mengatasinya melalui Dia yang mengasihi kita. Kerana saya yakin bahawa walaupun kematian, atau kehidupan, atau para malaikat, atau prinsip-prinsip, atau kejadian masa kini, atau kejadian masa hadapan, atau kuasa, atau ketinggian, atau kedalaman, atau apa-apa ciptaan lain, tidak mampu memisahkan kita daripada kasih sayang Tuhan, yang wujudnya dalam Yesus Kristus."*

Seperti yang dikatakan dalam Amsal 8:17, *"Aku cinta pada mereka yang mencintai Aku; dan mereka yang rajin mencari Aku akan menemui Aku,"* sekiranya ia merupakan kehendak Tuhan, Dr. Lee hanya menjawab dengan perkataan 'Ya' dan 'Amin' sepenuh hatinya dalam apa jua keadaan. Tuhan memenuhi beliau dengan kuasa-Nya dan mengangkat martabatnya lebih tinggi dari seluruh dunia. Gereja beliau, Gereja Manmin (Segala Ciptaan) Joong-ang (Pusat) berdoa untuk semua orang di semua negara setara dengan maksud nama Manmin. Ia melaksanakan wahyu-wahyu dari Tuhan satu demi satu dan telah menjadi pusat kejadian kerja-kerja Roh Kudus yang mengagumkan.

Oleh kerana Rev. Dr. Lee sendirinya telah menderita akibat pelbagai jenis penyakit, beliau memahami penderitaan mereka yang menghidapi penyakit. Oleh kerana beliau sendiri juga dibenci dan diketawakan, beliau memahami hati mereka yang patah hati. Oleh kerana beliau pernah dilanda kemiskinan yang teruk, dia memahami hati mereka yang merana akibat beban berat kemiskinan. Itu lah sebabnya ribuan ahli gereja beliau berhimpun mengelilingi beliau hanya untuk bersemuka dengan beliau.

Kehidupan Rev. Dr. Lee merupakan contoh dramatik terbaik bagaimana kehidupan seseorang boleh berubah secara mendadak sebelum dan selepas mengenali Tuhan. Kehidupan beliau menunjukkan pada kita bagaimana ketaatan dan beriman sepenuhnya kepada Tuhan boleh mendatangkan hasil yang begitu banyak secara mental dan rohaniah.

Perjalanan hidup beliau jelas membuktikan pada kita bahawa rahsia memperolehi segala rahmat ini adalah dengan menjadi diri kita benar dan suci seperti kristal, sama seperti Tuhan Bapa adalah suci, kadang-kadang seperti seekor singa mengaum dan pada masa lain lembut seperti belaian tangan seorang ibu.

Sama seperti kehidupan Dr. Lee yang sungguh mengharumkan, saya harap para pembaca buku ini dapat menghasilkan haruman yang lebih wangi daripada wangian bunga-bunga mawar dari Pergunungan Balkan.

Disember 10, 2006
Rev. Dr. Esther K. Chung
Bekas Presiden Universiti Wanita Seoul, Seoul, Korea
Presiden Seminari Antarabangsa Manmin, Seoul, Korea
Profesor Kehormat, Universidad Nacional de San Antonio Abad del Cusco, Peru

Ulasan Buku

Dugaan Pahit dan Kuasa

Hidup Saya Iman Saya I & II memberikan jawapan jelas kepada persoalan, "Bagaimana harus kita menjalankan kehidupan seorang Kristian?" Oleh itu, ia merupakan buku untuk mereka yang telah menerima Yesus Kristus dan mempercayai dengan darah Nya dari salib.

Bercakap secara jujur, Dr. Jaerock Lee, Paderi Kanan Gereja Manmin Sentral ialah seseorang yang saya tidak begitu kenal. Pada suatu hari, seorang rakan saya telah memberi autobiografi beliau *Hidup Saya Iman Saya I & II* dan saya tidak dapat menahan air mata lagi apabila membaca kedua-dua bahagian buku itu. Saya membaca buku tersebut pada satu malam apabila saya tidak dapat tidur, saya sungguh terpesona dengannya.

Saya tidak mampu menahan air mata membaca tentang penderitaan beliau akibat penyakit, kemiskinan, masalah keluarga, yang kesemuanya boleh dibandingkan dengan penderitaan yang dialami oleh Ayub. Ia juga adalah perasaan sedih Korea yang unik. Penyakit beliau agak teruk sehingga beliau terpaksa minum air najis badan manusia, dan telah cuba membunuh diri dalam dua peristiwa yang berasingan. Walaupun saya juga pernah menderita dalam hidup, saya masih tidak mampu menahan air mata daripada mengalir.

Kebanyakan orang Korea yang telah melalui waktu apabila kami terpaksa berjimat cermat pada musim bunga pada tahun 50-an dan 60-an telah melalui banyak penderitaan. Namun pada hari ini, ramai orang masih tidak mampu memanaskan rumah mereka sewaktu musim sejuk mahupun memakan tiga kali sehari. Terdapat juga ramai yang dijangkiti pelbagai penyakit tetapi tidak mampu mendapatkan rawatan di hospital. Terdapat ramai yang masih menderita di penempatan-penempatan sementara selepas melalui malapetaka alam semula jadi seperti banjir dan lain-lain. Kita orang Korea belum lagi bebas sepenuhnya daripada belenggu kemiskinan dan penderitaan.

Tetapi Rev. Dr. Lee telah menjalani kehidupan yang berlainan selepas mengatasi segala penderitaan dan kesakitan dan buku ini menggambarkan langkah-langkah beliau dengan cara yang betul-betul menyayat hati. Tetapi ini tidak bermakna buku ini ditulis dengan perkataan-perkataan besar beragam warna mahupun aroma gaya kesasteraan. Sebaliknya, ayat-ayatnya yang mudah dan jujur menyentuh hati saya.

Tidak kah lebih sesuai saya memanggilnya 'Aroma Kejujuran'? Pengakuannya yang mengandungi kebenaran tentang penyelamatan Tuhan serta memberi kesyukuran kepada Yesus Kristus mampu membuatkan para pembaca turut merasai kasih kurniaan Tuhan.

Ini mungkin kerana saya tidak pernah menemui 'buku-buku

yang benar-benar bagus,' walau bagaimanapun, sebab utama buku ini menyentuh hati saya adalah kerana keinsafan dalam kehidupan beliau setelah mengenali Yesus, ketaatan pada seruan Tuhan dan memasuki Kolej Seminari untuk menjadi seorang paderi, dan percubaan menyelamatkan walau satu arang brikuet, merupakan satu simbol kehidupan kepada saya, kehidupan jiran-jiran, kanak-kanak yang menjadi ketua rumah masing-masing, serta mereka yang sedang menderita akibat kecacatan anggota badan. Setelah membaca buku ini, saya terpaksa mengubah haluan kehidupan Kristian saya secara drastik.

Saya percaya kehidupan Rev. Dr. Jaerock Lee mampu menjadi model buku teks untuk menjalani kehidupan Kristian kita. Kami percaya kami disucikan apabila mendengar khutbah-khutbah beliau di gereja, namun sering berkompromi apabila kembali menjalani kehidupan biasa kami dan oleh itu terus berdosa. Ini merupakan lingkaran tidak berhujung dalam kehidupan kami dalam iman.

Hidup Saya Iman Saya I & II memberikan jawapan jelas kepada persoalan, "Bagaimana harus kita menjalankan kehidupan seorang Kristian?" Rev. Dr. Jaerock Lee melalui buku beliau, menggalakkan kita memohon pada Tuhan melalui doa. 'Berdoa untuk menyucikan diri dan menjadi berguna bagi kehendak Tuhan,' 'Berdoa untuk menerima kuasa Tuhan,' 'Berdoa untuk menerima pemberian-pemberian Roh Kudus,' 'Berdoa untuk gereja anda, paderi anda, dan hamba-hamba Tuhan yang lain,' 'Berdoa untuk kebenaran dan kerajaan Tuhan,' dan 'Berdoa untuk kasih sayang rohani.' Pengakuan imannya yang berpunca daripada pengalaman-pengalaman beliau menyentuh kehidupan kami.

Keajaiban-keajaiban yang berlaku sejurus dia membuka gereja beliau termasuk keajaiban pemulihan penyakit, memulihkan mereka yang sedang nazak dan juga pemulihan mereka yang telah mati mampu menjadikan paderi-paderi lain cemburu pada beliau. Beliau belajar di seminari kesucian ortodoks dan ditahbiskan oleh mereka, jadi kenapa denominasi itu mengucilkan beliau? Proses lekat lalim denominasi itu juga diterangkan secara terperinci.

Kita boleh melihat entiti sepenuhnya dengan melihat pada buah. Hari ini, api keajaiban Roh Kudus membakar setiap minggu di Gereja Besar Manmin, dan lebih ramai lagi orang dengan penyakit yang tiada penawar dipulihkan. Perhimpunan besar-besaran diadakan di Amerika Syarikat, Rusia, Afrika, Timur Tengah, Eropah dan Amerika Latin, dan ramai orang dari seluruh dunia turut menyaksikan keajaiban-keajaiban yang berlangsung. Kini, Korea sedang berkembang menjadi 'Pusat Mubaligh' sedunia!

Walaupun selepas dia telah menaikkan Gereja Besar Manmin sebagai salah satu yang terbesar di dunia, dia terus menjalani hidupnya dengan hanya rajin berdoa dan doa berpuasa. Walaupun anak-anak perempuannya berada dalam keadaan yang mengancam nyawa mereka, dan walaupun dia hampir-hampir mati akibat pendarahan berterusan selama beberapa hari disebabkan keletihan yang melampau, dia mengatasi segala dugaan itu hanya dengan beriman. Namun beliau tidak pernah bermegah diri dengan perkara-perkara tersebut. Iman beliau adalah apa yang kita harus contohi.

Sememangnya suatu misteri apabila Yesus menukar air kepada wain di majlis makan sebuah perkahwinan, memulihkan mereka yang berpenyakit kusta dan menghidupkan kembali Lazarus yang telah mati. Jadi, kenapa ada setengah pihak yang mengkritik kerja-kerja pemulihan penyakit serta kuasa Tuhan yang telah dianugerahkan kepada Rev. Dr. Jaerock Lee? Adakah kita boleh bercakap tentang 100 tahun agama Kristian bertapa di Korea tanpa menyebut tentang kerja-kerja pemulihan penyakit?

Korea mempunyai bilangan mazhab gereja yang terbesar di dunia. Ia adalah sebuah negara di mana kita boleh melihat orang berdoa bersama-sama dengan kuat, badan mereka menggeletar sambil berdoa dan kadang-kadang menari sambil menyanyi penuh kesyukuran; penyakit kanser dipulihkan semasa sesi doa 'Berdoa di Gunung', dan mereka yang telah mati dihidupkan. Sejumlah besar mubaligh telah ditauliahkan di Korea pada hari ini. Dengan membaca buku Rev. Dr. Jaerock Lee, saya dapat merasa bahawa Korea ialah sebuah negara yang diberkati.

Kini, Rev. Dr. Jaerock Lee sering berkhutbah tentang 'Syurga', dan kita tidak tahu bila ia akan berakhir. Sekiranya orang lain berbicara tentang perihal ini, orang itu tidak akan mempunyai banyak untuk disampaikan selepas bercakap tentangnya selama beberapa minggu. Tetapi dengan berlalunya masa, Rev. Dr. Lee bercakap tentangnya dengan lebih jelas dan lebih terperinci. Saya yakin ini adalah keran beliau telah dikurniakan dengan kebolehan meramal dan lain-lain kurniaan, jadi kesemua khutbahnya terus-menerus ibarat benang sutera keluar daripada cacing sutera.

Sepertimana diperkatakan oleh Raja Sulaiman melalui

metafora tercatat dalam Amsal, pesanan-pesanan Rev. Dr. Jaerock Lee disampaikan dengan lembut dan mudah difahami, menyampaikan Pesanan Tuhan yang diucapkan tepat pada waktunya adalah seperti buah epal emas di pinggan perak. (Amsal 25:11). Beliau menjelmakan kuasa mukjizat setelah melalui pelbagai dugaan yang sengit.

February 2007

Yoorim Han (Penulis Televisyen)

Isi Kandungan

Pujian

Ulasan Buku

Bab 1
Teringat Seorang Bayi Bisu Telah Dilahirkan

1. Ibu Bapa Saya Mengajar Saya Kebaikan dan Kebenaran	2
2. Zaman Remaja Saya	11
3. Perkahwinan Saya dan Takdir Saya	17
4. Isteri Saya Berada Dalam Keadaan Putus Harapan	26

Bab 2
Tuhan Memang Wujud!

1. Apabila Kelopak Terakhir Jatuh, Hidup Saya Juga Akan Jatuh	36
2. "Adakah Semua Orang Di Sini Gila?"	42
3. "Saya Boleh Dengar! Saya Boleh Dengar!"	46
4. Penceraian dan Kepulangan Isteri Saya	52

Bab 3
Seruan Saya

1. Permulaan Kehidupan Kristian Yang Bersungguh-sungguh — 66
2. Tuhan Membawa Saya ke Kedudukan Agak Tandus — 74
3. Bagaimana Saya Boleh Hidup Berdasarkan Pesanan Tuhan? — 80
4. Satu-satunya Kehendak Saya — 88
5. Dilatih Untuk Memahami Suara Roh Kudus — 95

Bab 4
Seruan Tuhan

1. "Tuhan, Bagaimana Kamu Boleh Memilih Orang Seperti Saya?" — 102
2. Tuhan Biar Kita Mendapat Balasan Apa Yang Kita Semai — 110
3. Berpuasa Dengan Banyak Hasil Inspirasi Roh — 120
4. Cara untuk Menawarkan Doa Berpuasa — 126
5. Tangan Tuhan Menyediakan Pembukaan Gereja — 133

Isi Kandungan

Bab 5
Permulaan Gereja

1. Menyediakan Pesanan Tuhan Selama Tiga Tahun	148
2. Dengan Tujuh Dolar	153
3. Menerima Jawapan Pembukaan Gereja	161
4. Bermula Dari Kosong	170
5. "Kecuali Anda Semua Melihat Tanda-tanda dan Keajaiban, Anda Memang Tidak Akan Percaya"	175
6. Ketika Saya Perintahkan Dengan Nama Yesus Kristus	184
7. Tidak kah Ada Sepuluh Yang Disucikan? Tetapi Yang Sembilan Berada Di Mana?	194
8. Menerima Penerangan Petikan-petikan Sukar dan 'Pesanan Salib'	208
9. Tuhan Bekerja Dengan Kami	217
10. Inspirasi Roh Kudus Meramal Perkara-perkara Masa Hadapan	231
11. Melainkan Dia Mendedahkan Penasihat RahsiaNya Kepada Hamba-hambaNya Para Rasul	243

Bab 6
Pertumbuhan Gereja dan Dugaan

1. Perampasan Hak Bersuara dan Tukul Kayu Yang Patah — 250
2. Memimpin Perjumpaan Penghidupan Semula di Seluruh Negara — 259
3. Berpindah Ke Gereja Baru Melalui Iman — 264
4. Upacara Perasmian bagi Gereja Baru dan Gangguan Yang Berterusan — 270
5. Penyelewengan Berdasarkan Kepada Injil — 276
6. Dugaan Pendarahan Sehingga Hampir Mati — 279
7. Walaupun Saya Telah Memberi Amaran Eskatologi Terhad-Masa — 286

Bab 7
Tuhan Memperluaskan Sempadan Gereja

1. Pintu Evangelisme Dunia Terbuka — 290
2. Iman adalah Jaminan Segala-gala Harapan — 296
3. Bekerjasama di dalam Kementerian Persatuan Gereja — 303
4. Apakah Rahsia Pertumbuhan Gereja? — 311
5. Gerakan Tempatan dan Antarabangsa pada Skala Besar — 316
6. L. A. 1995 — 331

Bab 1

Teringat Seorang Bayi Bisu Telah Dilahirkan

Ibu Bapa Saya Mengajar Saya Kebaikan dan Kebenaran

"Tsk, tsk... seorang bayi bisu telah dilahirkan. Kenapa dia tidak menangis?" Oleh kerana saya tidak menangis sejurus selepas dilahirkan, ibu bapa saya risau dan menampar punggung saya. Namun, saya masih tidak menangis, sebaliknya hanya tersenyum. Ahli keluarga saya amat sedih kerana mereka fikir saya memang bisu.

Setelah dirahmati Tuhan, saya sering bertanya-tanya kenapa saya tidak menangis sewaktu saya seorang bayi. Mungkin kerana roh saya sedar bahawa kehidupan saya di kemudian hari akan dirahmati sebagai seorang pesuruh Tuhan, membimbing ramai lagi insan ke arah takhlisan. Pada April 20, 1943, (berdasarkan kepada Kalendar Qamari) Saya adalah anak terakhir (daripada tiga orang anak lelaki dan tiga orang anak perempuan) yang dilahirkan oleh ayah saya, Chabeom Lee, dan ibu saya, Gamjang Cho. Tempat lahir saya adalah sebuah perkampungan kecil di Haeje Myeon, Muan Gun, Wilayah Jeonnam. Ayah saya seorang cendekiawan klasik-klasik Cina dan menghayati keanggunan dan muzik. Semasa Jepun menjajah Korea, dia membuat beberapa lawatan ke Korea untuk menjalankan perniagaannya, namun selepas mendapat kemerdekaan, dia menggulung tikar perniagaannya dan mencari tempat yang sunyi untuk hidup. Sewaktu saya berumur tiga tahun, keluarga saya berpindah ke Changsung, sebuah perkampungan di Boon-hyang Ri, Nam Myeon, Changsung Gun. Ia merupakan sebuah perkampungan eksklusif. Ramai orang berpendapat bahawa hanya ahli keluarga 'Chun' boleh mendiami di sana, namun keluarga saya dapat menyesuaikan diri mereka dengan mudah.

Ayah saya — seingat saya sejak kecil lagi — merupakan seorang yang tidak banyak berhubung dengan dunia luar dan lebih banyak menghabiskan masa membaca di rumah. Walau bagaimana pun, saya masih ingat ada sebilangan tetamu yang berkunjung ke rumah kami. Apabila ayah saya melayan tetamunya, dia sering minum bersama-sama mereka sambil membaca syair lama, atau bertanding dalam pengetahuan klasik-klasik Cina.

Ayah saya mempunyai hasrat ingin mendidik saya untuk menjadi seorang hebat

Jadi dia selalu berkata kepada saya, "Jaerock, seorang lelaki mesti mempunyai kesetiaan. Anda akan menjadi seorang lelaki yang hebat di dunia ini suatu hari nanti." Lazimnya, semua ibu bapa teringin anak mereka membesar dengan lurus dan berjaya dalam apa sahaja yang dilakukan. Tetapi saya masih ingat bagaimana ayah saya berusaha lebih gigih untuk menanam nilai-

nilai murni dalam diri saya, dan bagaimana ibu saya menjaga dan membuat pengorbanan demi keluarga kami.

Ayah saya mula mengajar saya 'Satu Ribu Aksara Cina' sewaktu saya hanya berumur lima tahun. Dia juga menceritakan kisah-kisah pahlawan terkenal. Apabila saya mendengar cerita-cerita daripada kisah *Romance of the Three Kingdoms* tentang Guan Yu, Zhang Fei, dan Zhao Yun, yang membahayakan nyawa untuk melindungi Tuan mereka Liu Bei, atau cerita Zhu Ge Lian yang membuatkan angin bertiup, saya berasa amat teruja sehingga tangan saya menjadi basah berpeluh. Ayah saya sering menceritakan kepada saya tentang ajaran-ajaran orang berilmu seperti Confucius dan Mencius, atau integriti tokoh-tokoh hebat. Cerita tentang Mongju Jung yang berkhidmat untuk Dinasti Koryo (yang ditakdirkan musnah) walaupun beliau menyedari hakikat bahawa beliau akan dibunuh, dan cerita Laksamana Soonshin Lee yang menyelamatkan negara daripada kemusnahan, ini lah cerita-cerita yang selalu menyayat hati saya tidak kira berapa kali saya mendengarnya semula. Cerita lelaki-lelaki hebat yang menjaga jawatan dan ketaatan mereka — walaupun dalam keadaan yang mengancam nyawa mereka — terpahat dalam hati budak kecil ini. Mendengar cerita ini, saya bertekad akan sentiasa menghormati ibu bapa saya, mengikut arah tuju yang betul, dan membalas segala pengorbanan yang saya dapat seumur hidup saya tanpa mengubah di pertengahan jalan.

Impian Menjadi Ahli Kongres

Saya bermula sekolah rendah dengan impian ingin menjadi

seorang ahli kongres, dan ayah saya selalu membawa saya menonton banyak ucapan-ucapan kempen pilihan raya. Kami biasa berjalan sejauh 10 atau 15 kilometer ke tapak kempen pilihan raya. Dia membawa saya melihat pilihan raya dewan undangan daerah, pilihan raya umum, dan pilihan raya presiden. Dia ingin mendidik saya menjadi seorang ahli politik yang boleh menyumbang tenaga kepada negara.

Pada masa itu, Parti Kemerdekaan memegang kuasa, dan ramai orang menghadiri ceramah-ceramah mereka. Penceramah-penceramah sangat baik kepada saya dan mereka semua nampaknya hebat. Saya dulu pernah berfikir, "Saya ingin menjadi seperti mereka apabila membesar nanti..." Mendengar ceramah para calon, Saya menanam impian ingin menjadi seorang ahli kongres. Saya terus mempunyai impian tersebut sehingga saya memasuki sekolah menengah. Saya akan pergi ke ceramah-ceramah itu sendiri untuk mendengarkan ucapan para calon.

Sebelum saya memasuki sekolah rendah, saya telah belajar jadual darab dan Hangul (skrip Korea) daripada adik-beradik saya, jadi sekolah tidak lagi menarik bagi saya. Saya lebih suka bermain-main dengan kawan-kawan saya selepas sekolah. Saya gemar bermain permainan yang sedikit kasar seperti bermain askar, bergusti dan bermain sepak. Saya lebih kuat berbanding kawan-kawan saya yang sebaya, dan saya sentiasa hendak memenangi setiap permainan. Saya amat degil dan angkuh pada masa itu. Saya selalu hendak menang dan akan meneruskan permainan sehingga saya menang. Saya sihat. Walaupun dengan masalah kewangan, ibu saya masih berusaha menyediakan ubat pemulihan herba yang sangat mahal untuk saya. Mengambil ubat seperti itu di kawasan luar bandar amat luar biasa. Kasih sayang ibu saya kepada anak bongsunya ternyata amat mendalam.

Apabila berjalan-jalan di luar sambil berpegang tangan dengan ibu saya, orang-orang tua di kampung selalu mengeluarkan kata-kata seperti, "Budak ini nampak pandai....Dia akan menjadi seseorang....saya boleh meramal dengan melihat mukanya bahawa dia akan menjadi seorang yang hebat nanti.....Jaga dia baik-baik!" Saya boleh nampak bahawa ibu saya sangat gembira apabila mendengar kata-kata seperti itu. Saya melihat dia kadang-kala melawati sebuah kuil Buddha dengan membawa pemberian berbentuk beras sambil berdoa supaya keluarga kami dirahmati.

Ibu Saya Rajin Berdoa

Ngaya kachida ishavahi mai ngatapkhuida Koreawui kachara saPada waktu malam, ibu saya akan mandi, bertukar baju memakai Hanbok (baju tradisional Korea), pergi ke luar, meletakkan sepinggang air bersih di atas sebuah balang dan berdoa kepada bintang-bintang. Selaku anak bongsu, saya mencuba menahan daripada tertidur sehingga dia balik. Pada sesetengah malam, apabila dia mengambil masa lebih lama daripada biasa, saya biasanya perhatikan gerak-gerinya melalui lubang kecil dalam tingkap kertas sehingga saya tertidur.

Saya pernah bertanya, "Ibu, mengapa ibu tunduk dan berdoa begitu banyak?" Dan dia menjawab, "kerana apabila saya berdoa kepada Gayung Besar (bintang biduk), abang kamu pulang dengan selamat dari Perang Korea, dan kamu semua anak-anak saya begitu sihat dan membesar dengan baik adalah kerana saya kuat berdoa." Tetapi lewat dalam hidup saya, apabila saya jatuh sakit dan terus sakit selama bertahun-tahun, dia berdoa kepada bintang untuk kesihatan saya, namun doa itu tidak berkesan lagi.

Tetapi sejurus dia mendengar bahawa saya telah disembuhkan sepenuhnya oleh kuasa Tuhan, dia dengan sendirinya bermula pergi ke gereja. "Sudah lama saya berdoa kepada bintang-bintang dan Buddha, namun Buddha dan Gayung besar tidak mampu menyembuhkan anak saya. Tetapi, kerana anak saya disembuhkan di sebuah gereja, jadi saya akan pergi ke gereja." Setelah dia berkata demikian, dia membuang semua berhala kepunyaannya dan menjadi seorang mukmin yang taat setia dan beriman kepada Tuhan yang satu.

Penumpuan Tegas Ibu Bapa Saya Terhadap Pendidikan

Oleh kerana saya anak bongsu, saya cenderung menurut cakap, jadi saya amat disayangi oleh kedua ibu bapa saya. Ibu bapa saya sangat tegas mengenai pendidikan dan disiplin dalam semua aspek kehidupan. Mereka bukan sahaja mengajar kami beradik tentang asas perhubungan sesama manusia, tetapi juga bersopan-santun dan menjaga tata-sila, cara berjalan dengan betul, bercakap, berpakaian, cara betul di meja makan, cara memegang sudu, cara tidur dan bangkit dari tidur. Mereka juga menegaskan bahawa ketika kami bercakap, kami dilarang meninggikan suara; kami tidak boleh bercakap sehingga orang lain telah habis bercakap; kami tidak boleh memandang terus mata orang yang lebih tua ketika mereka bercakap dengan kami; kami tidak boleh mengganggu ketika jiran melawat rumah; dan tidak kira betapa miskinnya kami, kami tidak boleh membiarkan seorang pengemis pulang dengan tangan kosong, dan lain-lain ajaran lagi. Mereka juga mengajar kami supaya sentiasa bertindak berpandukan kebaikan dan kesabaran. Saya percaya disebabkan ibu bapa mendidik saya dengan cara ini, saya mampu menjalani kehidupan yang berasas perikemanusiaan dan orang lain sering merujuk kepada saya sebagai 'lelaki yang tidak memerlukan undang-undang.' Setelah saya mengenali Tuhan, saya bersyukur kepada kedua-dua ibu bapa saya kerana cara didikan mereka yang tegas memudahkan saya bercakap "Amin" dan bertindak sewajarnya ke atas suruhan yang datangnya daripada Pesanan Tuhan.

Sebagai seorang cendekiawan Cina klasik, ayah saya juga mempelajari fisionomi, iaitu menilai peribadi seseorang berdasarkan kepada ciri-ciri fizikal dan tilikan tapak tangan. Dia sering meramal dengan tepat kejadian-kejadian penting yang akan berlaku di dalam negara, dan perkara-perkara lain yang akan berlaku di dalam kampung. Dia selalu berkata kepada saya, "Jaerock, kamu akan menjadi seorang lelaki yang hebat. Semuanya nampak baik, tetapi 'garis hidup' kamu sedikit pendek dan terputus di tengah-tengah, jadi kamu ditakdirkan mati pada usia yang muda. Tetapi terdapat garisan halus yang menyambungkan garis hidup kamu, jadi sekiranya kamu dapat hidup melepasi umur 30 tahun, kamu akan menjadi suatu rahmat kepada ramai orang."

Ayah saya amat gembira setelah membaca fisionomi dan menilik tapak tangan saya. Dia berkata bahawa, saya mungkin mati pada usia yang mudah, tetapi kalau saya dapat melepas usia 30 tahun, saya akan jelajah ke merata tempat di seluruh dunia dan dihormati oleh ramai orang. Apabila saya berusia 30 tahun, saya dilanda penyakit. Banyak kali saya berada di ambang kematian. Banyak kali saya tidak pasti sama ada saya akan hidup sehingga ke esokan hari. Hidup dengan keadaan sedemikian, saya tidak pasti sama ada saya masih mampu bermimpi menjadi seseorang yang hebat di masa hadapan. Ayah saya amat bersimpati dengan saya kerana dia percaya saya akan mati awal, jadi dia melakukan sedaya upaya untuk mengajar saya dan menyediakan yang terbaik untuk saya. Ibu saya juga menjalani kehidupan yang penuh ketekunan dan kesetiaan kepada saya dan seluruh keluarga.

Kemalangan Di Sekolah Rendah

Sejak usia kanak-kanak lagi, saya memang sihat. Oleh kerana saya anak bongsu, ibu saya amat menyayangi saya dan memberi saya makan madu dan pelbagai suplemen herba semula jadi yang lain. Jadi, saya pada waktu itu lebih kuat berbanding kanak-kanak lain sebaya saya. Walaupun saya masih muda, saya memenangi semua pingat dalam gusti Korea, dan semua orang menggelar saya "Lelaki Kuat." Ramai kanak-kanak mendampingi saya dan menganggap diri saya sebagai ketua mereka.

Sebagai kanak-kanak yang banyak dipengaruhi oleh Perang Korea, saya dan kawan-kawan saya sering bermain permainan-permainan kasar. Kami gemar bermain perang, lawan pedang, bermain sepak, bergusti, dan sejenis permainan dipanggil 'Sahbi' yang melibatkan kami mencubacuba mencekik orang lain sehingga orang itu menyerah diri. Semasa bergusti, kanak-kanak akan mengangkat tangan sebagai tanda menyerah kalah apabila telah dicekik. Saya pernah jatuh pengsan keran tidak mahu menyerah kalah. Tidak kira pertandingan apa, saya selalu bertanding sehingga menang kerana saya angkuh dan sangat degil. Dulu, sewaktu di darjah empat, saya sedang bermain dengan seorang kawan yang merupakan seorang pelajar sekolah menengah dan salah satu tulang rusuk saya tercedera. Pada masa itu, kami tidak mampu mendapat rawatan di hospital, jadi ibu bapa saya memberikan saya ubat herba dan seterusnya hanya menunggu masa untuk saya sembuh semula. Tetapi setiap musim panas, kecederaan itu terus berasa sakit. Saya mempunyai rasa sakit yang menusuk di sisi saya, saya susah bernafas dan tidak boleh berlari. Oleh kerana tiada rawatan yang khusus, ayah saya memasukkan dua ekor ular berbisa ke dalam arak 'Soju' dan memaksa saya minum setiap hari pada waktu pagi dan petang. Melalui cara ini saya belajar meminum arak pada usia yang muda.

Dalam kejadian lain semasa di darjah empat, terdapat seorang cikgu di sekolah saya. Nama gelarannya, 'Cikgu yang gila.' Saya sedang bermain gusti iaitu permainan 'Sahbi' dengan kawan-kawan saya di laman sekolah apabila dilihat oleh cikgu tersebut dan difikirkannya kami sedang bergaduh. Dia memanggil kami masuk ke dalam bilik guru. Dia memarahi kami dan mula menampar kami. Kemudian dia memaksa kami saling menampar sesama diri sebanyak dua puluh kali setiap orang. Saya ditampar bukan hanya oleh cikgu itu tetapi juga oleh kawan saya. Hasil daripada itu, muka saya bengkak dan salah satu gegendang telinga saya pecah. Ada rembesan keluar dari dalam telinga saya dan ia terus berubah menjadi kecacatan pendengaran. Cikgu itu kemudiannya dipecat daripada sekolah tersebut namun saya terus menderita akibat kejadian itu.

Zaman Remaja Saya

Saya bersifat pendiam dan segan. Pada tahun 1959, saya menghabiskan sekolah menengah rendah di Bandar Kwangju dan pergi ke Seoul untuk memulakan sekolah menengah tinggi. Saya tinggal dengan kakak saya di Shindang Dong, Seongdong Gu, Seoul Korea. Ada sekali sewaktu tahun akhir persesekolahan, saya terlepas lebih daripada 40 hari persekolahan kerana jatuh sakit. Dan sewaktu terlantar di rumah, seseorang datang kepada saya untuk berkhutbah dan mengajak saya menerima Kristus. Saya teringat pada diri saya, "Bodohnya orang ini! Di mana Tuhan yang diperkatakannya? Saya tidak akan percaya dengan Yesus, dan sekiranya saya percaya pun, bagaimana saya hendak pergi sana sini dan berkhutbah seperti dia? Sudah tentu saya terlalu malu untuk berbuat demikian."

Saya berasa kesian dengan orang yang sibuk pergi merata tempat menceritakan kepada orang lain tentang Yesus.

Di sekolah tinggi

Di sekolah rendah

Memandangkan saya seorang ateis yang pemalu dan pendiam, Saya berfikir "Ini lah satu lagi sebab saya tidak ingin percaya dengan Tuhan — kerana saya tidak ingin pergi merata tempat berkhutbah tentang Yesus." Ayah saya, seorang cendekiawan Klasik Cina, berkata pada saya, "Anda dilahirkan dengan sifat peribadi yang akan menghalang anda membuka mulut untuk meminta walau sebutir garam." Walaupun orang di luar bandar pada masa itu sememangnya miskin, namun garam masih mudah didapati. Apa yang cuba disampaikan pada saya adalah bahawa saya mempunyai keperibadian yang tidak suka bergantung mahupun menyusahkan orang lain.

Sewaktu di sekolah rendah, apabila menerima notis kerana tidak membayar yuran pengajian, saya tidak sampai hati menunjukkannya pada ibu bapa saya. Saya selalu terlepas tarikh akhir dan hanya apabila dimarahi dengan keras oleh cikgu saya dan diminta supaya membawa ibu bapa saya — hanya selepas itu saya menunjukkan notis tersebut kepada ibu saya. Apabila ketahui tentang notis itu, ibu saya dengan serta merta memberi wang yuran tersebut pada saya. Saya sedar bahawa dia akan memberikan pada saya wang itu, namun agak susah untuk saya meminta wang daripadanya. Itu lah betapa pemalu dan pendiam saya pada masa itu. Keperibadian ini kemudiannya turut memberi kesan kepada khidmat saya sebagai paderi.

Cubaan Membunuh Diri Setelah Kehilangan Ingatan Saya

Saya tidak dapat belajar dengan baik sewaktu di sekolah menengah kerana saya terlepas banyak hari persekolahan oleh sebab kesihatan saya agak teruk. Saya telah menanam hasrat untuk menduduki peperiksaan kemasukan kolej untuk memasuki Institut Kejuruteraan di Universiti Kebangsaan Seoul. Saya mengambil pil perangsang untuk elak daripada tidur dan belajar lebih. Tetapi dengan berlalunya masa, saya menjadi lali dengan pil tersebut dan terpaksa meningkatkan bilangan pil yang diambil. Selepas itu, saya memperlihatkan simptom-simptom ketagihan, dan terpaksa lebih kerap mengambilnya. Tanpa pil tersebut, saya menjadi mudah letih dan tidak mampu menumpukan perhatian. Saya tidur empat jam sehari dan belajar setiap hari di Perpustakaan Kebangsaan di yang dahulunya terletak di mana Kedai Serbaneka Lotte terletak sekarang. Setelah belajar dengan cara ini selama satu tahun, saya mendapat keyakinan bahawa saya mampu lulus dalam peperiksaan Institut Kejuruteraan di Universiti Kebangsaan Seoul.

Pada November 1962, apabila peperiksaan tersebut semakin hampir, saya menyedari bahawa saya telah kehilangan daya ingatan. Saya sedang membaca surat khabar pada masa itu apabila saya menyedari bahawa saya tidak dapat mengingati nama presiden Korea pada masa itu, Dr Synman Rhee. Tambahan lagi, saya tidak dapat mengingati semula perkataan-perkataan bahasa Inggeris dan formula-formula matematik yang saya telah berusaha keras untuk mempelajari dan menghafal. Saya tidak dapat mengingati apa-apa. Ini bukan sesuatu yang sementara. Saya mencuba sedaya upaya untuk mengingati semua yang saya telah berusaha gigih untuk mempelajari, namun saya tidak mampu mengingati yang paling asas sekali. Untuk seketika, saya merasa diri saya sedang jatuh ke dalam lelubang tak berdasar. Saya tiada harapan untuk masa hadapan, dan saya berada di pinggiran kemurungan yang amat mendalam. Dengan keperibadian yang begitu pemalu dan pendiam, saya mengambil masa tambahan satu tahun semata-mata untuk belajar bagi menduduki peperiksaan kemasukan dan sekarang saya kehilangan ingatan.

Bagaimana saya harus berdepan dengan ibu bapa saya setelah mengambil kira sokongan serta pelbagai pengorbanan mereka demi diri saya? Saya berasa terlalu malu untuk terus hidup. Saya bertekad untuk membunuh diri dan mengumpul pil-pil tidur buatan Amerika daripada beberapa farmasi. Ramai orang berkata bahawa pil-pil jenis ini lebih kuat dan berkesan. Pada masa itu saya menyewa bilik di sebelah rumah kakak saya untuk belajar, dan saya makan di rumah kakak saya.

Saya berkata pada kakak saya, "Kakak, saya nak pergi ke rumah kawan saya untuk belajar petang nanti. Jadi saya tidak akan makan malam di sini. Tolong jangan tunggu saya."

Kakak saya yang tidak menyedari rancangan saya hanya mengangguk kepala. Selepas mengumpulkan semua barang kepunyaan saya, saya menulis surat terakhir kepada ibu bapa saya, adik beradik saya, dan terus mengunci pintu dari dalam. I membentangkan selimut di dalam bilik, menelan pil-pil itu dan terus baring. Buat sementara waktu saya masih koheren, tetapi sejurus kemudian terus hilang kesedaran. Namun, ada pepatah yang mengatakan bahawa "Kematian di hidup ini hanya permulaan yang berikutnya."

Abang dan abang ipar saya mengusahakan sebuah kedai menjual kain linen di Pasar Dongdarmoon. Mereka biasanya tutup kedai sekitar pukul 10 malam, menghabiskan kerja-kerja lain sebelum pulang ke rumah tengah malam. Tetapi peliknya, pada hari itu, mereka berdua mengambil keputusan untuk pulang ke rumah lebih awal daripada biasa.

Abang saya berkata kepada abang ipar saya, "Abang, saya rasa kita harus tutup kedai dan pulang ke rumah awal hari ini."

"Ya kah? Saya pun teringin nak pulang awal" dia menjawab.

Pada hari itu, abang saya tutup kedai lebih awal. Biasanya apabila pulang ke rumah kakak saya, dia tidak datang ke bilik saya supaya tidak mengganggu pembelajaran saya, namun pada hari itu, dia ingin berjumpa dengan saya atas sebab-sebab tertentu.

"Di mana Jaerock?" dia bertanya. "Dia memberitahu dia hendak pergi ke rumah kawan dia untuk belajar di sana," kakak saya menjawab. Namun, abang saya masih datang ke bilik saya. Dia menyedari pintu bilik berkunci dan mengesyaki sesuatu yang buruk sedang berlaku. Dia memecah masuk ke dalam bilik dan menemui badan saya yang telah sejuk seperti mayat. Abang saya berkata kepada abang ipar saya, "Dia mungkin hidup kalau kita membawa dia ke hospital dan membersihkan kandungan perutnya." Mereka berdua bergegas membawa saya ke hospital dan diberitahu oleh doktor bahawa saya mempunyai harapan tipis untuk hidup kerana telah menelan terlalu banyak pil. Tetapi selepas beberapa hari saya sedar semula. Namun, hasil daripada percubaan membunuh diri itu, saya kehilangan baki daya ingatan saya. Walaupun selepas satu tahun berlalu, daya ingatan saya tidak pulih sepenuhnya. Namun, setelah belajar dengan gigih sekali lagi, saya lulus peperiksaan kemasukan, dan pada bulan Mac tahun 1964, saya berjaya memasuki Institut Kejuruteraan, Universiti Hanyang.

Perkahwinan Saya dan Takdir Saya

Semasa saya di universiti, nama saya terpilih dan saya telah menyertai tentera pada Oktober 29, 1964. Hampir ke penghujung perkhidmatan saya, salah seorang saudara mara saya telah memperkenalkan saya kepada seorang sahabat pena, yang kemudiannya akan menjadi isteri saya.

Saya Kehilangan Kesemua Wang Pusaka

Pada bulan Mei, 1967, saya menamatkan perkhidmatan dalam tentera dan dilepaskan dari tentera. Tetapi sesuatu yang di luar jangkaan menunggu saya. Sebelum menyertai tentera, saya telah diberi terlebih dahulu yuran semester kedua saya daripada ibu bapa saya. Saya meminjamkan wang tersebut kepada seorang saudara dengan janji bahawa dia akan membayarnya balik dengan bunga sebelum saya menamatkan perkhidmatan tentera.

Tetapi keluarganya bermasalah jadi saya tidak dapat kembali wang itu walaupun modalnya. Abang dan abang ipar saya mengetahui hal ini dan memberikan saya wang itu. Selepas tamat perkhidmatan tentera, saya bertemu sahabat pena saya, yang sekarang bergelar isteri saya, dan terus jatuh cinta pada dia. Kami berjanji untuk berkahwin.

Dia seorang wanita dengan mata besar dan cerah seperti sebuah tasik. Dia dapat tahu bahawa saya telah mendapat yuran itu dan dimintanya meminjam wang tersebut untuk sementara waktu. Dia meminjam wang tersebut namun tidak dapat membayar balik seperti mana telah dijanjikan. Hasil daripada itu, saya tidak dapat mendaftar untuk semester kedua dan terpaksa menunggu beberapa bulan. Jadi saya mengambil keputusan untuk pulang ke kampung halaman saya. Saya berkata kepada ibu bapa saya, "Ibu, ayah, saya akan berkahwin tidak lama lagi jadi tolong berikan pada saya wang pusaka saya terlebih dahulu. Saya akan belanjakan sedikit untuk berkahwin, dan oleh kerana tunang saya seorang pendandan rambut, kami akan membuka sebuah salun kecantikan untuk menyara hidup. Saya akan menyimpan baki wang tersebut di dalam bank dan jadikan faedahnya sebagai simpanan. Saya akan membiayai pelajaran dengan bantuan biasiswa. Dan setelah mendapat ijazah, saya akan pergi ke Amerika Syarikat dan pulang dengan ijazah doktor falsafah." Saya menerangkan rancangan masa hadapan saya seperti menunjukkan sekeping pelan tindakan, dan berjaya meyakinkan mereka. Mereka hanya boleh mendengar saya bercakap, dan kemudian, dengan sedikit keengganan mereka memberikan saya wang pusaka itu. Saya pulang ke Seoul dengan impian masa depan yang cerah ditemani jumlah wang pusaka yang besar itu. Namun segala-galanya tidak menjadi. Saya dan tunang saya sepatutnya bertemu di Stesen Seoul, namun dia tidak datang. Saya tidak dapat menghubungi dia selama satu minggu.

Kakak saya telefon lalu berkata, "Adik, saya dengar anda telah menerima wang pusaka! Jadi, berapa banyak faedah bank akan memberi pada anda? Salah seorang sahabat baik saya sedang mengusahakan sebuah syarikat dagangan, dan sekiranya anda melabur dengan dia, anda akan mendapat pulangan yang banyak. Saya memberikan anda jaminan juga jadi anda tidak perlu risau." Oleh kerana saya lurus bendul, saya bersetuju dengan kakak saya. Tambahan pula tiada sebarang berita daripada tunang saya, saya menyewa sebuah rumah dan memberi baki wang itu kepada kakak saya.

Selepas beberapa hari, tunang saya muncul. Ahli keluarganya tidak bersetuju dia mengahwini saya, jadi sepanjang dia menghilangkan diri itu, dia sebenarnya cuba memujuk mereka. Akhir sekali, dia pun cuba membunuh diri dengan menelan pil tidur. Dia dibawa ke hospital dalam keadaan hampir-hampir mati. Dia baru sahaja dibenarkan keluar dari hospital.

Kemudian, kakak saya memberikan saya wang faedah dua bulan selepas wang saya telah dipinjamkan, namun tidak ada sebarang berita daripada dia selepas itu. Saya telefon dia dan berkata, "Kakak, saya perlu membayar yuran pengajian semester baru, jadi tolong pulangkan wang saya." Dia tidak membalas. Selepas Hari Tahun Baru, saya pergi berjumpa kakak saya untuk meminta wang bagi meneruskan pengajian saya. Dia kelihatan susah hati. Dia berkata, "Adik, saya sangka kawan saya yang saya pinjamkan wang itu mengusahakan sebuah syarikat dagangan, rupa-rupanya dia seorang penyeludup. Dia tertangkap, dan sekarang ini berada di dalam penjara. Saya tidak boleh mendapatkan wang itu semula. Saya amat kecewa." Saya terfikir pada diri saya, "Sungguh dahsyat! Dan saya masih belum bergraduat daripada universiti! Apakah bencana jenis ini?" Oleh kerana kakak saya tidak dapat memulangkan wang saya, saya telah kehilangan kesemua wang pusaka saya, hanya dalam sekelip mata. Saya memutuskan untuk mula bekerja sambil belajar di sekolah malam. Saya mendapat pekerjaan sebagai seorang wartawan di sebuah syarikat akhbar tempatan, dan pada Januari 1968, saya dan tunang kesayangan saya berkahwin.

Saya Amat Yakin Dengan Meminum

Setelah berkahwin pada bulan Mac tahun 1968, kami mengadakan jamuan masuk rumah baru pada hari Ahad. Sebagai persediaan jamuan tersebut, kami telah membeli 40 botol wiski dari Dongdaemoon, dan kawan-kawan saya juga membawa bersama pelbagai jenis minuman keras. Pada waktu pagi, saya bertemu dengan rakan-rakan sekerja saya, pada waktu tengah hari, saya bertemu dengan kawan-kawan saya dari Seoul, dan pada waktu petang, saya bertemu dengan kawan-kawan dari kampung halaman saya. Saya berseronok semasa jamuan tersebut yang berterusan sehingga ke lewat malam. Saya begitu yakin dengan toleransi saya terhadap arak, sehingga saya langsung tidak menolak minuman-minuman yang telah ditawarkan oleh kawan-kawan saya walaupun waktu itu sudah awal pagi. Pada hari itu saya telah minum hampir-hampir tujuh botol wiski seorang diri. Oleh kerana saya minum terlalu banyak minuman keras, saya mempunyai masalah yang teruk dengan perut saya. Selepas semua tetamu saya balik pada lewat malam,

Semasa bekerja sebagai wartawan akhbar

saya baring di atas katil penuh rasa puas hati kerana saya telah mengadakan jamuan yang dikira berjaya.

Tiba-tiba, seolah-olah siling bilik saya mula berpusing. Mentol elektrik mula berpusing, dan semuanya mula berpusing. Kemudian, saya mula muntah. Saya muntah dengan begitu banyak sehingga saya berasa seperti usus-usus saya mula naik ke mulut saya. Isteri saya membeli ubat dari farmasi, tetapi semuanya dimuntah keluar sebelum saya sempat telannya habis. Saya tidak mampu minum air juga. Saya mengalami kesakitan yang amat. Bermula daripada hari itu, saya tidak dapat makan dengan betul. Disebabkan masalah perut saya, saya tidak dapat telan makanan. Saya mencuba semuanya, termasuk rawatan dan ubat herba. Tetapi semuanya tidak berhasil Isteri saya berpendapat bahawa semuanya akan menjadi menjadi 'OK.' Tetapi dengan berlalunya masa, ianya hanya menjadi lebih teruk, dan badan saya mula hilang kawalan.

Percubaan Untuk Menjadi Lebih Sihat

Saya terpaksa berhenti bekerja. Saya mengambil pelbagai jenis ubatan, dan pergi beberapa hospital untuk mendapatkan diagnosis yang lebih baik. Tetapi selain ulser gastrik, sebarang penyakit yang khusus tidak dijumpai. Tetapi saya terus kehilangan berat badan, serta mempunyai pelbagai komplikasi. Setelah hampir tiga hingga empat tahun, tiada anggota badan saya yang sihat lagi. Saya ibarat sebuah "pasar raya penyakit boleh gerak." Saya telah cuba kesemua ubat yang dikatakan bagus. Saya merana kerana kegatalan akibat penyakit kaki busuk pada musim panas dan radang dingin pada musim sejuk. Saya mempunyai panau di seluruh badan, dan setiap pagi, semua radang bernanah dan nanah itu menjadi kerak. Disebabkan ozena, kepala saya sentiasa berasa berat. Hidung saya tersumbat dan daya ingatan saya bertambah lemah.

Saya juga menghidapi masalah limfa. Pada mulanya, ianya hanya seperti sebiji bola yang amat kecil di leher saya, tetapi ia terus membesar, dan menjadi sebesar sebiji limau gedang. Oleh kerana keradangan limfa, saya tidak dapat memusing leher dengan betul. Doktor perubatan tradisional memberitahu bahawa dia tidak dapat memberi saya ubat yang berlainan untuk keradangan limfa kerana saya mengambil terlalu banyak ubat-ubat lain pada masa itu. Saya bukan hanya menderita kerana keradangan limfa, tetapi saya juga mengalami patah jiwa, insomnia, ekzema, anemia, jangkitan pada telinga tengah, dan organ-organ dalaman termasuk perut, usus kecil dan usus besar semuanya tidak berfungsi dengan baik.

Saya Juga Cuba Mengubah Nama Saya

Isteri saya mendapatkan pelbagai jenis ubat-ubatan termasuk rawatan tradisional untuk memulihkan penyakit-penyakit saya. Tetapi apabila semua cubaannya tidak berhasil selepas beberapa tahun, dia beralih kepada kepercayaan tahyul. Ada yang berkata pada dia, "Dia boleh sembuh. Kamu harus menjemput seorang pakar menghalang syaitan dan cuba menghalau syaitannya." Ada yang lain berkata pada dia, "Ia boleh berkesan jika kamu menjemput seorang sami Buddha untuk menghalau makhluk halus." Isteri saya berjumpa dengan beberapa orang sami yang terkenal dan juga mencuba menghalau hantu seperti telah diarahkan. Akhir sekali, kami mengubah nama.

Ada orang yang menasihatkan kami bahawa kita boleh mengubah takdir kita dengan mengubah nama. Kami berpendapat cadangan itu masuk akal. Pada waktu itu, terdapat banyak pejabat membuat-nama bersebelahan dengan kompleks kerajaan pusat. Pada awal pagi suatu hari, kami pergi ke 'Pejabat Buat-Nama Bongsoo Kim.' Kami terpaksa menunggu dari pagi hingga hingga ke tengah hari untuk berjumpa dengannya. "Nama-nama kamu berdua memang buruk. Kenapa kamu tidak menukar nama-nama kamu?" Mulai saat itu, kami mula menggunakan nama baru yang diberi tetapi ia tidak berhasil juga.

Penderitaan Seorang Ayah Yang Sakit

Oleh kerana saya seorang pendiam, saya cuba menyembunyikan keadaan fizikal saya yang semakin merosot—termasuk juga daripada isteri saya. Saya tidak boleh hanya duduk berdiam diri sedangkan beban hutang keluarga saya semakin bertambah. Jadi saya mula pergi ke merata tempat mencari kerja. Tetapi disebabkan masalah pendengaran pada telinga saya, saya tidak diambil bekerja. Pendengaran saya menjadi begitu buruk sehingga saya tidak dapat menggunakan telefon, ini lagi menyusahkan saya untuk bekerja. Saya terpaksa mencari kerjaya yang lebih berdikari. Oleh itu saya mula menjual meja-meja kecil. Saya pergi ke jalanan untuk menjualnya, tetapi kerana saya seorang yang sangat pemalu, saya tidak mampu menjerit, "Meja! Meja untuk dijual!" Selepas bekerja beberapa hari tanpa sebarang jualan, saya sedikit demi sedikit mula mendapat keyakinan diri dan mula dapat menjual meja-meja tersebut.

Suatu hari pada tahun 1972, saya tengah bersiap sedia keluar menjual meja. Tiba-tiba, saya berasa kekebasan bermula di tapak kaki saya, dan kemudian saya berasa terlalu sakit untuk berjalan. I tinggal meja-meja saya di kawasan berdekatan dan kembali ke rumah menaiki bas. Bermula hari itu, saya terlantar sakit di katil. Rupa-rupanya saya menghidapi artritis reumatoid. Saya berasa amat sakit setiap kali berjalan, dan tidak lama kemudian saya terpaksa berjalan dengan bantuan sebatang tongkat. Walau bagaimanapun, penderitaan mental jauh lebih hebat daripada kesakitan fizikal. Saya berasa sedih kerana saya tidak boleh mendengar. Gegendang telinga di salah satu telinga saya telah pun pecah akibat kejadian sewaktu di sekolah rendah seperti saya telah nyatakan. Tetapi, oleh kerana saya mengambil ubat-ubatan yang kuat selama lima hingga enam tahun, telinga saya yang lagi satu mula merosot juga. Tidak kira betapa kuat saya berusaha membaca bibir orang, sekiranya persekitaran bising, saya tidak dapat memahami apa yang dikatakan mereka. Saya tidak sanggup maklumkan pada ahli keluarga saya bahawa saya sedang mengalami kemerosotan pendengaran. Saya takut dilabelkan sebagai 'kurang upaya.' Apabila orang lain bercakap dengan saya, saya menjawab dengan salah kerana saya tidak dapat mendengar mereka, atau langsung tidak menjawab apa-apa, dan muka saya terus berubah menjadi merah kerana rasa malu dan perasaan rendah diri.

Isteri saya mengalami kesukaran menjaga saya dan membayar kembali faedah hutang-hutang kami. Oleh kerana kami menyewa di lokasi-lokasi paling murah, kami sering berpindah randah. Kami berpindah dari Ah-hyeon Dong ke Kimpo, ke Sangdo Dong, ke Chongno, ke Ddooksum, dan lain-lain tempat. Kadang-kadang apabila terlalu terdesak, kami tinggal di rumah mertua saya, atau di rumah kakak ipar saya. Akhir sekali, setelah lama berpindah-randah, kami menetap di sebuah kampung pergunungan di Keumho Dong. Rumah kami diperbuat daripada batu bata dan kelihatan seperti sebuah bongkah. Apabila berjalan kaki keluar dari pintu hadapan, Sungai Han kelihatan sedikit berjarak dari rumah.

Ibu mertua saya telah lama meninggal dunia, tetapi sewaktu masih hidup, dia banyak menangis kerana saya. Dia membawa saya ke hospital dan tabib untuk mendapatkan akupunktur atau rawatan herba. Oleh kerana saya tidak dapat berjalan kaki, kawan-kawan saya membawa saya di belakang mereka menuruni bukit supaya saya boleh menaiki teksi dengan ibu mertua saya untuk pergi ke hospital. Dalam perjalanan balik dari hospital, ibu mertua saya biasanya membeli arak beras untuk saya—mungkin kerana dia amat simpati dengan keadaan saya. "Anak, saya tahu kamu dalam kesakitan, jadi minum lah dan cuba ceria sedikit."

Isteri Saya Berada Dalam Keadaan Putus Harapan

Isteri saya pergi ke merata tempat untuk meminjam wang untuk membeli ubat-ubatan saya. Pada masa yang sama, jumlah hutang kami terus meningkat seperti salji. Kadang-kala apabila kami terdesak sangat kerana ketiadaan wang, dia pergi ke ibu bapa, kakak, atau abang untuk meminjam wang. Kemudian dia akan membayar faedah hutang kami yang kian meningkat, dan menggunakan selebihnya untuk membeli ubat untuk saya. Tidak lama kemudian, saya telah dianggap sebagai orang yang jahat oleh ahli keluarga isteri saya. Pada pendapat mereka, oleh kerana saya tidak dapat melaksanakan tanggungjawab saya sebagai suami kepada keluarga saya, saya menyusahkan hidup anak perempuan bongsu mereka. Oleh kerana saya jatuh sakit pada tahun pertama perkahwinan kami, kami langsung tidak dapat menikmati tahun-tahun awal perkahwinan sebagai pasangan pengantin baru. Isteri saya terpaksa menanggung beban sebagai penjaga dan pencari nafkah bagi kami sekeluarga.

Dia terpaksa membesarkan dua orang anak perempuan sambil berusaha mencari nafkah. Dia keletihan, dan keperibadian dia yang dahulunya lembut dan baik hati berubah menjadi kasar, ini berpunca daripada tanggungjawab tambahan dalam hidupnya yang terpaksa dipikul.

Dia telah menjaga saya sepanjang lima hingga enam tahun dengan harapan saya akan sembuh, namun melihat keadaan saya yang semakin teruk, dia tidak dapat mengelakkan diri daripada mengalami perasaan putus harapan. Oleh kerana dia berifat sedikit panas baran, apabila dia berasa kecewa dengan sesuatu, dia mengemaskan barang-barang dan pulang ke rumah mertua saya.

"Saya tidak memerlukan cinta. Saya hanya memerlukan wang sekarang ini. Pergi mendapatkan sedikit wang!" Dia terpaksa membayar balik hutang daripada peminjam wang swasta yang mempunyai kadar faedah harian yang sangat tinggi. Jadi setiap kali dia ditekan untuk membuat bayaran, dia tidak dapat menahan lagi dan pergi dengan berkata bahawa dia tidak dapat bertahan lagi dalam perkahwinan kami. Akan tetapi, selepas beberapa hari, dia selalu kembali.

Suatu hari, dengan bantuan kakaknya, dia membuka sebuah gerai snek kecil di pasar Keumho Dong. Dia seorang yang pandai masak, jadi dia mempunyai ramai pelanggan. Dia pergi bekerja di pasar daripada awal pagi sehingga ke lewat malam. Sekitar pukul 12 tengah malam, dia selalu balik ke rumah penuh keletihan dan lemah. Dia bekerja begitu keras supaya dia boleh membayar kembali hutang kami sebanyak mana yang boleh. Tetapi apabila kembali ke rumah dan melihat saya terlantar kesakitan, dia berasa kehilangan segala harapan, dan mudah naik angin walaupun disebabkan perkara yang paling kecil. Kedua-dua anak perempuan kami merupakan kanak-kanak yang telah dipinggirkan oleh masyarakat. Semenjak isteri saya membuka salunnya, saya berhempas pulas untuk menjaga Miyoung anak perempuan pertama kami, dan Mikyung anak kedua kami, tinggal dengan ibu saya di rumah abang saya.

"Bagaimana dia begitu banyak menyerupai ayahnya?"

Adakah kerana dia begitu menyerupai ayahnya yang sakit? Mikyung tidak berpeluang merasai kasih sayang kami kerana keadaan kami. Hati saya pedih apabila saya kadang-kadang pergi ke rumah abang saya dan melihat dia bermain dengan sehelai kain buruk di dalam mulutnya. Tetapi disebabkan keadaan saya, saya tidak boleh membawa dia balik untuk menjaganya. Diri saya dipenuhi penderitaan. Pada waktu itu, saya menderita akibat neurosis, jadi saya sangat sensitif walaupun mengenai perkara yang paling kecil. Sekiranya isteri saya mengatakan sesuatu yang mengguris ego saya, pertengkaran akan menyusul, dia kemudian akan meminta cerai dan sekali lagi mengemaskan barang-barang dan terus balik ke rumah ibu bapanya.

"Bagaimana kamu boleh terus melakukan begini? Saya rasa kamu haru bercerai demi kebaikan kamu berdua."

Ahli keluarga isteri saya datang pada saya untuk menunjukkan rasa tidak suka mereka terhadap saya, mereka memarahi saya dengan kuat supaya didengari jiran-jiran. Muka saya berubah menjadi merah kerana menahan rasa marah dan kecewa. Isteri saya yang telah tinggalkan rumah akan balik dan berkata, "Saya tidak kembali untuk berjumpa kamu. Saya datang berjumpa dengan anak perempuan saya. Sekiranya anda pulih nanti, saya akan bercerai dengan anda. Saya ingin melakukannya sekarang, tetapi ramai orang akan menuduh saya dengan berkata saya tinggalkan suami saya yang sedang sakit. Jadi bukan sekarang!"

Perubahan Cinta Badaniah

Pada tahun 1972, saya melihat diri saya dan menyedari bahawa badan saya dipenuhi pelbagai jenis penyakit yang tiada penawarnya. Oleh kerana saya mengambil banyak ubat-ubatan kuat, tiada suntikan atau ubat yang berkesan lagi. Ibu bapa saya, adik-beradik saya, dan saudara-mara saya mula menunjuk jari mereka pada saya dan menjauhkan diri daripada saya. Isteri saya mengelakkan diri daripada saya. Namun, ibu saya sendiri berputus asa dengan saya. Ibu saya, yang pada masa itu berusia 70 tahun, datang untuk melawat saya. Melihat anaknya terlantar sakit, dia mula menangis teresak-esak. Dia berpendapat bahawa saya telah tiada harapan lagi.

"Oh! Oh! Kematian yang cepat lebih bagus untuk kamu. Itu lah satu-satunya cara anda boleh memuliakan saya."

Betapa teruknya keadaan saya sehingga ibu saya yang paling menyayangi diri saya, lebih rela saya mati untuk memuliakan dia? Saya tidak sangka bahawa ibu saya sendiri akan meninggalkan saya, walaupun seluruh dunia menentang saya. Pada saat itu saya menyedari bahawa kasih sayang manusia amat rapuh. Jika keadaan tidak sempurna, maka kasih sayang boleh berubah.

Sedangkan ibu saya sendiri tidak memahami penderitaan saya, apatah lagi seorang abang boleh tahu? Suatu hari abang saya datang melawat saya ketika dia mabuk, dengan berkata bahawa dia ingin menyenangkan hati saya namun sebaliknya, kata-kata dia menjadikan penderitaan saya lebih teruk.

Kegagalan Cubaan Membunuh Diri Yang Kedua

Saya berasa seperti burung kecil yang dengan amat terdesak mengepak sayapnya untuk terus berjuang dalam hidup ini, namun ianya tidak berhasil. Pada mulanya apabila isteri saya mengemas semua barang miliknya dan balik ke rumah ibu bapa dia, saya pergi ke sana untuk memujuk dia kembali. Tetapi apabila dia melakukannya sekali lagi, saya tidak berani pergi memujuknya kembali kerana perasaan benci dan pandangan hina yang timbul oleh sebab saya terpaksa berdepan daripada ahli keluarganya. Apabila saya memikirkan masa hadapan kedua-dua anak perempuan muda saya, suatu azam untuk terus hidup membiak seperti sebuah mata air, namun, ketika saya berdepan dengan keperitan realiti hidup, saya berasa seperti sudah tidak berdaya. Setelah yakin bahawa tiada jalan lain untuk membebaskan diri daripada bayangan kematian, saya sekali lagi mengumpul pil-pil tidur dengan hasrat untuk mengakhiri hidup saya yang sengsara ini dengan secepat mungkin. Sudah cukup teruk bahawa saya menderita menjalani kehidupan akibat penyakit saya, tetapi apa yang menjadikannya lebih teruk ialah isteri saya sendiri tidak baik hati kepada saya, tetapi sebaliknya menyakiti saya. Saya kehilangan semua kehendak dan keinginan untuk hidup. Saya berpendapat bahawa daripada membawa isteri saya pulang dari rumah ibu bapanya, barangkali mungkin lebih baik jika saya mati. Jadi saya menelan dua puluh biji pil tidur yang saya telah mengumpul.

Hari yang saya mengambil pil-pil tersebut, isteri saya berada di rumah ibu bapanya. Dia tidak dapat tidur dan berasa agak resah. Dia berkata bahawa dia tidak boleh berhenti memikirkan bahawa sesuatu yang tidak baik sedang berlaku di rumah kami. Oleh kerana terus menjadi terlalu resah, dia bergegas pulang ke rumah menaiki sebuah teksi dan menemui saya di ambang kematian. Dia segera membawa saya ke hospital untuk rawatan dan saya telah dipulihkan. "Saya tidak berjaya menamatkan hidup saya dengan cara saya sendiri. Lebih baik saya tidak cuba membunuh diri lagi." Setelah saya sedar di hospital dan memikirkan kembali kegagalan kedua-dua cubaan saya untuk membunuh diri, saya merasa seperti ada campur tangan kuasa yang lebih tinggi dalam hidup saya. Jadi, saya membuat keputusan tidak akan cuba membunuh diri lagi.

Kucing Sepatutnya Bagus Untuk Artritis Reumatik

Adakalanya badan saya berasa lebih sihat, saya dapat berjalan dengan tongkat. Tetapi ada juga waktu keadaan menjadi sangat teruk, saya terlantar sakit di katil dan tidak dapat bergerak langsung. Seseorang terpaksa membersihkan najis saya. Isteri saya pernah terdengar bahawa daging kucing bagus untuk merawat artritis reumatik, jadi dia membeli kucing bukan sahaja dari semua pasar di seluruh kawasan kami di Sungdong Ku, namun juga dari pasar-pasar di Dongdaemoon dan Joongbu. Dia merebusnya untuk saya makan. Tetapi kadangkala, apabila tidak dimasak dengan betul, baunya sangat teruk, dan saya lebih rela mati daripada memakannya.

Ibu saya dan isteri saya membeli apa sahaja yang dikatakan orang bagus untuk cuba merawat saya. Mereka memasak lipan, pokok pudina, kulit batang lakuer untuk saya makan. Mereka juga memberi saya makan pundi hempedu haiwan seperti anjing dan beruang. Saya juga mencuba arak diperbuat daripada ular. Pergelutan saya dengan semua penyakit itu masih berterusan. Ia diperkatakan bahawa pil-pil penyakit kusta buatan German adalah sejenis racun yang digunakan untuk merawat kusta. Oleh kerana saya menderita daripada penyakit kulit yang menyerang seluruh badan saya, saya mengambil pil-pil tersebut dengan harapan saya pulih, namun hasilnya amat menyedihkan.

Saya Minum Air Najis Selama Lima Belas Hari

Saya telah mencuba pelbagai jenis ubat, rawatan perubatan, rawatan tradisional, rawatan herba, dan juga yang berasaskan kepercayaan tahyul dan menghalau hantu, namun seolah-olah kesihatan saya terus-menerus merosot ke dalam lelubang tak berdasar.

"Jaerock, seorang doktor terkenal berada di bandar. Apa kata kamu mendapat diagnosis daripada beliau?"

"Ya, kenapa tidak? Saya tidak akan kerugian apa-apa." Saya mengambil nasihat kawan-kawan saya di Keumho Dong dan pergi menjumpa doktor itu. Doktor itu memeriksa nadi dan badan saya. Dia berkata, "Memang suatu keajaiban kamu masih hidup. Nadi kamu seakan-akan berdenyut tetapi tidak berdenyut. Memang menakjubkan kamu masih hidup. Terdapat satu cara untuk anda merawat penyakit anda. Anda bermain banyak permainan fizikal ketika mudah kan? Badan anda dilemahkan kerana aktiviti-aktiviti tersebut? Anda mempunyai banyak tompok di seluruh badan anda disebabkan sel darah yang telah mati, dan sel darah tersumbat atau darah berlebihan, di seluruh badan anda. Itu lah yang menyebabkan kesihatan anda menjadi seperti ini."

"Oh, ya ke? Apakah preskripsinya?"

"Di stesen-stesen kereta api di kawasan luar bandar, terdapat banyak tandas awam. Air najis di bahagian bawah tandas-tandas itu telah mereput lebih daripada 10 tahun. Ambil air itu, dan minum dalam cawan bir tiga kali sehari selama lima belas hari. Semua tompok-tompok sel darah buruk pada badan anda akan hilang, dan anda akan sihat kembali."

Doktor itu memberikan arahan-arahan terperinci bagaimana untuk memperolehi air najis itu. Saya hanya perlu mengikat jejarum pain ke mulut sebuah periuk sebagai penapis, kemudian ikat sebiji batu kepada periuk itu dan lepaskannya periuk itu ke dalam tandas. Kemudian periuk itu akan dipenuhi air najis tanpa bahan pejalnya. Sekiranya saya minum air najis itu dan menjadi sihat, saya berjanji akan memberikan sejumlah besar wang kepada doktor itu. Saya dan isteri begitu gembira kerana berfikir arahan doktor itu merupakan rawatan muktamad, jadi kami bergegas pergi ke stesen kereta api di kawasan luar bandar sambil menari penuh kegembiraan. Ibu saya yang terdengar penerangan bagaimana untuk menyediakan rawatan itu, menghabiskan masa sepanjang malam memasuk air najis itu ke dalam mangkuk yang cantik, dan membawanya kepada saya dengan penuh berhati-hati.

Jadi selama lima belas hari, saya minum air najis itu tanpa melangkau walaupun sekali. Baunya yang sangat menjijikkan menyusahkan saya untuk menelan walaupun sekali, tetapi kerana didorong keinginan yang kuat untuk merawat penyakit-penyakit saya, saya meminumnya perlahan-perlahan menggunakan straw, kemduian menggosok gigi saya, dan memakan sebiji gula-gula pemberian ibu saya. Namun baunya tidak hilang. Setelah berlalunya lima belas hari itu, saya menyedari bahawa rawatan itu tidak berkesan juga.

"Ibu, sekiranya saya akan mati, saya ingin kembali ke rumah saya di Seoul dan mati di sana."

Bab 2

Tuhan Memang Wujud!

Apabila Kelopak Terakhir Jatuh, Hidup Saya Juga Akan Jatuh

Cara Kakak Saya Yang Kedua Mengkristiankan Saya

Apabila harapan terakhir kami, iaitu meminum air najis tidak berhasil, saya dan isteri saya berpindah kembali ke Seoul. Selepas itu saya hanya mempunyai satu hasrat, iaitu supaya saya mati dengan cepat, jadi saya hanya berbaring di katil dan menunggu masa. Rutin harian saya di rumah batu kami adalah membaca novel dan minum arak beras Korea. Di dalam rumah satu bilik itu, terdapat bekas untuk arak beras, dan juga mangkuk-mangkuk ubat-ubatan serta buku-buku yang telah dipinjam bertaburan di merata tempat.

Dalam keluarga saya, kakak kedua saya seorang sahaja percaya kepada Tuhan. Dia telah hilang penglihatan di sebelah mata selepas mengalami demam panas yang agak tinggi semasa zaman kanak-kanaknya. Dia berkahwin dengan seorang lelaki muda dari kampung berdekatan dan dikurniakan tiga orang anak lelaki dan dua orang anak perempuan. Dia menjalani kehidupan yang penuh beriman. Pada suatu hari, seseorang datang berkongsi Injil dengannya, dan dia mula pergi ke gereja. Ibu saya dan abang-abang saya berpendapat bahawa dia seorang penganut agama Kristian yang fanatik, dan tidak berapa suka dia pergi ke gereja. "Anda bekerja keras berkebun, dan memberikan semuanya kepada gereja. Anda tidak bekerja pada hari Ahad hanya supaya anda boleh pergi ke gereja. Anda tidak mungkin mampu melarikan diri daripada kemiskinan dengan cara begini. Bilakah anda berharap untuk menjadi kaya?" Walaupun ibu saya memarahinya, dia hanya tersenyum dan berkata, "Ibu, kegembiraan mempercayai kepada Yesus tiada bandingannya. Kenapa kamu tidak pergi ke gereja juga?"

Pada hari Ahad, dia menyiapkan kerja-kerja rumah pada awal pagi dan pergi ke gereja. Dia membersihkan mimbar dan berkhidmat di gereja. Sekiranya dia terjumpa buah atau apa-apa yang berharga, dia akan tinggalkannya secara senyap-senyap di rumah paderi dan lari. Dia suka berkhidmat untuk orang suruhan Tuhan dengan cara ini.

Dia tekun menghadiri mesyuarat kebangkitan dan bersungguh-sungguh memohon rahmat Tuhan. Dia juga memberi cincin emas kepunyaannya – yang dianggap sangat berharga pada masa itu – sebagai pemberian agama. "Tuhan, berikanlah saya iman yang bernilai seperti emas. Berikanlah saya iman seperti emas yang tidak akan pudar walaupun dengan berlalunya masa."

Sejak zaman kanak-kanak saya lagi, kakak kedua saya adalah kakak kegemaran saya. Ketika saya belajar di Seoul, saya boleh dikatakan tinggal di rumahnya setiap kali saya bercuti. Dia cuba untuk berkongsi Injil dengan saya setiap kali dia berpeluang. Bahkan setelah saya menjadi sakit, dia berasa amat kasihan kepada saya. Dia tidak putus menggesa saya untuk pergi ke gereja dengan berkata, "Adik jika anda pergi ke gereja, Tuhan akan menyembuhkan anda. Anda akan sihat semula."

"Kakak, tolonglah jangan mengarut. Kita hidup di zaman manusia sedang menaiki kapal angkasa ke bulan. Di manakah dalam dunia ini Tuhan berada? Sekiranya dia bernyawa, tunjukkan pada saya."

Kakak saya telah banyak kali menggesa saya untuk mempercayai kepada Tuhan, tetapi oleh kerana saya degil, saya terus berkeras bahawa sekiranya Dia benar-benar wujud kakak saya harus tunjukkan Dia pada saya.

Apabila Kelopak Terakhir Jatuh, Hidup Saya Juga Akan Jatuh

Saya berasa seperti watak utama dalam sebuah cerita novel terkenal. Dalam cerita itu, watak utama menjalani hidup yang penuh kekecewaan tanpa harapan untuk hari esoknya. Dia percaya bahawa suatu hari nanti apabila daun terakhir pada sebuah pokok jalar jatuh akibat angin kencang, maka hidupnya juga akan tamat pada saat itu. Saya menjalani kehidupan yang penuh kekecewaan yang berulangan tanpa harapan untuk hari esoknya.

Pada bulan April 1974, pokok azaleas merah jambu dan loceng-emas mewarnai bukit dan seluruh kawasan persekitaran luar bandar. Ia menghasilkan haruman yang menusuk di mana-mana sahaja. Tetapi, hidup saya terus layu dan setiap nafas yang saya ambil seolah-olah membawa saya lebih dekat kepada kematian.

"Segala-gala yang diciptakan bergerak penuh bernyawa pada waktu ini setiap tahun. Tetapi bilakah hidup saya ini, yang tergantung seperti sehelai daun akan berakhir?"

Tiada sesiapa yang gembira berjumpa dengan saya. Saya tidak dapat memakan nasi atau daging, tetapi saya boleh minum arak. Arak merupakan sahabat tunggal saya. Pada masa itulah, apabila saya tidak berdaya hari demi hari, saya bergantung pada arak. Ibu bapa dan adik beradik saya, semakin lama semakin jarang melawat saya. Sehingga suatu ketika saya tidak mengharap sesiapa datang melawat saya, tetapi suatu hari ada seseorang mengetuk pintu saya. Orang itu ialah kakak saya yang amat dikasihi.

"Kakak, apa yang membawa kamu ke Seoul. Sila masuk!"

"Saya ada urusan di Seoul."

Walaupun waktu itu merupakan waktu paling sibuk untuk bercucuk tanam, saya amat gembira — namun agak terkejut — berjumpa dia.

Diminta Memandukan Dia

"Adik, saya nak minta pertolongan. Kamu harus bantu saya dengan sesuatu. Terdapat suatu tempat yang sudah agak lama saya ingin melawat. Tolong bawa saya ke sana."

"Apa? Apa maksud kamu? Kamu tahu saya tidak boleh berjalan dengan baik." "Saya tahu. Saya tahu. Tetapi saya mempunyai keinginan yang sangat kuat untuk melawat tempat itu, dan saya perlukan pertolongan anda."

Pada mulanya saya menolak, dengan berkata saya tidak mampu melakukannya kerana badan saya diserang penyakit. Tetapi dia merayu dengan bersungguh-sungguh kepada saya sehingga saya berasa kesian dan mengalah, dan akhir sekali saya tidak dapat menolak untuk memandu dia lagi.

Tempat yang dia teringin melawat itu ialah perhimpunan besar penyembuhan yang diketuai oleh Ketua Paderi Shinae Hyun. Dia sangat terkenal kerana kebolehan melakukan penyembuhan ketuhanan. Oleh kerana kakak saya tidak terhenti-henti berdoa untuk saya dan mencari jalan untuk membawa saya ke gereja, saya dan Ketua Paderi Hyun kemudian dapat berkenalan. Kakak saya menyedari bahawa sekiranya dia menggesa saya pergi ke gereja untuk penyembuhan, saya tidak akan pergi. Sewaktu dia sedang berdoa dia menerima ilham daripada Tuhan tentang bagaimana untuk membawa saya ke gereja iaitu dengan meminta saya memandu dia.

Sebelum Percaya Kepada Tuhan

Oleh kerana saya diajar teori Darwin sewaktu di bangku sekolah, saya seorang ateis. Saya boleh berkata dengan yakin bahawa tiada benda-benda seperti hantu yang wujud. Tetapi hakikatnya, jauh di dalam lubuk hati, saya tidak dapat menafikan kewujudan Tuhan. Dengan mengambil kira pelbagai perkara, saya tidak dapat menafikan bahawa wujudnya kehidupan selepas kematian. Jauh di dalam lubuk hati saya, saya sebenarnya sedang mengakui kewujudan Tuhan yang Maha Pencipta. Saya berfikir, "Jika Tuhan benar-benar wujud, maka neraka juga wujud, neraka seperti di dalam sebuah filem yang saya pernah menonton. Jadi bagaimana kehidupan-selepas-kematian saya?"

Oleh keran saya tidak boleh lagi menafikan kewujudan Tuhan jauh di dalam hati saya, saya terpaksa mengakui kewujudan kehidupan selepas kematian juga. Dalam satu sudut kecil hati saya, saya juga mempunyai ketakutan pada neraka. Kerana itu walaupun sebelum saya percaya kepada Tuhan, saya cuba menjalani sebuah kehidupan yang berpandukan kebaikan dan kebenaran.

Walau bagaimanapun, oleh kerana kakak saya bukannya meminta saya pergi ke gereja untuk penyembuhan, sebaliknya hanya meminta saya memandukan dia ke tempat perjumpaan Kristian, saya menunaikan permintaannya. Pada 17 hari bulan April, 1974, dia bangun dan bersiap pada awal pagi dengan memberi alasan dia harus pergi awal supaya dia dapat tempat duduk di hadapan sekali. Ini merupakan kali pertama saya keluar dari rumah dalam jangka waktu yang agak panjang. Agak susah untuk saya menurun bukit dari bandar berbukit Keumho Dong, jadi ia mengambil masa. Kami menaiki bas ke Seodaemoon dan tiba di gereja Ketua Paderi Shin-ae Hyun.

"Adakah Semua Orang Di Sini Gila?"

Walaupun kedua-dua gegendang telinga saya telah pun pecah pada masa itu, saya masih boleh dengar bunyi, walaupun hanya kedengaran sayup-sayup. Tingkat kedua telah pun dipenuhi orang, jadi kami naik atas ke tingkat tiga. Tangga-tangga dibuat dengan cerun yang lembut untuk memudahkan golongan orang yang kurang upaya. Namun berjalan dengan tongkat menjadikannya susah untuk saya menandingi kelajuan pergerakkan kakak saya.

Agaknya masa itu adalah waktu berdoa secara berkumpulan. Semua orang di sekeliling saya mengangkat tangan dan menangis dengan kuat. Saya tidak pernah melihat keadaan sebegitu, saya tidak tahu apa yang hendak dilakukan, saya hanya mampu melihat keliling saya. Saya menyedari bahawa kakak saya juga sedang berlutut dan berdoa dengan tangannya menggeletar dan terangkat.

Semua orang nampaknya seperti sudah gila, termasuk kakak saya. Saya menjadi sedikit segan, dan muka saya menjadi merah. Saya hanya hendak pergi dari situ. Tetapi lebih ramai orang telah mula masuk dan duduk di belakang saya, jadi saya tidak dapat keluar. Saya hendak keluar dari sini sekarang. Tetapi apakah saya mampu buat? Saya tidak sanggup meninggalkan kakak saya bersendirian di situ dan pulang ke rumah! Oleh kerana saya tidak pernah melihat sesiapa berdoa seperti itu—tambah-tambah lagi secara berkumpulan—saya berasa segan hanya dengan melihat orang ramai yang sedang melambai-lambai tangan dan menangis dengan kuat sambil berdoa. Tetapi oleh kerana saya tidak boleh pulang bersendirian, saya terus berada di situ. Saya berfikir tidak salah kalau saya juga sama-sama berlutut. Saya berlutut dan tutup mata saya. Tiba-tiba, saya mula berpeluh di bahagian belakang saya, dan air peluh itu mengalir menuruni belakang saya. Waktu itu musim bunga, tetapi cuaca tidak panas. Saya seorang yang amat kurus—hanya hampir tinggal kulit dan tulang—jadi mustahil untuk saya berpeluh seperti itu. Rasanya sangat pelik saya berfikir, "Sudah tentu saya berasa sangat segan dan malu berada di sini. Mungkin itu lah sebab saya berpeluh dengan begitu banyak!"

Hanya selepas masa berlalu sedikit saya menyedari bahawa sebaik sahaja saya berlutut pada hari itu, Tuhan telah membakar habis semua penyakit di dalam badan saya dengan Api Roh Kudus. Di sebuah mimbar yang terletak sedikit jauh, Ketua Paderi Shin-ae Hyun, yang berpakaian serba putih, sedang berkhutbah dengan penuh semangat. Bunyi yang dihasilkan oleh peti suara sangat kuat, tetapi saya masih tidak dapat mendengar dengan baik. Saya hanya dapat mendengar sesetengah perkataan dari masa ke semasa. "Alangkah bagusnya kalau saya dapat mendengar apa yang disampaikan oleh wanita itu!" Saya berfikir.

Terdapat perubahan dalam hati saya selepas saya mula berpeluh (sebenarnya saya telah disentuh oleh Roh Kudus). Saya teringin mendengar pesanan yang disampaikan oleh Ketua Paderi Shin-ae Hyun. Kakak saya berkata, "Adik, kenapa kamu tidak menerima doa seperti orang lain yang datang ke sini?"

Selepas khutbah berakhir, muka kakak saya bersinar-sinar, dia menggesa saya untuk menerima doa. Atas arahan kakak saya, saya naik ke atas — tersepit di antara sekumpulan orang — ke tempat yang Ketua Paderi itu duduk.

Ada bunyi yang terus-menerus keluar dari pembesar suara, iaitu suara mereka yang memberi pengakuan tentang bagaimana mereka telah disembuhkan dengan doa. Saya hanya boleh mendengar sebahagian kandungan itu, ada orang yang berkata dia menerima "Api Roh Kudus" dan telah dipulihkan apabila Paderi Kanan Shin-ae Hyun meletakkan tangan padanya.

"Sudah tentu mereka telah dipulihkan melalui doa. Tetapi saya masih tidak boleh percaya."

Paderi Kanan Shin-ae Hyun menepik tangannya sekali di kepala dan kemudian di belakang setiap orang sambil menolak mereka melepasi beliau. Itu sahaja. Dia menepik saya di belakang kepala dan belakang, dan menolak saya, sama seperti orang lain. Saya berfikir, "Dia melayan orang seperti bagasi! Saya rasa dia sedang menipu orang ramai." Mungkin disebabkan bilangan orang yang begitu besar, dia tidak berdoa untuk setiap orang, hanya menepik dan menolak mereka pergi, saya tersinggung.

Pada saat itu saya teringat kepada suatu peristiwa yang berlaku pada zaman persekolahan rendah saya. Seorang wanita di Bandar Jung-eup sangat terkenal kerana kebolehan penyembuhan. Apabila perhimpunan penyembuhan wanita itu disiarkan dalam sebuah akhbar harian, ramai orang berkumpul di Bandar Jung-eup. Anak saudara saya juga telah menghadiri salah satu perhimpunan tersebut kerana dia mempunyai masalah rembesan keluar dari dalam telinga. Lebih kurang lima belas hari kemudian ia menjadi pengetahuan umum bahawa wanita itu seorang penipu. Dia ditangkap. Ada beberapa surat khabar harian menjadikan cerita itu sebagai berita utama. Saya tertanya-tanya pada diri saya sama ada wanita ini sedang menipu orang ramai, sama seperti wanita dari Bandar Jung-eup telah melakukan. Oleh sebab berfikiran amat mendalam, tanpa disedari, saya telah berada di tingkat bawah.

"Peliknya! Saya telah sampai ke bawah tanpa merasa sebarang kesakitan atau kesusahan."

"Saya Boleh Dengar! Saya Boleh Dengar!"

Kakak saya amat gembira, kerana seolah-olah impian dia telah tercapai. Kami menaiki bas. Tiba-tiba, saya mendengar bunyi-bunyi yang kuat seperti bunyi guruh. Saya berfikir, "Peliknya! Kenapa saya boleh dengar bunyi sebegitu kuat di dalam telinga saya?"

Kemudian bunyi-bunyi guruh itu berhenti apabila kami turun daripada bas di Pasar Keumho Dong. Saya mengucap selamat tinggal kepada kakak saya dan masuk ke dalam gerai snek yang isteri saya sedang mengusahakan di pasar itu. Terdapat pelbagai jenis makanan di atas rak termasuk daging. di gerai itu, saya boleh mendengar perbualan pelanggan-pelanggan di situ sambil mereka makan. Saya begitu gembira saya menghempas buku lima saya ke atas meja yang pertama.

"Saya Boleh Dengar! Saya Boleh Dengar!"

Isteri saya yang terkejut itu bertanya kepada saya, "Apa yang kamu boleh dengar? Apa yang kamu boleh dengar dan apa yang anda dengar sekarang?"

"Saya boleh dengar dengar jelas apa yang sedang dibual oleh pelanggan-pelanggan itu. Sayang, saya lapar sekarang. Saya hendak makan sesuatu. Bolehkah kamu beri pada saya nasi dengan daging?"

"Apa? Kamu akan mengalami senak dan meradang di seluruh badan!"

"Saya OK. Saya rasa seperti telah pun menghadamkannya. Kamu jangan risau dan berikan saya makanan itu."

Saya menghabiskan nasi dan daging itu sebaik sahaja isteri saya membawanya. Biasanya, saya hanya boleh memakan sedikit nasi, ini merupakan perubahan yang menakjubkan. Saya berasa saya sedang menghadamkan makanan tersebut dengan baik sekali. Sebenarnya, saya tidak mengalami apa-apa masalah.

Keajaiban Yang Tidak Dapat Dinafikan!

Pada hari esoknya, saya bangun pagi, dan pergi ke bilik air seperti biasa. Aktiviti pertama rutin pagi saya adalah pergi ke bilik air, membalutkan kapas pada sebatang mancis dan bersihkan rembesan daripada telinga saya. Saya buat sedemikian kerana tidak mahu isteri saya kerisauan melihat rembesan tersebut. Saya cuba membersihkannya seperti biasa, tetapi tiada rembesan. Ianya bersih. Yang lebih pelik, apabila saya bangun, saya biasanya mengalami penyakit anemia. Penyakit anemia saya sangat teruk sehingga saya terpaksa menyokong badan saya untuk seketika sebelum pergi ke bilik air. Tetapi pada hari itu, saya menyedari bahawa saya terus ke bilik air sebaik sahaja saya bangun tidur. Bukan itu sahaja. Oleh kerana artritis saya yang teruk, dahulunya, belakang tangan saya, bahagian dalam siku, lutut, buku lali dan sendi-sendi lain sering bernanah. Tetapi pada hari tu, nanah putih itu telah bertukar menjadi kuping hitam.

"Saya Tidak Memahami Keadaan Ini. Peliknya!"

Tiba-tiba, jantung saya mula berdegup laju. Masih teruja, saya balik ke dalam bilik. Saya menanggalkan pakaian dan memeriksa tubuh saya dengan teliti. Semasa tidur, saya tidak dapat memusing leher saya dengan bebas dan terpaksa tidur berbaring sisi kerana peradangan limfatik saya. Tetapi benjol bersaiz sebiji anggur itu telah pun hilang. Tambahan pula, saya teringat kepada peristiwa yang pernah terjadi, semasa saya masih sakit. Masa itu sewaktu musim salji, jadi kami selalunya mempunyai air panas dalam sebuah periuk di dapur. Seperti biasa, pagi itu saya membongkok ke bawah untuk mengambil air panas. Periuk itu hanya berisi separuh, dan saluran udara terbuka, jadi bekalan angin ke briket arang itu tinggi. Air itu sedang mendidih.

Apabila saya mengambil air dengan ceduk, wap air panas itu mengena muka saya. Apabila cuba mengelakkan wap itu, air panas itu tertumpah pada badan saya. Kulit saya terlecur pada bahagian tangan dan dada saya. Peristiwa itu meninggalkan parut yang sangat hodoh, biasanya saya tidak akan membuka baju.

Namun parut-parut itu turut hilang. Ianya satu keajaiban yang sukar dipercayai. Tiada apa pun yang kurang elok dengan badan saya lagi.

Pada saat itu, saya teringat kembali kepada apa yang berlaku pada hari sebelumnya. saya boleh turun naik tangga tanpa mengalami sebarang kesulitan. Dalam perjalanan pulang ke rumah saya terdengar bunyi-bunyi seperti guruh. Saya boleh mendengar para pelanggan berbual di kedai isteri saya. Pagi itu, saya tidak mengalami anemia lagi. Tiada rembesan keluar lagi, dan saya tidak mengalami kesakitan ketika membengkok lutut.

"Adakah Tuhan Benar-benar Menyembuhkan Saya?"

Berdepan dengan realiti yang saya sendiri sukar mempercayai, saya benar-benar terkejut. Saya tidak mengambil apa-apa ubat ataupun menjalani sebarang pembedahan, tiada apa-apa! Namun semua penyakit saya telah sembuh! Lebih daripada 10 jenis penyakit yang saya tidak dapat merawat dengan pelbagai jenis rawatan perubatan telah sembuh sekaligus!

"Tuhan Memang Wujud!"

Dulunya saya seorang yang jahil, tetapi bagaimana saya masih boleh ragu-ragu? Saya berlutut dan mengangkat tangan saya ke arah langit.

"Ah, Tuhan! Kamu benar-benar wujud! Bagaimana Kamu boleh menyembuhkan saya sekaligus seperti ini? Tolong maafkan lelaki bodoh ini. Saya mengabaikan semua pengkhutbah yang pernah menggesa saya untuk percaya kepada Tuhan. Tetapi Kamu benar-benar wujud dan telah menyembuhkan saya sekaligus!"

Saya cuba meraguinya dengan berfikir ianya hanya suatu kebetulan, tetapi saya tidak dapat meraguinya. Saya berasa seperti ingin terbang. Namun, saya masih sukar menerima realiti segala-galanya yang berlaku. Isteri saya, yang pada masa itu berada di luar, mendengar saya sedang berdoa dan datang memasuki bilik dalam keadaan sangat terkejut.

"Sayang, mari melihat badan saya. Tuhan telah menyembuhkan saya!"

Terkejut, isteri saya memeriksa seluruh badan saya dengan teliti, dia tiada pilihan melainkan juga mempercayai bahawa Tuhan telah menyembuhkan saya. Dia sangat gembira dan memeluk saya dan mula menangis dengan lantang. Kami berdua menangis sangat lama. Semua penderitaan dan kesakitan telah hilang melebur dan kami dipenuhi dengan kegembiraan dan kesyukuran.

Dia Yang Menyembuhkan Saya

Pada saat saya melutut di dalam gereja, Tuhan telah menyembuhkan semua penyakit saya dengan api Roh Kudus. Walau sebelum Ketua Paderi Shin-ae Hyun berdoa untuk saya, Tuhan telah menyembuhkan saya melalui api Roh Kudus. Saya seorang ateis, dan langsung tidak percaya kepada Tuhan. Saya langsung tidak meminta Tuhan untuk disembuhkan, jadi kenapa Dia menyembuhkan saya? Saya rasa peristiwa itu adalah cara Tuhan mengabulkan doa kakak saya yang telah sekian lama berdoa dan berpuasa supaya saya diselamatkan. Mungkin juga adalah kerana Tuhan tahu bahawa apabila saya mengakui kewujudan Tuhan yang Maha Esa, saya tidak akan bersikap keduniaan atau pun berpaling pada-Nya, sebaliknya mentaati segala Suruhan-Nya dan mencintai-Nya hingga ke akhir hayat.

Penceraian dan Kepulangan Isteri Saya

Kegembiraan Selama Tiga Bulan

Seperti di dalam cerita "Burung Biru Kegembiraan", saya berasa seperti seekor burung kegembiraan telah memasuki ke dalam keluarga saya. perubahan yang paling ketara dalam keluarga saya adalah bahawa kami mula pergi ke gereja yang berdekatan untuk menghadiri jemaah ibadat pada hari Ahad. Kami melakukannya kerana Tuhan mengasihi dan memulihkan saya, kami berasa berhutang dengan-Nya kerana rahmat itu.

Akan tetapi keadaan kami yang masih berhutang wang yang banyak dan keadaan-keadaan lain tidak berubah. Tetapi kami masih penuh kegembiraan. Saya sangat gembira kerana telah bebas daripada segala kesakitan dan penyakit. Oleh kerana saya sekali lagi mampu berharapan dan bermimpi, saya kembali bekerja dan mula menyara diri berdasarkan kemampuan saya tersendiri.

Saya berbincang bersama isteri saya tentang masa depan kami. Memandangkan semua penyakit saya telah sembuh, dalam beberapa bulan lagi, saya akan mampu bekerja semula. Kemudian, kami boleh membayar balik semua hutang kami dan memperbesarkan kedai kami. Kami akan sama-sama bekerja keras, dan memperolehi banyak wang, dan mengusahakan sebuah restoran besar. Pada masa itu, terdapat seseorang yang pandai menghasilkan sut menyelam. Jadi saya bekerja sebagai seorang pembantu dengan berfikiran bahawa saya dapat memulihkan keadaan fizikal badan saya juga padamasa yang sama. Pada mulanya, saya berasa letih dengan hanya melakukan sedikit kerja, namun tidak lama kemudian tenaga saya makin pulih. Saya memperolehi sedikit wang dan mula merancang masa depan saya, kami mengadakan majlis ulangtahun hari lahir ayah saya. Itu kira-kira 90 hari selepas saya disembuhkan.

Anak Kamu Jatuh Sakit Kerana Saya?

Pada 10 hari bulan, 1974, ulang tahun ayah saya, semua ahli keluarga berkumpul di rumah keluarga di kampung halaman kami. Saya pergi ke sana beberapa hari lebih awal, oleh kerana perlu menjaga kedai, isteri saya datang malam sebelum hari ulangtahun lahir ayah saya.

Walaupun ini bukan kepulangan yang penuh kejayaan, saya amat gembira. Dulu sewaktu sakit, apabila saya pulang ke kampung halaman, saya berkurung di dalam bilik saya, dan cuba menghindari pandangan orang ramai. Saya hanya mengambil ubat dan pulang ke Seoul. Saya takut jiran-jiran akan merujuk kepada saya sebagai orang yang kurang upaya. Kini, betapa gembira saya kerana saya telah kembali menjadi seorang yang sihat secara menyeluruh.

Saya mengaku kepada Tuhan dengan berkata, "Saya hanya menunggu waktu untuk mati oleh kerana menghidapi pelbagai penyakit yang tiada penawarnya. Tetapi saya telah pergi ke mimbar Shin-ae Hyun dengan kakak saya dan menerima penyembuhan seperti ini." Saya mengaku bahawa Tuhan ialah Penyembuh yang menjumpai saya dan menyembuhkan saya. Saya hanya mempunyai sedikit pengetahuan tentang Tuhan dan Injil, tetapi saya mengaku bahawa Tuhan sememangnya wujud dan berkongsi kegembiraan saya dengan ibu bapa dan abang-abang saya.

Setelah memakan tengah hari pada ulang tahun kelahiran ayah, isteri saya mula mengemas barang-barangnya untuk kembali ke Seoul. Saya pada masa itu, sedang minum bersama abang sambil menunggu masa untuk pulang. Sambil itu, terdengar kekecohan di luar. Saya dengar bunyi pintu dihempas. Saya tengok di luar dan melihat isteri saya sedang berlari dengan beg-begnya sambil menjerit bahawa dia akan meminta bercerai dengan saya. Kakak dan kakak ipar saya sedang berusaha mengejar. Beginilah semuanya berlaku.

"Anak, anak lelaki saya jatuh sakit sejurus selepas dia berkahwin dengan kamu, dan kamu banyak menderita. Tetapi, semuanya akan lebih baik sekiranya anda bekerja keras mulai daripada sekarang." Berkata ibu saya yang sangat gembira anak lelaki bongsu yang difikirkan akan mati pada bila-bila masa, namun telah pulih kesihatannya. Jadi, dia menasihatkan isteri saya sedemikian. Tetapi, isteri saya telah salah faham dan berfikiran bahawa dia dipersalahkan ke atas nasib malang dan penderitaan saya, mukanya menjadi pucat.

"Maksud kamu, anak kamu jatuh sakit kerana saya? Baiklah! Saya akan keluar daripada keluarga ini. Saya akan meminta cerai. Ya, saya akan melakukannya!"

"Kakak, ini suatu salah faham. Ibu tidak bermaksud dengan cara kakak telah memahaminya itu."

Isteri saya pulang ke Seoul dengan serta merta. Selepas isteri saya meninggalkan rumah, suasana di majlis itu berubah menjadi seperti suasana berkabung. Ibu saya sangat marah. Dia berkata. "Anda lama tidak sembuh daripada penyakit kamu kerana kamu berkahwin dengan perempuan seperti itu! Jaerock, lupakan segala-galanya. Kita sudah sediakan makan malam yang enak. Marilah kita menjamu selera!"

"Lupakannya?" Saya berkata, "Bagaimana anda boleh berkata sedemikian. Bagaimana saya boleh lupakannya?"

Adik beradik saya sedang mengatakan macam-macam untuk menenangkan saya, namun semua dikatakan mereka hanya mengeruhkan lagi keadaan. Saya sangat marah dengan apa yang dikatakan mereka saya terus masuk ke dalam dapur. Saya terus mencapai dan minum habis satu botol Soju dengan hanya seteguk.

Ayah saya terkejut kerana saya berang. Dia mempunyai penglihatan dan kesihatan yang bagus walaupun telah melebihi berusia 70 tahun. Dia mampu membaca buku-buku dan majalah-majalah yang ditulis dalam bahasa Cina. Oleh kerana terlalu terkejut dengan apa yang sedang berlaku, dia hilang penglihatannya. Sehingga ke saat dia meninggal dunia, di tidak dapat melihat apa-apa. Kelakuan saya yang luar biasa pada masa itu dilihat sebagai tidak menghormati ayah saya. Kejadian itu sesuatu yang amat menyakitkan hati saya, dan akan kekal dalam ingatan saya hingga ke akhir hayat saya.

Pada pandangan isteri saya, dia berasa bahawa selama tujuh tahun dia terpaksa melalui penderitaan dan kesusahan dalam hidup dia kerana terpaksa menjaga suami yang sakit dan juga menyara seluruh keluarga. Dia berfikir bahawa ibu saya menyalahkan dia ke atas semua nasib malang yang menimpa saya. Sudah tentu dia amat kecewa kerana itu. Kesedihan yang dirasainya mengenang kembali penderitaan selama tujuh tahun yang terpaksa dilaluinya dan juga dia tidak mempunyai sesiapa untuk meluahkan perasaannya telah menjadikannya sangat marah sehingga dia tidak dapat menahan perasaannya lagi.

Selepas Empat Bulan Menderita

Pada keesokan hari, saya pulang ke Seoul dengan anak perempuan sulung saya, Miyoung. Saya mencari isteri saya, tetapi dia tiada di rumah, dan tiada di kedai juga. Sehari selepas itu, dia kembali ke rumah, namun perwatakannya telah berubah.

Dia berkata pada saya, "Sekarang, saya akan bercerai dengan kamu. Kita terpaksa melakukan prosedur penceraian di kampung halaman kamu. Ikuti saya untuk menandatangani dokumen-dokumen tersebut." Saya cuba mengubah fikirannya, namun tidak berhasil. atas permintaan isteri saya, kami pergi ke kampung halaman saya dan menandatangani dokumen-

dokumen tersebut.

Oleh kerana ianya bandar yang kecil, berita itu tersebar luas dengan cepat. Saya berasa kesian untuk ibu bapa saya, dan saya malu bersemuka dengan jiran. Saya berpisah dengannya dan pulang ke Seoul dengan segera seolah-olah saya melarikan diri. Saya tidak sangka isteri saya akan bercerai dengan saya. Saya masih menunggu dia pulang ke rumah, dan selepas beberapa hari, dia pulang ditemani ahli-ahli keluarganya.

Saya terdengar, "Sekarang kamu berdua sudah bercerai, kami hendak mengambil kembali hadiah-hadiah perkahwinan. Kami juga akan mengambil balik deposit keselamatan untuk kedai di pasar."

Oleh kerana kami berpindah selama tujuh belas kali sewaktu saya sakit, kami tidak mempunyai barangan rumah yang lazim. Namun, isteri saya dan ahli keluarganya mengambil semua barang yang dia pernah bawa. Saya berasa hina dengan terhadap mereka semua. Sementara mereka masih mengemas barang, saya pergi ke pasar Keumho Dong untuk mengambil balik deposit kedai itu.

Pasar itu penuh dengan orang. Pada masa itu, Miyoung yang berusia lima tahun, memahami apa yang sedang berlaku. Dia berpaut pada skirt ibunya.

"Ibu, jangan pergi! Tinggal dengan saya! Jangan meninggalkan saya! Saya akan mati jika ibu pergi!" Miyoung menangis sambil mengikuti isteri saya. Kasutnya tertanggal. Tetapi isteri saya dengan dingin, menolaknya ke tepi.

"Ayah, dia bukan lagi ibu saya. Mulai hari ini, saya tidak akan memanggilnya ibu lagi. Jangan sekali-kali membenarkan dia pulang ke rumah ini." Oleh kerana kepedihan di dalam hatinya, kata-kata anak perempuan saya itu menusuk ke dalam hati bagaikan jarum sejuk.

Pada masa itu saya mengikuti kawan saya untuk mempelajari kemahiran bekerja di sebuah tapak pembinaan. Walaupun tidak lagi tinggal bersama isteri, saya tidak pernah terlepas menghadiri jemaah gereja tiap-tiap hari Ahad. Oleh kerana saya perlu menghadiri gereja pada hari ahad, saya berhenti meminum dan merokok pada hari Sabtu supaya nafas saya tidak berbau busuk di gereja pada hari Ahad. Hanya selepas selesai jemaah pagi dan petang, saya pulang ke rumah dan terus merokok dan meminum arak, yang saya cuba menahan daripada melakukan sepanjang hari.

Saya tidak pandai berdoa, tetapi saya melutut dan berdoa dengan suara lantang. "Tuhan, Kamu tahu kan? Saya menjadi sihat, dan saya mampu menyara diri sekarang, tetapi keadaan telah menjadi seperti ini. Tolong pulangkan isteri saya kepada saya. Saya boleh membuat dia gembira tanpa membiarkan dia menderita lagi. Tolong biarkan dia pulang dan biarkan kami sekeluarga gembira semula."

Saya makan sarapan pada awal pagi, tinggalkan Miyoung di rumah abang saya, dan pergi bekerja. Saya mengambil Miyoung pada waktu malam dalam perjalanan balik dari tempat kerja. Setiap hari saya melakukan perkara yang sama. Kemudian, saya terpaksa menghantarnya ke rumah ibu bapa saya di kampung halaman saya. Tetapi tidak lama selepas menghantar Miyoung ke sana, ibu saya telefon saya, Miyoung mempunyai kudis berulser daripada kepala hingga ke kaki, keadaannya teruk sehingga ubat yang diberi tidak berkesan. Ianya teruk dan berdarah banyak, dan dia mempunyai ulat di dalam kulit kepalanya. Mereka menghantarnya ke hospital, tetapi dia seperti sudah menghampiri kematian.

Walaupun dalam keadaan tidak sedar, dia masih mencari dan memanggil unutk ibunya. Mereka meminta untuk saya membenarkan dia berjumpa dengan ibunya buat kali terakhir sebelum dia meninggal dunia. Saya tidak menyedari hakikat bahawa kami telah bercerai di sisi undang-undang, saya pergi ke rumah bekas abang ipar saya di Keumho Dong. Nasib menyebelahi saya, ibu mertua saya berada di situ, jadi saya menceritakan kejadian itu dan meminta untuk berjumpa dengan isteri saya. Tetapi jawapan mereka amat dingin. "Sekiranya anak perempuan kamu meninggal dunia, adalah lebih baik kamu berkahwin semula. Jangan ganggu dia." Hasilnya, Minyoung tidak dapat berjumpa dengan ibunya, tetapi walaupun keadaannya tenat dia berjaya mengatasi dan hidup.

Satu Perjumpaan Perkahwinan

Saya lebih banyak merokok dan meminum arak untuk melupakan realiti hidup saya yang kelam ini. Saya telah dikecewakan oleh isteri saya yang meninggalkan rumah hanya kerana sepatah kata daripada ibu saya. Namun saya lebih membenci ahli-ahli keluarga isteri saya kerana mereka yang mendesak dia meminta cerai. Untuk melupakan mereka yang saya benci, saya terpaksa minum. Saya pernah melaburkan wang dengan kakak saya dan kehilangannya kerana kesilapan dia, jadi saya pergi ke kakak saya itu dan meminta wang daripadanya untuk memulakan pemborongan. Tetapi saya menghabiskan hari-hari seterusnya di sebuah bar sehingga wang itu habis. Saya tidak teringin mahupun berdaya untuk meneruskan hidup saya.

Ahli keluarga saya berusaha menyelamatkan saya. Kakak saya berkata, "Ibu, lebih baik kita memastikan dia berkahwin semula. Kalau kita membiarkan dia seperti itu, dia akan menjadi mayat seperti dahulu." Akhirnya, ibu saya memanggil saya. Dia berkata terdapat seorang wanita yang baik untuk saya dan meminta saya datang ke kampung halaman untuk berjumpa dengan wanita tersebut.

Saya percaya, "Isteri saya akan pulang. Saya tidak akan hidup dengan perempuan lain!" Saya juga berpendapat bahawa cinta saya kepada isteri saya akan kekal selama-lamanya, dan saya tidak dapat bayangkan menjalani hidup ini bersama wanita lain.

"Anak, hanya sekali! Ini harapan terakhir saya," ibu saya merayu, dan saya tidak dapat lagi terus menolak permintaan ibu saya untuk berjumpa dengan wanita itu walaupun hanya sekali sahaja. Jadi saya melakukannya. Saya mengambil keputusan untuk hanya bertukar salam dengannya dan pulang ke rumah. Namun Tuhan lebih berkuasa!

Apabila saya pergi berjumpa dengan wanita itu, ternyata sekali, dia merupakan wanita yang paling sempurna. Jenis yang saya telah lama mengharapkan. Saya suka pakaian berwarna putih, dan dia memakai baju berwarna putih. Rambutnya panjang dan jatuh dengan lembut ke atas bahu dan belakangnya. Dia hanya duduk di situ seperti sekeping gambar. Saya tidak percaya apa yang saya lihat. Oleh kerana ibu wanita itu kuat mempercayai perkara-perkara bersifat tahyul, dia mempercayai seorang tukang tilik yang memberitahunya bahawa anak perempuannya hanya akan menemui kegembiraan jikalau di berkahwin dengan seorang lelaki yang hendak berkahwin untuk kali kedua. Itu lah sebab ibu wanita tersebut mengatur perjumpaan kami berdua. Kami saling menyukai sesama diri dan kedua-dua keluarga dengan cepat memulakan urusan perkahwinan.

Sehingga pada saat perjumpaan tersebut, saya telah menunggu isteri saya pulang. Saya tidak pernah memandang wanita lain. Tetapi saya telah berubah fikiran untuk hanya hidup bersama isteri saya. Saya pun terkejut kerana saya boleh berubah fikiran sedemikian. Tarikh ditetapkan dan kami saling bertukaran hadiah. Tiba-tiba isteri saya datang. Dia terdengar bahawa saya ingin berkahwin semula, dan dia teringin menyaksikan sendiri perwatakan serta perasaan saya. Tetapi apabila dia mendapat tahu bahawa hati saya bukan lagi bersama dia dan saya benar-benar akan berkahwin, dia amat terkejut.

Memaafkan Isteri Saya

Sehingga ke saat itu, isteri saya amat yakin bahawa tidak seperti orang lain, bahawa saya tidak akan tawar hati dengannya. Nampaknya dia begitu terkejut diberitahu bahawa saya akan berkahwin dengan seorang wanita bujang yang cantik. Dia menyedari bahawa hati saya bukan lagi dengan dia. Tetapi awal pagi keesokan hari, dia pulang ke rumah dengan membawa beg-begnya. Saya sedang tidur di dalam rumah, dan tiba-tiba terdengar bunyi sesuatu dihempas ke lantai. Isteri saya telah kembali dengan beg-begnya. Tetapi bukankah ia sudah terlambat? Saya telah pun berjanji untuk berkahwin dengan wanita lain, jadi saya mencampakkan beg-beg tersebut ke luar rumah. Keadaan menjadi huru-hara apabila kami memindahkan beg-beg itu dari dalam dan ke luar rumah.

Saya berkata padanya, "Saya amat membenci ahli-ahli keluarga kamu, dan saya telah dijatuhkan air muka di mata ahli-ahli keluarga saya. Lagipun, kami telah menetapkan tarikh untuk perkahwinan kami, apakah akan difikirkan oleh keluarga wanita itu?"

"Saya akan meminta maaf daripada setiap ahli keluarga kedua-dua pihak. Pada masa akan datang saya hanya akan mentaati apa sahaja yang kamu kata."

"Walaupun saya memaafkan kamu, ibu-bapa saya dan adik-beradik saya tidak akan memaafkan kamu!"

Dia terus berdegil.

"Saya akan dimaafkan. Saya akan mati dalam keluarga ini."

Dia telah benar-benar berubah, seperti seekor biri-biri yang jinak. Semua perasaan cinta saya terhadap dia telah lenyap, tetapi saya teringat kepada kedua-dua anak perempuan saya. Saya berpendapat bahawa adalah lebih baik mereka dibesarkan oleh ibu mereka sendiri. Jadi, saya bersetuju memaafkan isteri saya namun dengan bersyarat. Dia harus menuruti kata-kata saya tanpa sebarang persoalan, dan dia harus meminta maaf dengan semua ahli keluarga dan saudara mara saya. Saya juga meminta supaya semua ahli keluarga isteri saya datang kepada saya dan meminta maaf. Akhir sekali saya memaafkan bekas isteri saya itu dan kami kembali bersama. Kejadian ini berlaku 120 hari setelah dia meninggalkan rumah.

Saya menceritakan segala-galanya secara jujur kepada ibu bakal isteri baru saya, dan memintanya memahami keadaan saya. Tanpa diduga, dia benar-benar memahami keadaan saya. Namun, hanya selepas suatu jangka waktu yang lama saya menyedari bahawa semua yang terjadi adalah dengan kebenaran Tuhan.

Kenapa Isteri Saya Terpaksa Bercerai Dengan Saya?

Sewaktu isteri saya sedang cuba menyara hidup sambil menjaga suaminya yang sakit, dia tiada harapan lagi dalam hidup ini. Pada masa yang sama, hatinya yang lembut dan suci itu telah lenyap dan perwatakannya berubah menjadi lebih kasar.

"Lidah mempunyai kuasa untuk menyelamatkan atau merosakkan hidup; manusia akan menanggung akibat ucapannya" (Amsal 18:21).

"Perkataan orang baik mendatangkan keuntungan; orang yang tak jujur senang pada kekerasan. Orang yang hati-hati dalam tutur katanya akan aman hidupnya; orang yang bicara sembarangan akan ditimpa kemalangan" (Amsal 13:2-3).

Oleh kerana dia mengetahui bahawa saya mencintai dia dengan seluruh jiwa saya, walaupun dia telah meninggalkan rumah dua kali, dia akhirnya pulang juga. Kami saling mengenali isi hati masing-masing. Dia tidak meninggalkan suaminya yang sudah tiada harapan untuk terus hidup. Namun, dia berulang kali berkata bahawa dia akan meminta cerai sejurus selepas saya telah sembuh. Oleh kerana kata-kata negatif bertimbun, ia menjadi perangkap Syaitan dan menjadi realiti pada hari ulang tahun lahir ayah saya. Sekiranya kita mengeluarkan kata-kata negatif, musuh kita syaitan akan mengenakan kita berdasarkan apa yang dikatakan, jadi Tuhan yang maha adil akan membiarkan ia berlaku berdasarkan syarat-syarat alam roh. Isteri saya tidak dapat mengawal pemikiran dan perasaannya dan bercerai dengan saya. Tetapi, tuhan menyatukan kami berdua semula dan semuanya baik selepas itu.

Bab 3

Seruan Saya

Permulaan Kehidupan Kristian Yang Bersungguh-sungguh

Semasa Sebuah Perjumpaan Pembangkitan Saya Menyedari Saya Seorang Yang Berdosa

Tuhan mengubah perwatakan isteri saya untuk menjadi seperti seekor biri-biri. Selepas berkahwin semula, kami menikmati ketenangan dan kegembiraan buat kali pertama dalam suatu jangka waktu yang lama. Selepas dia pulang, dia berusaha sedaya upaya untuk melayan semua orang dengan baik, dan dengan penuh kesalan, dia mengabdikan diri kepada menjaga ahli-ahli keluarganya. Tetapi anak perempuan sulung saya, Miyoung, langsung tidak memanggil isteri saya 'Ibu' dan bersifat sangat dingin terhadap dia. Isteri saya lama mencuba dan banyak menangis untuk memikat semula hati Miyoung. Pada 25 hari bulan November, 1974, atas jemputan tuan rumah baru saya waktu itu, kami menghadiri sebuah perjumpaan pembangkitan yang diadakan di Gereja Sungdong di Oksu

Dong. Saya dan isteri tekun menghadiri semua perjumpaan pada waktu subuh, perjumpaan siang hari, dan perjumpaan pada waktu petang. Paderi Byeong-ho Park, daripada Gereja Kesucian Evangelikal Korea, menyampaikan khutbah.. Beliau berkhutbah yang bertajuk, "Berikan Segala-galanya dan Menjadi Pengemis." Beliau memberi keterangan bahawa apabila memberikan segala yang beliau mampu memberi, Tuhan mencurahkan rahmat kepadanya. Apabila dia memberikan segala-galanya dan membina sebuah gereja, Tuhan yang maha mengetahui, mencurahkan rahmat-Nya. Saya dan isteri saya duduk di barisan hadapan dan turut menerima rahmat yang banyak. Melalui pesanan beliau, saya belajar bahawa kita harus rajin membaca Kitab Injil, Yesus Kristus ialah Penyelamat, dan bahawa saya harus berhenti merokok dan meminum arak. Saya juga mempelajari cara berdoa, membayar persepuluhan dan memberikan derma kesyukuran. Saya mempelajari asas bagaimana menjadi seorang Kristian.

Saya berasa bangga dengan diri sendiri kerana saya sentiasa berusaha menjalani kehidupan yang baik. Terdapat orang lain yang sering berkata bahawa saya merupakan seseorang yang 'tidak memerlukan undang-undang.' Namun, mulai hari pertama saya menyedari bahawa saya seorang yang berdosa setelah menilai diri berdasarkan Pesanan Tuhan, saya mula bertaubat dengan air mata dan hidung berair. Saya seorang yang sangat pemalu dan menyendiri. Memang tidak disangka saya akan menitiskan air mata dan mempunyai hidung berair di khalayak orang ramai. Namun ianya tidak mustahil kerana Tuhan maha kuasa dan telah merahmati saya.

Permulaan Kehidupan Kristian Yang Bersungguh-sungguh

Pada hari terakhir perjumpaan pembangkitan itu, saya berjanji untuk menyumbangkan tenaga pembinaan kepada gereja. Pada masa itu, saya tinggal di sebuah rumah yang disewa dengan harga 100,000 won wang pendahuluan (kira-kira $100 dolar Amerika). Saya berasa sangat bersyukur kerana dirahmati Tuhan dan ingin memberi pada-Nya segala-gala yang menjadi milik saya, tetapi saya tiada apa-apa untuk diberi. Saya berasa sedih di dalam hati saya dan akhirnya berikrar untuk memberikan 300,000 won. Saya berbincang dengan isteri saya dan dia pun teringin untuk membuat pemberian 300,000 won. Kami mengambil keputusan untuk membuat pemberian itu dalam tempoh tiga bulan.

Tarikh yang dijanjikan semakin hampir, namun kami masih tidak mempunyai wang itu. Jadi, kami membuat pinjaman berfaedah tinggi dan memberikan 300,000 won sebagai pemberian pembinaan gereja. Oleh kerana adalah penting untuk menepati janji kami kepada Tuhan, kami harus menepati tarikh itu walaupun terpaksa meminjam faedah yang tinggi ke atas pinjaman tersebut. Bermula detik saya dan isteri saya menghadiri perjumpaan pembangkitan tersebut, kehidupan Kristian kami telah bermula secara bersungguh-sungguh. Lebih banyak kita mempelajari tentang Pesanan Tuhan, kami memberi persepuluhan dan pemberian kesyukuran. Saya berhenti meminum arak dan merokok, dan kami mula menghadiri perjumpaan doa waktu subuh. Memandangkan saya bekerja sebagai seorang buruh pembinaan, pada hari yang saya terpaksa bekerja, saya naik ke atas gunung pada awal pagi dan berdoa. Saya tidak mempunyai pengetahuan kerohanian yang mencukupi untuk mengetahui bahawa adalah kehendak Tuhan supaya kita berdoa dengan lantang dan berpuasa. Saya hanya menuruti kehendak hati saya.

"Seru lah kepada Saya, dan Saya akan Menjawab!"

Awal pagi satu hari pada tahun 1975, saya bangun dan pergi ke Gunung Chilbo di Suwon. Saya membentangkan cadar pada sebuah batu dan berdoa. Tiba-tiba saya terdengar suara Tuhan daripada langit. Ianya dengan jelas tetapi kuat dan penuh berkuasa berkata. *"Lihat Lukas bab 22 ayat 44!"* Saya dengan segera membuka Injil dan membacanya.

> *"Dan kerana penderitaannya Dia berdoa bersungguh-sungguh; dan peluhNya menjadi seperti titisan darah, menitis ke tanah."*

Cara berdoa yang menyenangkan Tuhan adalah cara berdoa bersungguh-sungguh dengan lantang. Saya berdoa untuk memahami kenapa Tuhan memberi ayat tersebut pada saya, dan dengan inspirasi yang jelas saya mendapat penterjemahan ayat itu.

Israel terletak di kawasan gurun, jadi suhu menurun dengan mendadak pada waktu malam. Tambahan, apabila Yesus disalibkan, waktu itu pada bulan April, dan suhu pada waktu itu menjadikannya agak mustahil untuk berpeluh pada waktu malam. Jadi, sekuat mana Yesus tekun berdoa bersungguh-sungguh sehingga peluhnNya menjadi seperti titisan darah menitis ke tanah? DoaNya penuh kesakitan, tekun dan bersungguh-sungguh sehingga menyebabkan kapilari pecah dan melepaskan darah yang membentuk titisan yang kemudian jatuh ke tanah daripada permukaan kulitNya. Sekiranya Dia berdoa dengan senyap, kejadian seperti itu tidak mungkin akan berlaku.

Rahsia Berdoa Dengan Lantang

Semenjak itu, saya membaca Injil dan mendapati bahawa terdapat banyak ayat-ayat mahupun di dalam Perjanjian Lama dan Perjanjian Baru yang menyeru kita berdoa dengan lantang. Saya juga menyedari bahawa nenek moyang yang beriman menerima petunjuk melalui cara berdoa dengan lantang. Adalah kehendak Tuhan untuk kita berdoa dengan lantang. *"Berserulah kepada-Ku, maka Aku akan menyahut; akan Ku beritahukan kepadamu hal-hal yang indah dan mengagumkan yang belum kamu ketahui"* (Yeremia 33:3). Yunus menderhaka kepada Tuhan dan telah dibawa ke dalam perut ikan besar, tetapi dalam Yunus 2:2 direkodkan bahawa dia telah diselamatkan oleh tangisan kepada Tuhan. Dalam Yohanes 11: 43-44 ia direkodkan bahawa apabila Yesus menyuruh dengan suara yang kuat, Lazarus yang telah mati untuk tampil ke hadapan. Lazarus telah mati selama empat hari, namun dia tampil ke hadapan dengan keadaan hidup masih dibaluti dengan kain kapan. Sama ada suara lembut atau lantang, ianya tidak sepatutnya memberi sebarang kesan kerana Lazarus telah pun mati. Tetapi oleh kerana ia kehendak Tuhan, Yesus berdoa dengan lantang. Kejadian 3:17 berkata, *"Kerana engkau mendengarkan perkataan isterimu dan memakan buah dari pohon, yang telah Ku perintahkan kepadamu: Jangan makan daripadanya, maka terkutuklah tanah kerana engkau; dengan bersusah payah engkau akan mencari rezekimu dari tanah seumur hidupmu."*

Sebelum manusia memakan buah daripada pohon pengetahuan baik dan jahat, mereka hidup tanpa sebarang kekurangan di dalam Taman Syurgawi, dengan segala benda yang telah disediakan oleh Tuhan. Tetapi oleh kerana mereka derhaka pada Tuhan dengan memakan buah daripada pokok tersebut, mereka terjebak dalam dosa. Oleh itu, komunikasi dengan Tuhan terputus, dan mereka kini terpaksa makan buah-buahan hasil peluh dan kesusahan mereka. Kita mampu mendapat apa yang dikehendaki dan diperlukan hanya melalui berusaha dan berpeluh. Jadi sejauh mana kita harus berusaha dan berpeluh semasa berdoa kepada Tuhan untuk menerima sesuatu yang tidak mampu dicapai oleh daya usaha manusia.

Makna Kerohanian Berdoa di dalam 'Bilik Dalaman'

Mungkin ada di kalangan kamu yang bertanya-tanya, "Yesus memberitahu kita supaya pergi ke bilik dalaman dan berdoa secara rahsia, jadi kenapa kita dikehendaki berdoa dengan lantang? Bukankah Tuhan yang maha Kuasa mendengar kita walaupun kita berdoa secara senyap?" Dalam Matius 6:6 Yesus berkata, *"Tetapi kalau kalian berdoa, masuklah ke kamar dan tutuplah pintu, lalu berdoalah kepada Bapamu yang tidak kelihatan itu. Maka Bapamu yang melihat perbuatanmu yang tersembunyi akan membalasnya kepadamu."* Tetapi tidak tertulis di mana-mana bahagian di dalam Injil bahawa Yesus berdoa di dalam bilik dalaman. Menurut Markus 1:35 Yesus tidak berdoa di bilik dalaman, namun pada awal pagi dia keluar dan pergi ke tempat yang sunyi untuk berdoa. Lukas 6:12 mencatatkan bahawa dia berdoa di lerengan gunung.

Daniel membuka tingkapnya dan berdoa sambil menghadap ke arah Baitulmuqaddis (Daniel 6:10), Petrus berdoa di atas bumbung (Kisah Para Rasul 10:9), dan rasul Paulus berdoa di 'tempat sembahyang.' Sebab yang masing-masing mempunyai tempat berdoa yang istimewa adalah supaya mereka dapat berdoa sepenuh hati dan jiwa dan berdoa dengan lantang. Berdoa di bilik dalaman melambangkan bahawa kita harus berdoa dengan keseluruhan hati dan jiwa. Sebuah bilik dari segi kerohanian biasanya merujuk kepada hati manusia. Sekiranya kita memasuki bilik dalaman dan menutupi pintu, kita akan terputus daripada segala perbualan dan hubungan duniawi. Dengan cara yang sama, apabila kita berdoa, kita harus pertama sekali memutuskan segala pemikiran dan kerisauan bersifat duniawi, dan berdoa dengan seluruh hati dan penumpuan sepenuhnya.

Tuhan Mengenali Kelemahan Manusia

Mula-mula sekali, semua orang berasa begitu susah untuk berdoa dengan lantang. Tetapi apabila kita terus berdoa setiap hari, tidak lama kemudian kita akan menerima kuasa daripada Tuhan yang memudahkan kita berdoa dengan lebih baik. Juga, oleh kerana kita turut menerima inspirasi Roh Kudus, kita juga akan diberi kurniaan kebolehan untuk bertutur dalam bahasa roh. Tetapi sekiranya kita berdoa secara senyap, kemungkinan besar perkara-perkara remeh duniawi mengganggu fokus pemikiran kita dan kerisauan dan hal-hal duniawi mula masuk. Kemudian, kemungkinan besar kita mula berfikir tentang perkara-perkara seperti pasangan kita, anak-anak kita serta hal-hal peribadi dan kewangan. Kita mudah letih dan jatuh tidur. Tetapi sekiranya kita berdoa dengan lantang sepenuh hati, tiada ruang untuk gangguan hal remeh-temeh, jadi keletihan atau tidur tidak dapat mengalahkan kita. Kita akan mencapai kemenangan dalam amalan hidup berdoa kita.

Oleh kerana Tuhan mengenali kelemahan kehidupan manusia, Dia menyeru kita berdoa dengan lantang supaya kita boleh menang dengan kemenangan tersebut. Oleh kerana menyedari kehendak Tuhan itu, saya mula berdoa dengan lantang. Apabila saya menghadiri doa satu-malam di gereja, saya begitu lantang berdoa, dan paderi saya tidak mahu saya berdoa dengan lantang kerana dia risau jiran-jiran mungkin membuat aduan. Apabila paderi berada di dalam gereja, saya tidak dapat berdoa sebanyak mana yang diingini. Kerana itu saya pergi ke tempat-tempat yang dipanggil 'Gunung Doa' pada bila-bila masa yang saya berkesempatan. Saya berasa kesal sedikit di dalam hati saya kerana, sekiranya paderi saya membenarkan saya berdoa dengan lantang di gereja, syaitan musuh sudah tentu telah diusir melalui doa, dan api semangat berdoa itu merebak ke ahli-ahli gereja lain dan secara langsung meningkatkan pertumbuhan pesat gereja. Oleh sebab saya mempunyai perwatakan peribadi yang bersifat menyendiri, saya pergi ke puncak-puncak bukit dan berdoa lantang daripada awal pagi sehingga ke petang.

Tuhan Membawa Saya ke Kedudukan Agak Tandus

Saya Memilih Kerja Pembinaan Untuk Mentaati Tuhan Seharian

Semasa beberapa bulan yang isteri saya meninggalkan rumah, wang faedah hutang terus meningkat, dan beban kewangan saya menjadi lebih banyak. Saya mula bekerja sebagai buruh pembinaan atas cadangan seorang lelaki yang merupakan penyelia tenaga buruh. Dia mencadangkan supaya saya memulihkan tenaga badan saya dengan bekerja tidak terlalu keras di sebuah tapak pembinaan. Saya ingin memulihkan kesihatan saya secepat mungkin setelah tujuh tahun menderita. Saya memilih kerja itu kerana saya dapat dengan bebas mentaati Tuhan sepanjang hari. Oleh kerana saya tidak bekerja setiap hari, pada bila-bila masa saya senang, saya berdoa dan berpuasa, kemudian saya pergi bekerja sekiranya ada pekerjaan.

Faedah ke atas hutang saya kian meningkat, tetapi saya masih percaya bahawa Tuhan akan merahmati saya hanya jika saya menyenangkan Dia. Adik-beradik saya ingin memberikan saya wang hasil tanaman mereka untuk saya memulakan perniagaan, tetapi saya menolak. Saya ingin bermula dari permulaan, mengikuti jalan yang betul. Oleh kerana saya telah dibesarkan di kawasan luar bandar selaku anak lelaki bongsu, saya tidak pernah melakukan kerja-kerja yang berat. Apabila saya mula bekerja sebagai seorang buruh pembinaan, saya memerlukan tahap ketahanan fizikal yang tinggi, dan kadang-kadang saya menitiskan air mata. Apabila membawa barang-barang berat naik ke tingkat dua, kaki saya mula bergoyang dan saya jatuh banyak kali. Namun saya bangun dan terus bekerja. Pada waktu itu, saya menjadi orang yang boleh melakukan apa sahaja dan saya juga berjaya memulihkan kesihatan saya.

Saya menerap batu-bata, menyodok pasir, dan juga menarik kereta sorong dengan tangan. Apabila tiada pekerjaan semasa musim sejuk, saya bekerja sebagai pengurus menerima dan menjaga hantaran briket arang batu. Saya juga bekerja di jabatan pengairan. Saya mengalami banyak perkara. Isteri saya menjual sos kerang masin dan rumpai laut, dan dia juga mengutip batu di tapak pembinaan. Adalah dengan panduan Roh Kudus saya telah bekerja sebagai buruh pembinaan, namun saya tidak menyedarinya pada waktu itu. Ianya mencabar dari aspek fizikal, tetapi saya dapat mengalami kesusahan seorang buruh pembinaan yang hidup dalam keadaan yang susah. Saya dapat memahami isi hati mereka. Apabila keadaan mengizinkan, saya berkongsi pengalaman bagaimana saya dirahmati Tuhan dan bercerita tentang Kitab Injil kepada mereka.

Pada musim panas tahun 1975, Soojin anak perempuan ketiga saya dilahirkan. Dia telah dikurniakan semasa kita mengalami rahmat Tuhan dan sibuk menghadiri banyak mesyuarat kebangkitan. Apabila dia dilahirkan, dia tidak menangis sama seperti saya tidak menangis apabila saya dilahirkan. Di mukanya sentiasa terukir senyuman. Saya tidak pernah melihat dia menangis sehingga dia berumur enam tahun. Buat seketika, saya dan isteri saya mengutip batu di lerengan bukit di mana beberapa bangunan sedang dibina. Soojin baru berusia dua bulan, dan kami tidak mempunyai sesiapa untuk menjaganya. Jadi, kami memasang payung di suatu sudut tapak pembinaan itu dan meletakkan dia di situ. Satu payung tidak mencukupi untuk menghalang semua sinaran cahaya matahari, namun dia tidak menangis. Tetapi apabila kami dimaklumkan bahawa rumah-rumah kami akan dirobohkan bagi tujuan pembangunan, kami terpaksa berhenti bekerja di situ.

Pada masa itu kami tinggal di sebuah kampung di lerengan bukit yang terletak di sempadan Keumho Dong dan Oksu Dong. Pemilik rumah tersebut memaklumkan pada kami bahawa dia telah menerima notis daripada kerajaan bahawa rumah tersebut akan dirobohkan, dan kami diminta berpindah. Pada masa itu sewa bulanan adalah 100,000 won (kira-kira 100 dolar Amerika), dan beliau berkata beliau diberi 150,000 sebagai pampasan. Dia juga diberikan hak membeli sebuah unit pangsapuri yang akan dibina di atas tanah tersebut, di mana dia boleh mendapat 400,000 won sekiranya menjual pangsapuri tersebut.

Dia berkata dia tidak dapat memberikan saya apa-apa wang kerana rumahnya akan hilang sepenuhnya. Saya menghentikan percubaan untuk mendapatkan wang saya kembali dari dia kerana saya tidak ingin bergaduh dengan dia. Saya tiada tempat lain untuk pergi. Kami hampir-hampir terpaksa mendirikan sebuah khemah di tepi jalan. Tetapi isteri saya dapat meminjam wang sebanyak 50,000 won. Dengan wang tersebut, kami menyewa sebuah bilik kecil berdekatan dengan gereja. Ia adalah bilik yang amat kisut dan tiada sebarang cahaya matahari yang menyinar masuk ke dalam bilik itu.

Berpuasa dan Benar-benar Bertaubat Selepas Merungut Tentang Tuhan

Kira-kira satu bulan selepas kami berpindah rumah, kami menerima satu lagi notis perobohan rumah. Pemilik rumah saya memaklumkan bahawa saya harus berpindah dan sedia mengembalikan wang pendahuluan, tetapi ia tidak mudah untuk mendapatkan bilik yang murah seperti bilik itu. Saya dan isteri saya pergi ke Boolkwang Dong untuk mencari tempat yang murah, namun semua usaha kami gagal. Kami tidak memakan tengah hari mahupun makan malam. Apabila sampai di rumah, hari telah pun malam.

"Tuhan, bagaimana mungkin Kamu tidak mendengar doa saya? Kamu tidak menyediakan kepada saya walaupun satu bilik?"

Dalam sekelip mata, saya telah mengeluarkan kata-kata rungutan terhadap Tuhan. Pada waktu itu, saya sedang melalui pejabat agen hartanah, dan saya bertanya sekali lagi.

"Seseorang baru sahaja meletakkan satu bilik untuk disewa.

Anda boleh berpindah masuk serta merta, esok pun boleh."

"Berapakah harganya?"

"Anda boleh menyewanya dengan harga 50,000 won."

Kami pergi sana untuk melihat bilik itu. Ianya sebuah bilik kecil yang kemas di mana kami juga boleh membuka sebuah kedai. Sebuah bilik telah tersedia untuk kami di mana kami boleh berpindah masuk keesokan hari! Selepas sampai di rumah, saya menangis berterusan. "Tuhan, kenapa hati saya tidak boleh lebih konsisten! Kenapa hati saya dipenuhi kejahatan? Engkau tidak menjadikan saya sakit ataupun dibelenggui kemiskinan, namun saya masih merungut tentang Engkau, Tuhan! Sekiranya saya tidak mendapat tempat tinggal, saya hanya akan tidur di tepi jalan. Saya seharusnya bersyukur bahawa Engkau menyembuhkan penyakit saya, jadi kenapa saya merungut?"

Hati saya berasa amat pedih dan saya bertaubat dengan air mata kerana saya merungut tentang Tuhan. Saya memulakan puasa tiga-hari, kerana saya telah bertekad tidak akan merungut lagi tentang Tuhan tidak kira dalam apa jua keadaan.

Tiada Kompromi dalam Mentaati Hari Sabat

Sebab utama saya memilih untuk bekerja sebagai buruh pembinaan adalah untuk memelihara hari Sabat dan bebas melakukan doa dan juga untuk menguatkan lagi badan saya yang lemah. Sewaktu kami sedang tinggal di dalam sebuah bilik kecil yang lusuh itu, salah seorang kakak saya sedang mengusahakan sebuah restoran yang berjaya dan dia juga memiliki sebuah bangunan. Dia hendak saya menjaga restorannya dan juga mengupah isteri saya bekerja. Jadi, menyara hidup tidak akan begitu susah, dan kami kemungkinan juga menjadi kaya.

"Abang, saya juga akan memberikan pada kamu sebuah rumah (untuk tinggal) dan gaji yang tinggi. Kenapa kamu tidak menjaga pengurusan restoran saya? Tetapi kamu kena bekerja pada dua hari Ahad setiap bulan."

"Saya minta maaf, kakak. Saya mesti pergi ke gereja setiap hari Ahad tidak kira apa yang berlaku. Saya tidak boleh terima tawaran itu."

Setelah saya menolak tawaran kakak saya itu dengan memberi alasan bahawa saya mesti pergi ke gereja setiap hari Ahad, berita itu sampai kepada ibu dan adik beradik saya yang lain. Ibu saya berasa kecewa kerana saya menolak tawaran kakak saya itu hanya kerana saya perlu bekerja pada dua hari Ahad dalam setiap bulan. Adik-beradik saya juga berkata mereka tidak memahami diri saya dan menggeleng kepala dengan berkata saya melepaskan peluang untuk melangsaikan semua hutang saya dan hidup dengan senang.

Bagaimana Saya Boleh Hidup Berdasarkan Pesanan Tuhan?

Bagaimana Saya Boleh Membuang Sifat Selalu Berdosa?

Selepas perjumpaan kebangkitan berakhir, saya mula membaca Kitab Injil dengan berhati-hati. Sebelum saya membaca Kitab Injil, saya mandi terlebih dahulu dan memakai pakaian bersih. Saya membaca sambil berdiri tegak. Saya mula membaca daripada Kitab Injil Matius. Semasa membaca, saya menjumpai Pesanan seperti 'elakkan daripada semua jenis kejahatan', 'buangkan perasaan marah', 'jangan menipu', 'jangan membenci', 'sayangilah walaupun musuh anda', dan lain-lain lagi.

Setelah menjalani kehidupan Kristian buat suatu ketika, saya menilai diri saya untuk melihat sejauh mana saya mentaati Pesanan di dalam Kitab Injil. Sekiranya saya tidak mempraktikkan sesuatu perkara yang terkandung di dalam Pesanan, saya menulisnya di dalam buku nota. Untuk perkara-perkara itu, saya berdoa kepada Tuhan meminta-Nya mengurniakan saya kekuatan untuk mentaati Pesanan tersebut dan saya mencuba mengamalkannya.

Oleh kerana saya cuba mengamalkan Pesanan Tuhan dengan sepenuh hati, Tuhan mengurniakan saya kebolehan untuk berjaya membuang perkara-perkara yang perlu dibuang.

"Aku cinta pada mereka yang mencintai Aku; dan mereka yang rajin mencari Aku akan menemui Aku" (Amsal 8:17).

"Jikalau kamu mengasihi Aku, kamu akan menuruti segala perintah-Ku" (Yohanes 14:15).

"Sebab, mengasihi Tuhan bererti taat kepada perintah-perintah-Nya. Dan perintah-perintah-Nya tidaklah berat untuk kita" (1 Yohanes 5:3).

Kemudian, setelah saya menjadi seorang paderi, saya menyedari bahawa dosa boleh dibahagikan kepada dua kumpulan. Pertama adalah 'kerja-kerja badaniah' yang dilakukan melalui tindakan, yang kedua adalah 'perkara-perkara badaniah' yang dilakukan di dalam hati kita. Sekiranya 'perkara-perkara badaniah' berkembang, ianya boleh manifestasi sebagai 'kerja-kerja badaniah' melalui tindakan.

Percubaan Membuang Semua Jenis Kejahatan

Sewaktu saya terlantar sakit, kadang-kadang saya

bermain permainan kad Korea dengan jiran-jiran saya untuk menghabiskan masa. Walaupun selepas mengenali Tuhan, oleh kerana saya tidak mengetahui pesanan Tuhan, saya tidak menyedari bahawa berjudi itu adalah berdosa. Jadi, sebelum saya percaya kepada Tuhan, saya menang kebanyakan kali bermain, tetapi selepas saya mulai percaya kepada Tuhan, saya mula kalah dan terus kalah tidak kira bagaimana saya mencuba untuk menang. Saya menyedari bahawa Tuhan tidak menyukai saya berjudi jadi saya mengambil keputusan untuk berhenti berjudi. Namun, pada suatu hari, saya tidak dapat menahan dugaan untuk berjudi menggunakan wang upah saya selepas bekerja selama lima belas hari. Saya kehilangan semua wang saya, setiap sen, berjudi sepanjang malam. Pada keesokan pagi, mereka yang kekalahan wang tinggal untuk cuba memenangi kembali sekurang-kurangnya modal permulaan mereka. Tetapi kemudian, saya terdengar suara yang saya kenali di luar. Seorang paderi daripada gereja datang melawat keluarga tuan rumah.

Saya terdengar, namun saya teruskan bermain secara senyap. Akhir sekali, saya kalah semua wang saya. Bunyi lagu-lagu pujian yang datang daripada pemilik menusuk pedih ke dalam hati saya. Paderi itu pulang setelah menyampaikan Pesanan Tuhan. "Oleh kerana seorang paderi telah datang, saya sepatutnya menghadiri sama upacara penyembahan di rumah bersama-sama dengan keluarga tuan rumah, dan bagaimana saya boleh menghadiri gereja sekarang dengan hati nurani seperti ini?" Sejak itu, saya telah mengalami kesengsaraan hati. Saya berasa bosan sewaktu ibadat penyembahan, dan saya tidak boleh berdoa. Sebelum itu, saya gembira walaupun hanya bekerja sebagai buruh pembinaan, namun saya lebih banyak mengeluarkan kata-kata kesyukuran. Saya hanya merasa kekesalan di dalam hati. Dua minggu berlalu, saya masih menderita. Pada suatu malam, saya membuka tingkap dan jenguk ke luar. Saya boleh melihat Tooksum dan kawasan tebing Sungai Han. Terdapat lampu-lampu elektrik yang menyinari permukaan air sungai, dan kelihatan seperti salib berwarna merah. "Apa yang berlaku?" Berasa sedikit aneh, saya melihatnya sekali lagi, dan sinaran lampu itu memang kelihatan seperti salib berwarna merah tersusun dalam sebaris. "Kenapa lampu-lampu itu kelihatan seperti salib dan bukan seperti yang sebelumnya?" Pada saat itu lah Tuhan yang maha pengasih memberi rahmat-Nya daripada atas, dan saya teringat bahawa saya sepatutnya menjemput paderi yang datang melawat rumah saya tempoh hari. Namun, hati dan pemikiran saya dikaburi oleh sebab saya telah kekalahan wang lalu saya terus menyembunyikan diri daripada paderi itu. Saya tidak menghadiri ibadat penyembahan di rumah. Saya bertaubat dengan tangisan dan titisan air mata. "Tuhan, saya tidak akan menyentuh permainan kad lagi." Selepas saya bertaubat sepenuhnya, Tuhan mengembalikan intipati Roh Kudus yang saya telah kehilangan. Oleh kerana dinding berdosa terhadap Tuhan telah dirobohkan, saya berasa seperti ingin berterbangan. Masa dua minggu itu merupakan waktu yang amat sukar, namun saya menyedari betapa takutnya memandangkan dunia. Saya juga telah berhenti berjudi.

Berdoa Untuk Membuang Dosa-dosa Yang Dilakukan Melalui Pemikiran

Kerja-kerja badaniah yang menjadi manifestasi kelakuan kita boleh dibuang dengan amat mudah sekiranya kita mempunyai azam yang kukuh. Kita boleh terus hentikan apa yang dilarang oleh Kitab Injil dan melakukan segala yang disuruh. Tetapi saya rasa ada kesusahan berkaitan dua perkara. Ia adalah tentang kebencian dan minda yang sumbang. Pemikiran ini datang ke dalam fikiran saya tanpa mengira kehendak saya, jadi saya tidak dapat mengelak daripada berasa bimbang tentang perkara-perkara itu.

Pada masa itu, terdapat ramai orang yang saya dendami. Ini termasuklah abang-abang saya, yang enggan meminjamkan saya wang untuk menyewa bilik ketika saya terlantar sakit; ibu mertua saya yang menggelar saya 'menantu cacat'; dan ahli-ahli keluarga isteri saya yang membenci saya kerana tidak mampu bekerja untuk mendapatkan wang. Saya mempunyai perasaan benci yang amat mendalam untuk mereka. Hanya apa yang saya fikirkan adalah, "Apabila saya menjadi sihat, saya akan dapatkan wang yang banyak dan menunjukkan kepada mereka betapa hebatnya!"

Nampaknya bukan mudah untuk mengasihi musuh-musuh saya sedangkan saya amat berasa benci terhadap ahli keluarga isteri saya. Satu lagi adalah pemikiran sumbang. Yesus berkata, sekiranya kita memandang seorang wanita dan berfikiran sumbang, maka kita telah pun melakukan zina dengan wanita tersebut di dalam hati (Matius 5:28). Saya tidak melakukan zina melalui tindakan saya, tetapi hati saya menjadi terangsang apabila melihat gambar pelakon-pelakon cantik.

Sekiranya kita memberangsangkan minda kita yang lumrahnya mudah berdosa, seperti melihat gambar-gambar, menonton wayang, Internet atau melihat wanita di atas jalan, dan sekiranya kita menghabiskan lebih banyak masa menyerap masuk semua ini, bukankah itu berzina di mata Tuhan? Saya yakin saya boleh mentaati pesanan-pesanan lain di dalam Kitab

Injil, namun saya amat risau mengenai dua perkara ini. Tetapi semasa perjumpaan pembangkitan, orang yang berkhutbah itu berkata kita boleh menemui jawapan sebarang persoalan sekiranya kita benar-benar berdoa dengan beriman. Saya percaya tiada apa-apa yang mustahil sekiranya kita beriman, jadi saya mula berpuasa dan berdoa untuk membuang perkara-perkara dosa daripada hati saya.

"Tuhan, bantulah saya untuk tidak mempunyai minda berzina atau apa-apa perasaan, tidak kira jenis wanita yang saya lihat."

Sebelum saya menerima Tuhan, saya menggantung beberapa gambar atau kalendar gambar pelakon di rumah. Tetapi selepas saya telah mengenali Tuhan, saya tidak lagi menggantung barang-barang itu di rumah saya. Saya berpuasa dan berdoa sehingga saya benar-benar membuang sifat berdosa minda zina itu sendiri. Saya ingin memuliakan Tuhan dengan rahmatNya. Saya mahu Tuhan menjadikan saya pegawai di dalam gereja yang dapat membantu golongan yang memerlukannya dengan rahmat kewangan yang Tuhan kurniakan. Saya mahu membantu dalam kerja-kerja mubaligh dan memberi kemuliaan kepada Tuhan melalui rahmat yang Dia berikan kepada saya sebanyak mana saya mahu. Selepas saya berpindah ke sebuah rumah dengan bilik bersambungan sebuah kedai, saya membuka kedai komik kecil. Isteri saya keluar menjual barangan kecantikan, dan saya menjaga kedai seorang diri. Abang-abang saya melihat keadaan miskin saya dan menawarkan bantuan mereka supaya saya boleh melakukan sesuatu yang lain, tetapi saya menolak. "Setelah Tuhan memperincikan saya, sudah tentu Dia merahmati saya." Sekiranya saya menerima pertolongan mereka sebab saya memerlukannya pada masa itu, apa yang saya mampu katakan pada mereka, sedangkan pada masa hadapan nanti Tuhan yang memberikan saya rahmat kewangan?

Saya terpaksa menolak bantuan mereka untuk hanya menjalani hidup saya berdasarkan kehendak Tuhan. Sudah tentu abang-abang saya mengeluarkan kata-kata seperti, "Rahmat apa dari Tuhan? Kami menolong kamu sewaktu kamu susah, kerana bantuan itulah kamu masih hidup.

Tiga Tahun Untuk Membuang Minda Berzina

Kedai buku komik itu boleh diusahakan dengan hanya sedikit modal. Untuk berpindah ke sebuah kedai yang lebih besar, saya berpuasa dan berdoa selama tiga hari. Setelah tamat berpuasa, saya pergi melihat sebuah kedai di bawah Pawagam Keumho Dong. Saya menyukainya lalu menandatangani perjanjian. Saya membuka kedai baru, dan oleh kerana terdapat banyak bar di sekeliling, ramai pelanggan setia merupakan wanita yang bekerja di bar-bar tersebut.

Terdapat seorang wanita tertentu yang selalu duduk bersebelahan dengan saya setiap kali dia datang ke kedai. Apabila dia duduk saya bangun dengan serta-merta. Jikalau seorang wanita berkelakuan menggoda, saya mengelak daripadanya. Tindak balas mereka berbeza. Hati saya langsung tidak gementar lagi.

"Adakah kamu memandang rendah pada saya kerana saya bekerja di sebuah bar?"

"Adakah kamu diperbuat daripada batu? Adakah kamu tidak mempunyai apa-apa perasaan?"

"Datanglah berjumpa dengan saya di tempat kerja dan saya akan memberikan minuman percuma pada kamu."

Terdapat pelbagai jenis dugaan, namun saya tidak membiarkan hati saya mengalah kepada dugaan-dugaan tersebut. Saya menolak semua pelawaan, dan ini menjadi kekuatan saya. Kemudian, saya dapat merasakan bahawa sifat berdosa minda berzina telah hilang sepenuhnya. Seperti diminta ketika berdoa, ia menjadi kekuatan dan kuasa saya apabila saya mengatasi dugaan dengan perbuatan-perbuatan saya, dan minda berzina itu sendiri telah dibuang habis. Itulah jawapan yang akhirnya saya menerima selepas tiga tahun saya mula berdoa untuk membuang minda berzina daripada hati saya.

Satu-satunya Kehendak Saya

Kitab Injil Harus Hanya Mempunyai Satu Jawapan

Keinginan terbesar saya adalah untuk memahami pesanan di dalam Kitab Injil sepenuhnya dan juga teringin untuk menjalani hidup saya berpandukan Kitab Injil. Jadi, apabila saya terdengar terdapat perjumpaan pembangkitan diadakan, saya pergi ke sana untuk mendapatkan rahmat Tuhan.

Oleh kerana terdapat banyak ayat di dalam Kitab Injil yang saya tidak fahami, saya tekun menghadiri perjumpaan-perjumpaan tersebut. Semasa pesanan disampaikan, saya amat gembira saya dapat memahami Pesanan Tuhan itu. Juga, disebabkan selalunya terdapat perjumpaan yang diadakan di pusat doa, saya turut menghadiri perjumpaan tersebut.

Oleh kerana terdapat banyak ayat-ayat yang susah difahami, saya bertanyakan banyak soalan kepada paderi saya. Tetapi untuk beberapa soalan, dia tidak dapat memberikan saya jawapan yang jelas.

"Paderi, buku mana boleh memberikan saya pemahaman yang jelas tentang kehendak Tuhan dengan cepat?"

"Saudara Lee, sekiranya anda benar-benar ingin memahami Kitab Injil, anda boleh membaca kerja-kerja ulasan yang menerangkan dan menterjemahkan Kitab Injil." Saya sangat gembira mendengarnya. Saya mempunyai banyak hutang pada masa itu yang menyusahkan saya mengeluarkan walaupun satu sen, namun saya tetap berusaha mencari wang untuk membeli buku ulasan Kitab Injil. Saya membaca ulasan-ulasan itu sambil berdoa di lerengan gunung, tetapi sesetengah ayat masih susah untuk difahami. Saya tidak mendapat pemahaman yang mendalam, dan berasa kecewa. Ulasan-ulasan tersebut tidak mengaku kebenaran Pesanan Tuhan sebaliknya menganggap beberapa bahagian Kitab Injil sebagai mitos. Juga, ia menghilangkan iman melalui beberapa penterjemahan yang berbeza-beza. Kemudian, saya membaca buku-buku ulasan lain, namun buku-buku itu hanya lebih mengelirukan saya kerana masing-masing mempunyai penterjemahan yang berbeza. Kitab Injil mesti mempunyai hanya satu jawapan, namun ulasan-ulasan tersebut hanya lebih mengelirukan saya.

Tuhan, Tolong Jelaskan kepada Saya Ayat-ayat di dalam Kitab Injil.

Pada tahun 1976, saya benar-benar ingin memahami kehendak Tuhan yang terkandung dalam PesananNya. Saya terdengar sesuatu yang mengejutkan daripada salah seorang ahli gereja yang baru balik daripada perjumpaan pembangkitan yang diadakan di Daegu.

"Seorang paderi telah berpuasa selama 40 hari dua kali, dan malaikat datang kepadanya dan menerangkan Kitab Injil kepadanya selama tiga tahun." Pada saat saya mendengar kata-kata tersebut, hati saya berkobar-kobar, saya berasa seperti badan saya diliputi api. Kemungkinan ia kedengaran seperti tidak masuk akal yang malaikat menerangkan Firman Tuhan, namun saya mempercayainya. Saya bertekad untuk yakin dan berdoa. Semenjak itu, saya tanpa henti-henti bermula berdoa kepada Tuhan.

"Tuhan, saya mempercayai kesemua enam puluh enam bahagian di dalam Kitab Injil. Kitab Injil ialah Firman Tuhan yang tertulis hasil daripada inspirasi Roh Kudus, jadi kurniakanlah inspirasi dan jelaskan kepada saya tentang kesemua enam puluh enam bahagian itu. Atau kurniakan kepada saya penjelasan melalui malaikatMu, oh Tuhan, datanglah kepada saya dan kurniakan pemahaman kepada saya."

Sekiranya terdapat bahagian yang saya tidak faham dalam Al-Kitab, saya tidak mungkin akan mampu memahami kehendak Tuhan. Hanya apabila saya memahami maksud sebenar Kitab Injil, saya akan dapat menjalani kehidupan ini berdasarkan kehendak Tuhan. Hanya selepas kita memahami Firman Tuhan dengan betul, barulah kita mampu mentaati FirmanNya sepenuhnya.

Oleh kerana saya bersungguh-sungguh hendak memahami Firman Tuhan dengan betul, saya tekun berdoa bersungguh-sungguh. Tuhan menerajui saya berdoa dengan banyak dan menggerakkan hati saya untuk menawarkan puasa. Apabila saya tidak bekerja di tapak pembinaan, saya mendaki gunung untuk berdoa di sana. Doa saya meminta Tuhan untuk menjelaskan Kitab Injil kepada saya. Ini berterusan selama beberapa tahun.

Tangan halus Tuhan

Dalam masa beberapa bulan, saya telah belajar bagaimana untuk menguruskan kedai saya, dan dengan keimanan yang tinggi, saya rasa saya boleh berbuat apa sahaja. Dengan kedai yang saya ada pada masa itu, saya hanya mendapat sedikit keuntungan, tetapi saya tidak dapat mengharapkan apa-apa lebih daripada itu. Walaupun saya tidak mempunyai wang yang banyak, kerana saya percaya yang saya boleh berbuat apa-apa, saya ingin mengembangkan perniagaan saya. "Tuhan, izinkan saya berpindah ke tempat yang lebih baik."

Pada hari ketiga saya berdoa sedemikian, seseorang datang kepada saya dan bertanya kepada saya kalau saya ingin menjual kedai saya kepadanya. Pada masa itu, dia adalah pemilik kedai yang lebih besar. Saya menyerahkan kedai saya kepadanya untuk wang deposit berjumlah 150,000 won (150 dolar) dan saya hanya mendapat keuntungan sebanyak 100,000 won kerana 50,000 diperlukan untuk kos perabot di kedai ini. Selepas saya dan isteri saya berpuasa selama tiga hari, kami melawat sebuah lagi kedai di kawasan berdekatan. Terdapat sebuah kedai yang mempunyai perniagaan yang baik, dan ia dibuka untuk disewa pada harga 500,000 won, termasuklah premium dan sewa. Jadi saya membuat kontrak dengan 100,000 won yang saya ada, tetapi saya masih perlu membayar baki 400,000 won. Ia merupakan satu nilai yang besar untuk saya pada waktu itu. Pada waktu itu, saya teringat dua orang ahli gereja kami, dan saya meminta isteri saya untuk meminjam wang dari mereka. Tetapi mereka serta-merta menolak permintaan kami. Isteri saya meminjam 150,000 won dari jiran kami, tetapi kami masih memerlukan baki 250,000 won. Kami berbincang dengan pemilik bangunan, dan kami membuat perjanjian untuk membayar faedah bagi jumlah 250,000 won itu.

Ahli gereja tidak sepatutnya membuat pemindahan wang sesama sendiri. Selepas itu, saya mula memahami Firman Tuhan dan saya menyedari mengapakah Tuhan tidak membenarkan saya meminjam wang dari ahli gereja saya. Ini kerana bukan kehendak Tuhan supaya ahli gereja saling meminjam atau memberi pinjam wang sesama mereka. Adik-beradik kandung pun boleh menjadi musuh kerana wang. Jika kita meminjam dan memberi pinjam wang di gereja, syaitan dapat bekerja dengan mudah, jadi Tuhan tidak mahu hal ini diamalkan di gereja. Semasa saya berkhidmat di gereja, saya mengajarkan kepada ahli gereja supaya jangan memberi pinjam atau meminjam wang sesama mereka. Namun, saya dapat lihat jika sesetengah ahli tidak menurut ajaran ini dan meminjam atau memberi pinjam wang kepada yang lain, lalu mereka berhadapan dengan cabaran dan kesukaran. Kita sebagai saudara seagama, tidak sepatutnya mempunyai apa-apa hutang kecuali hutang kasih sayang antara kita. Dengan keuntungan yang didapati dari kedai ini, kami mampu membayar faedah dari hutang, tetapi kami tidak mampu melangsaikan hutang. Di pinggir bandar, ramai pekedai menjalankan perniagaan kedai buku dalam skala besar seperti sebuah syarikat besar. Saya berdoa kepada Tuhan untuk merealisasikan impian mendapatkan kedai yang lebih besar.

Dipimpin ke Jalan Menuju Rahmat Kewangan

Pada waktu itu, ada sebuah kedai yang terkenal di Pasar Keumho Dong. Keuntungan jualan kedai itu merupakan yang terbesar di kawasan ini. Kedai ini dibuka untuk disewa, tetapi masalahnya jumlah premium yang diminta adalah 1 juta won (1,000 dolar AS) tidak termasuk sewa. Pada waktu itu, gaji harian seorang pekerja hanyalah 1,500 won (15 dolar AS), jadi jumlah premium ini amat besar untuk saya. Pemiliknya menyatakan yang dia boleh menurunkan premium sehingga 950,000 won, tetapi tidak lebih dari itu. Tetapi kemudian, saya dapat tahu bahawa selama 20 hari selepas saya datang berjumpa dengannya, tiada orang lain yang datang untuk melihat kedai ini. Ada orang memberitahu saya bahawa saya boleh tawar-menawar dengan pemilik kerana dia mahu menjual kedai ini dengan segera atas sebab-sebab peribadi. Saya cuma ada 500,000 won. Sebenarnya mustahil untuk tawar-menawar dengan wang sebanyak ini sahaja. Selepas berdoa dengan khusyuk sepanjang malam, saya berjumpa dengannya untuk membuat perbincangan. Saya meminta dia menjual kedai ini kepada saya dengan harga 500,000 won, kerana ini sahaja wang yang saya ada. Dia berfikir seketika, dan kemudian menyatakan yang dia boleh menjual dengan harga 550,000 won.

Akhirnya, kami menandatangani kontrak dengan harga 500,000 won. Saya bersetuju membayar deposit keselamatan bersama-sama dengan sewa bulanan. Kami kemudiannya berpindah ke kedai di Pasar Keumho Dong. Sejurus selepas kami membuka kedai, ramai pelanggan datang ke kedai kami. Ramai orang menyatakan yang mereka mahukan kedai ini, tetapi mereka tidak tahu yang ia telah dibuka untuk disewa. Beberapa orang antara mereka mencadangkan supaya saya menyerahkan hak kedai kepada mereka, dan mereka akan membayar premium sebanyak 1.2 juta won kepada saya. Apabila ada orang yang menawarkan premium sebanyak 1.3 juta won, saya berbincang dengan isteri saya, kerana kami mampu membeli rumah dengan wang sebanyak itu. Tetapi kami berasa tidak sedap hati menyerahkan kedai ini selepas Tuhan memimpin kami ke sini dengan kehendakNya. Kami mengambil keputusan untuk membayar hutang dengan keuntungan yang didapati dari kedai ini. Pada bulan Julai 1977, kami membuka kedai dan memulakan perniagaan. Kedai ditutup pada hari Ahad, dan kami tidak membenarkan para pelajar yang minum arak atau merokok untuk masuk ke kedai ini. Disebabkan keluarga saya menyanyikan lagu puji-pujian setiap masa, orang ramai dapat mendengar lagu puji-pujian dinyanyikan di kedai ini. Lebih ramai pelanggan datang jika dibandingkan pada masa kedai diuruskan oleh pemilik lama. Kami membuka kedai pada waktu siang dan berdoa pada waktu malam. Ini merupakan rutin harian kami.

Dilatih Untuk Memahami Suara Roh Kudus

Di Rumah Doa Osanri

Seperti rusa yang dahagakan air sungai, saya dahaga untuk memahami Firman Tuhan dengan lebih mendalam. Pada tahun 1977, saya menghadiri perjumpaan di Rumah Doa Osanri. Di sini saya mendengar suara Tuhan untuk kali kedua. Saya sedang mendengar mesej yang disampaikan oleh paderi, dan dia berkata, "Memandangkan Tuhan memberikan kita kearifan untuk mengambil ubat, ini adalah kehendak Tuhan supaya kita pergi ke hospital dan mengambil ubat-ubatan." Saya tidak bersetuju dan tidak menyatakan 'Amin.' Ini berlainan dengan pengalaman saya bersama Tuhan Maha Agung yang mampu melakukan apa sahaja. Selepas selesai jemaah, saya masuk ke bilik doa dan merintih dalam doa, "Ya Tuhan, adakah Engkau berkehendak supaya kami mengambil ubat atau tidak?"

Saya tidak tahu berapa lama masa berlalu. Tiba-tiba saya mendengar suara Tuhan berkata, *"Lihatlah 2 Tawarikh bab 16."* Saya membuka Kitab Injil dan kisah ini berkenaan Raja Asa di Israel. Pada zaman awal pemerintahannya, baginda hanya bergantung kepada Tuhan. Akhirnya, baginda memenangi semua peperangan dan mendapat suatu tempoh yang aman. Tetapi selepas itu, dalam pemerintahannya, baginda tidak bergantung kepada Tuhan, tetapi kepada tentera lain. Baginda kalah dalam banyak peperangan, malah memenjarakan orang alim yang memperlihatkan kesalahannya. Kemudian, Raja Asa menghidap penyakit di kaki. Penyakit ini amat teruk, namun baginda tidak mencari TUHAN, malah pergi berjumpa doktor. Raja Asa mangkat dua tahun kemudian. Melalui bab ini, saya mendapat jaminan bahawa Tuhan mahukan anak-anaknya untuk mempunyai kepercayaan teguh untuk bergantung kepadaNya sahaja, dan tidak meletakkan kepercayaan dan keimanan terhadap dunia.

Latihan Mendengar Suara Roh Kudus

Suara Tuhan, suara Yesus dan suara Roh Kudus perlu dibezakan. Menurut pengalaman saya, suara Tuhan hanya didengari pada masa-masa tertentu sahaja. Saya pernah mendengar suara Tuhan hanya beberapa kali sahaja. Suara Roh Kudus dapat didengari dengan lebih kerap apabila kita menerima Yesus Kristus, menerima Roh Kudus. dan terus berdoa dengan tekun untuk menghapuskan dosa dan pemikiran jahat dan sumbang.

Saya mula mendengar suara Roh Kudus pada masa saya baru mendapat keimanan. Pernah sekali semasa saya menghadiri jemaah di gereja, Tuhan membenarkan saya mendapat latihan dalam mendengar suara Roh Kudus. Semasa jemaah pagi Ahad itu, saya mempunyai perasaan kuat dalam hati saya semasa saya sedang mendengar mesej yang disampaikan. Saya mempunyai keinginan kuat untuk memberikan 30,000 won kepada seorang paderi di gereja ini. Saya membulatkan tekad, "Ya Tuhan, saya akan dapat 30,000 won dan berikan kepada paderi ini!"

Saya membuat keputusan ini semasa sedang menghadiri jemaah. Tetapi selepas selesai jemaah dan saya keluar dari pintu gereja, pemikiran lain datang ke minda saya. Secara jujurnya, 30,000 won merupakan jumlah yang besar bagi saya. Saya fikir jika saya ada wang ini, saya akan berikan kepada paderi ini. Tetapi di manakah akan saya dapatkan wang ini? Keluarganya nampak lebih mewah berbanding keluarga saya. Mungkin saya memikirkan perkara yang membazirkan masa semasa jemaah, tetapi saya terus terlupakan hal ini.

Tetapi keesokan harinya, ibu mertua paderi tersebut, yang merupakan ketua paderi kanan gereja, datang ke kedai saya di Pasar Keumho Dong. "Anak perempuan saya sakit bersalin sepanjang malam tadi. Semasa dia pergi ke hospital, kami amat memerlukan 30,000 won. Saya mengalami masalah untuk mendapatkan wang tersebut. Namun saya dapatkan juga dan pergi ke hospital. Dia mengalami kesukaran semasa hendak bersalin." Saya terkejut mendengar apa yang dikatakannya. "Ketua paderi kanan, semasa saya menghadiri jemaah pagi Ahad, Roh Kudus menggerakkan hati saya, tetapi saya tidak mengendahkannya. Saya ingatkan itu cuma fikiran saya dan terus melupakannya. Tetapi inilah sebenarnya yang dimaksudkan."

Saya terus bertaubat, dan saya bertekad untuk mematuhinya pada masa akan datang. Saya terfikir, "Saya mendengar suara

Roh Kudus, tetapi saya tidak patuh dan inilah akibatnya." Jika saya mematuhi suara ini, saya dengan mudah akan mendapatkan 30,000 won yang Tuhan telah sediakan, dan keluarga paderi tidak akan sengsara sepanjang malam disebabkan wang ini. Saya juga tentu akan menerima banyak rahmat kerana patuh dengan perintah Tuhan. Saya menyesal kerana tidak mematuhi dengan fikiran saya sendiri. Sejak itu, dengan banyak lagi latihan seperti ini, saya mampu membezakan di antara suara Roh Kudus dan pemikiran saya.

Memahami Kepentingan Kepatuhan

Melalui pengalaman peribadi, saya juga menyedari kepentingan mematuhi kehendak Tuhan. Saya berkhidmat dengan sepenuh hati di gereja, dan suatu hari paderi memanggil saya. Katanya, "Kami tidak cukup guru sekolah Ahad yang mencukupi. Apa kata awak ajar kanak-kanak ini?" Saya memberi jawapan negatif, "Paderi, saya minta maaf. Saya tidak yakin yang saya mampu mengajar kanak-kanak. Saya tidak mempunyai pengalaman menghadiri sekolah Ahad. Saya akan lakukannya selepas saya dapat sedikit lagi keyakinan." Saya tahu saya patut mematuhi permintaan paderi, tetapi saya tidak yakin yang saya mampu, jadi saya menolak permintaannya. Saya tidak menyedari bahawa perkara sekecil ini boleh menjadi dinding dosa antara Tuhan dan saya. Saya berdoa dengan tekun, "Ya Tuhan, berikanlah saya kurniaan berbahasa asing."

Pada waktu itu, apabila melihat orang lain berdoa dalam bahasa lain, saya cemburu dengan mereka. Saya sentiasa berdoa untuk mendapat kurniaan bercakap dalam bahasa asing, tetapi saya tidak menerimanya. Suatu hari, saya mendengar khabar bahawa saya dapat menerima kurniaan bercakap bahasa asing di Gunung Doa Han Ol San. Saya pergi ke sana dan menghadiri perjumpaan, tetapi masih tidak menerima kurniaan ini. Tetapi dalam mesej penceramah, Paderi Chun Suk Lee, dia berkata sambil bergurau, "Anjing saya pun pandai bercakap bahasa lain, jadi sesiapa yang tidak menerima kurniaan ini lebih teruk dari anjing saya." Selepas selesai perjumpaan, saya rasakan yang saya lebih teruk dari seekor anjing dan menyepak sebiji batu di hadapan saya. Saya tidak makan tengah hari dan berjalan mendaki bukit. Saya berpegang pada sebuah pokok dan berdoa kepada Tuhan untuk memberikan saya kurniaan bercakap dalam bahasa asing. Tetapi saya tiba-tiba teringatkan satu perkara. Walaupun saya tidak mempunyai keyakinan, saya sepatutnya menyatakan "ya" apabila paderi meminta saya menjadi guru sekolah Ahad. Tuhan akan membantu saya sekiranya saya mematuhi kehendakNya. Tetapi saya tidak patuh.

"Ya Tuhan, ampunkan saya kerana tidak mematuhi kata-kata paderi saya. Saya tidak akan ingkar lagi."

Sebaik sahaja menyedari hal ini, saya mula bertaubat dengan sepenuh hati. Kemudian, secara tiba-tiba sahaja saya mula bercakap dalam bahasa asing. Inilah yang saya inginkan sejak sekian lama! "Ya Tuhan, terima kasih!" Saya memahami bahawa kepatuhan lebih baik dari pengorbanan, dan betapa Tuhan amat senang hati jika kita patuh. Melalui pengalaman ini, saya bertekad sekali lagi untuk mematuhi kehendak Tuhan secara mutlak tanpa memikirkan realiti situasi. Tetapi bagi saya, yang secara mendalam telah menyedari kepentingan kepatuhan, ada satu isu yang amat sukar untuk saya patuhi.

Bab 4

Seruan Tuhan

"Tuhan, Bagaimana Kamu Boleh Memilih Orang Seperti Saya?"

Suatu hari dalam bulan Mei 1978, semasa sedang berdoa, saya mendengar suara Tuhan seperti guruh berdentum yang menyatakan,

"HambaKu yang telah kupilih sejak sebelum zaman bermula! Aku telah memperhalusimu selama tiga tahun, dan sekarang lengkapkan dirimu dengan Firman selama tiga tahun lagi. Aku akan menggunakan kamu. Kamu akan mendaki gunung, menyeberang sungai dan laut untuk menyebarkan ajaran, dan Aku akan bersama kamu dan kamu akan menjadi hambaKu untuk menunjukkan semua bangsa tentang tanda-tanda dan mukjizat, bahawa Aku adalah Tuhan yang Hidup."

Suara Tuhan yang berkuasa dan jelas meneruskan,

"Aku telah memilih kamu sejak sebelum zaman bermula,

dan sejak kamu berada dalam rahim ibumu lagi, Aku memerhatikanmu dengan mataKu yang bersinar dan memimpimmu sehingga saat ini. Isterimu dapat menjaga kedai, dan sekarang kamu mulakan langkah untuk menjadi hambaKu. Kamu akan mendapat keuntungan yang lebih daripada semasa kamu bekerja berdua. Duit dalam kotak wangmu tidak akan kosong, dan akan sentiasa melimpah-ruah. Kamu akan membantu orang yang memerlukan. Tuhan yang meletakkan kamu di tempat yang paling rendah, dan Tuhan juga yang memimpin kamu sehingga kini, dan Dia juga yang akan memimpinmu dari sekarang. Kamu akan faham mengapa Aku telah letakkan kamu di tempat paling bawah. Dengan kuasaKu, Aku akan mengangkatmu ke kedudukan paling tinggi. Kamu mengasihiKu pertamanya dan melebihi ibu bapamu, anak-anakmu, malah isterimu. Kamu mengasihi hanya Aku. Oleh itu, Aku akan membalasmu dengan sepenuhnya dan 100 kali ganda."

Saya mendengar kata-kata ini dengan dipenuhi dan dengan inspirasi Roh Kudus, dan menerimanya dengan balasan 'Amin.' Apabila memikirkannya sekali lagi, ia merupakan sesuatu yang amat hebat. Impian saya pada waktu itu adalah untuk menjadi pegawai gereja yang dapat mencari dan membantu orang yang menderita dengan penyakit dan kemiskinan yang sama seperti saya sebelum ini. Jadi, adakah saya berdoa untuk perkara yang salah selama ini? Saya mempunyai banyak hutang untuk dibayar dan masih sukar untuk mendapat pendapatan yang cukup setiap hari. Saya juga tidak mempunyai kuasa ingatan yang baik. Bagaimana mungkin saya mampu belajar teologi di seminari sekarang? Apa akan berlaku kepada ahli keluarga saya? Saya mempunyai kerisauan dan kebimbangan yang sentiasa bermain di fikiran. Mengikutkan situasi, saya tidak dapat mematuhi perintah ini tetapi Firman Tuhan terlalu hebat untuk diingkari. Saya hanya berfikir, "Jika ini kehendakMu, biarlah saya mendengar suaraMu sekali lagi."

Saya berbincang dengan isteri saya, dan saya membiarkan dia menguruskan hal-hal kedai sepenuhnya. "Adakah mungkin saya tersalah dengar suara Tuhan? Adakah apa-apa yang akan menimbulkan masalah?" Saya mula ragu-ragu yang saya telah mendengar suara Tuhan. Saya mula berdoa kepada Tuhan sekali lagi. "Ya Tuhan, saya telah berdoa untuk menjadi pegawai gereja, tetapi Engkau meminta saya menjadi hambaMu! Saya seorang yang suka mesra dan tidak dapat membayangkan yang saya mampu berkhutbah di hadapan orang lain. Saya pun sudah agak tua. Saya tidak mempunyai daya ingatan yang baik dan kuat dan tidak begitu bagus dalam mengambil peperiksaan." Namun jika Tuhan masih mahukan saya menjadi hambaNya, walaupun dengan batasan-batasan ini, saya bertanya kepadaNya, "Biarlah saya mendengar suaraMu sekali lagi."

Saya pergi ke pusat doa untuk mendengar suara Tuhan sekali lagi. Saya berdoa selama seminggu, tetapi tidak menerima jawapan. Saya berjumpa beberapa orang paderi yang dikatakan mampu meramal, namun tiada jawapan ramalan untuk saya. Saya pergi dari satu tempat doa ke tempat lain di pergunungan dan menghabiskan masa berhari-hari cuba memutuskan sama ada ini adalah kehendak Tuhan untuk menjadi hambaNya, terutamanya sebagai paderi. Tiga bulan berlalu, saya hampir putus asa dan pulang ke rumah dengan sedih. Pada hari Sabtu, paderi saya datang melawat saya di kedai. Sudah tiba masa saya untuk memberikan doa perwakilan, tetapi saya tidak mempunyai keyakinan diri untuk melakukannya. Saya berterus terang dengannya, "Paderi, saya masih belum menerima jawapan doa yang saya minta sejak berbulan-bulan lamanya. Saya tidak dapat melakukan doa pada jemaah Ahad ini." Dia cuma berkata, "Paderi Lee, walaupun begitu, kamu masih perlu melakukannya."

Mendengar Suara Tuhan

Paderi memberitahu yang saya perlu melakukan doa perwakilan dalam jemaah ini, tetapi saya tidak mampu menyatakan 'Amin' dalam hati saya. Selepas selesai berniaga hari itu, kami menutup kedai dan pulang ke rumah. Memandangkan hujan turun dengan lebat, saya dan isteri mengambil keputusan untuk berdoa di rumah dan tidak ke gereja. Pada waktu tengah malam, kami letakkan alas di atas lantai, berlutut dan berdoa serta memuji Tuhan. Saya berdoa dengan menutup mata, tetapi tiba-tiba dalam satu visi, siling mula terbuka, dan cahaya menyimbah ke dalam rumah dari langit.

Saya rasakan seperti bumbung rumah telah tiada dan ia terbuka luas. Dan waktu itu, seperti yang ditulis dalam Buku Wahyu, saya mendengar suara mulia dan kedengaran seperti banyak air mengalir tetapi jelas dan tenang, yang berkata, *"Lakukan doa perwakilan pada hari esok."* Ini merupakan satu jawapan, namun ia berbeza daripada doa saya iaitu tentang menjadi hamba Tuhan. Kali ini, suara yang saya dengar adalah hangat, menenangkan, memberi perintah dan sukar untuk diingkari. Namun ia dipenuhi kasih sayang dan kebaikan kasih kurnia.

Saya masih boleh rasa suara tersebut dengan jelas, tetapi

perkataannya tidak dapat diterangkan. Saya hanya terdengar suara itu, dan semua kekecewaan yang dirasai melebur hilang seperti salji. Semua pemikiran badaniah menghilang, dan saya dipenuhkan oleh semangat Roh Kudus. Saya merasakan diri saya begitu dipenuhi oleh Roh Kudus sehinggakan badan saya merasa ringan seperti kapas dan juga merasa seperti saya boleh terbang. Saya merasa seperti saya boleh terbang melalui bumbung sekiranya saya hendak melakukan sedemikian. Kegembiraan, kesyukuran, dan kesenangan melimpah-limpah keluar dari lubuk hati saya. Pada saat itu, saya berfikir pada diri saya bahawa inilah cara kita akan dinaikkan ke udara apabila Tuhan kembali semula. Apabila saya membuka mata, lampu-lampu itu telah hilang, dan siling itu berada di tempat asalnya.

Isteri saya, yang duduk bersebelahan dengan saya, tidak mendengar suara itu, tetapi masih dipenuhkan oleh Roh Kudus, dan sedar bahawa saya sedang mendengar suara Tuhan di dalam lampu-lampu terang itu. Kami bersyukur kepada Tuhan sepanjang malam dan memuliakanNya melalui doa-doa kami.

Dipenuhi Roh Kudus

Pada awal keesokan pagi, saya pergi ke gereja dan memeriksa susunan penyampaian. Saya masih dijadualkan mengetuai sembahyang gereja itu. Selepas pengalaman malam sebelum itu, badan saya masih berasa seperti saya sedang berterbangan walaupun saya sedang duduk. Sungguh menakjubkan perasaan itu! Daripada saat yang saya mula berdoa ke dalam mikrofon, bibir saya bukan lagi menjadi milik saya. Roh Kudus mengambil alih hati dan pemikiran saya sepenuhnya. Oleh kerana inspirasi Roh Kudus, saya menggeletar sewaktu sedang berdoa. Sebagai bukti inspirasi yang jelas, doa itu datang bagaikan banjir kepada saya, sekiranya saya ingin menghentikannya pun saya tidak mungkin mampu.

Ini amat mengejutkan walaupun kepada diri saya, kerana doa itu menegur ahli-ahli gereja kerana ia berbunyi sebegini, "Laknat Tuhan ke atas sesiapa yang mencuri pemberian suci daripada Tuhan. Kamu orang-orang berhati keras yang tidak bersyukur kepada Tuhan! Kamu berkata kamu percaya kepada Tuhan, namun kepercayaan kamu itu sia-sia."

Saya hampir-hampir tidak dapat mengawal diri semasa saya berdoa selama lebih daripada 10 minit. Pada masa itu, sekiranya sesiapa berdoa semasa penyembahan lebih daripada tiga minit, boleh didengari rungutan bahawa ia terlalu lama. Saya kembali ke tempat duduk saya selepas berdoa, namun saya tidak mampu memandang terus ke arah paderi itu. Saya tidak tahu apa hendak dilakukan. Saya hanya terfikir, "Apa sekarang, bagaimana seorang ketua paderi boleh berani menegur para hadirin gereja ini!"

Tetapi sejurus selepas jemaah itu berakhir, paderi itu datang kepada saya dan berkata, "Saya amat tersentuh dengan doa kamu tadi." Dia biasanya tidak mengeluarkan kata-kata seperti itu, tetapi saya berasa sangat malu dan mencuba secara senyap-senyap untuk cepat-cepat keluar dari situ, namun ramai orang mula bersapa dengan saya sambil berkata, "Ketua Paderi, kamu mendapat inspirasi oleh Roh Kudus. Saya tersentuh oleh doa kamu."

Hanya Dengan Kepatuhan

Saya akhirnya mempunyai jaminan bahawa Tuhan telah benar-benar menganggap saya sebagai hambaNya. Saya membuat pengakuan dengan berkata, "Tuhan, oleh kerana Kamu menggelar saya hambaMu, saya akan mengikuti jalan ini. Tetapi Tuhan, tolong jagakan perkara-perkara yang penting bagi saya seperti seminari, kekuatan ingatan saya dan lain-lain perkara."

Pada umur 36 tahun, saya yakin bahawa Tuhan telah memilih saya sebagai hambaNya, dan dengan serta-merta saya menyewa bilik dan mula tinggal seorang diri. Ia terletak lima minit dari rumah saya. Saya berpuasa dan membaca Kitab Injil dengan teliti, dan berdoa kepada Tuhan untuk memberikan saya daya ingatan yang kuat dan efektif. Saya ingin menyalibkan daging disebabkan nafsu dan keinginannya. Saya membuat keputusan untuk hanya mengikuti kehendak Tuhan sebagai hambaNya. Bukannya mudah untuk mengasingkan diri daripada ahli keluarga saya, namun perkara-perkara ini dilakukan dengan dipandu Roh Kudus. Saya merujuk kepada paderi saya di Gereja Oksu Dong, gereja yang saya menghadiri pada waktu itu. Saya mengambil keputusan untuk memasuki Seminari Teologi Sung-Kyul (Kesucian) dan saya mula belajar untuk menduduki peperiksaan kemasukan.

Akhirnya masanya tiba dan saya menduduki peperiksaan itu. Saya menulis jawapan untuk soalan-soalan yang meliputi subjek-subjek yang berkaitan terus dengan Kitab Injil. Namun untuk subjek-subjek lain, saya tidak mahu menulis jawapan yang tidak jelas, jadi saya menulis nama saya dan menghantar kertas jawapan yang kosong. Semasa temu bual, dekan seminari tersebut bertanya kepada saya kenapa saya menghantar kertas jawapan yang kosong kecuali bahagian yang berkenaan dengan Kitab Injil. Saya menjelaskan pada beliau proses bagaimana saya telah kehilangan kekuatan daya ingatan saya.

"Tanpa kekuatan daya ingatan, bagaimana anda hendak menjadi seorang paderi?" dia bertanya.

Saya menjawab, "Tuhan menggerakkan saya untuk mengikuti haluan ini dalam hidup saya."

"Syabas, anda mendapat markah sempurna 100 markah dalam peperiksaan bahagian Kitab Injil!" dia berteriak.

Hanya saya seorang sahaja mendapat markah 100 peratus dalam peperiksaan Kita Injil itu. Oleh kerana saya mendapat markah sempurna 100 markah dalam peperiksaan Kitab Injil, saya lulus dan berkelayakan untuk kemasukan. Saya sebenarnya telah lulus peperiksaan kemasukan berlawanan dengan kebimbangan saya tidak lulus dan dapat masuk seminari itu.

Tuhan Biar Kita Mendapat Balasan Apa Yang Kita Semai

Kehidupan Seminari

Hamba-hamba Tuhan mesti menjalankan kehidupan yang ternyata berbeza daripada seluruh dunia. Tetapi rakan-rakan saya di seminari sibuk mengikuti arah aliran dunia masa kini. Sesudah tamatnya pembelajaran, mereka berkumpul di kedai-kedai kopi untuk membincangkan perkara-perkara badaniah. Semasa hari cuti, mereka bukannya berdoa dan membaca Kitab Injil, sebaliknya mereka berbincang bagaimana hendak berseronok. Saya sering menasihatkan mereka supaya jangan membuang masa begitu sahaja tetapi untuk menumpukan perhatian pada berdoa, namun tidak seorang pun antara mereka menghiraukan saya. Oleh yang demikian, saya menyendiri dan tidak bercampur dengan rakan-rakan kelas saya yang lain.

Pada tahun 1979, saya memasuki seminari pada usia 37 tahun dan bermula pada tahun pertama, saya berdoa kepada Tuhan untuk memberikan saya nama gereja yang saya bakal mendirikan. Kakak saya memberitahu saya bahawa dia akan menolong saya mendirikan gereja itu, jadi saya telah pergi melihat pelbagai tempat, namun tiada yang berhasil.

Menyenangkan Tuhan dengan Penyimpanan dalam Kerajaan Syurgawi

Saya percaya bahawa Tuhan akan membiarkan saya meraih apa yang saya tanam dan membalas balik pada saya berdasarkan usaha saya, jadi saya sentiasa berusaha untuk mengumpulkan pahala di dalam kerajaan syurgawi. Walaupun sewaktu saya bekerja sebagai buruh pembinaan, saya mendapat rahmat ketika perjumpaan pembangkitan, saya memberikan kesyukuran dengan sepenuh hati saya. Sekiranya saya tidak mempunyai wang, saya berjanji-sumpah kepada Tuhan untuk memberinya kepada Tuhan dalam tempoh masa tertentu. Sudah tentu, saya memberikan kesemua pemberian yang telah dijanjikan. Apabila saya tidak mempunyai wang untuk menunaikan pemberian yang telah dijanjikan, saya meminjam wang untuk memastikan bahawa apa yang telah dijanjikan diberikan kepada Tuhan.

Apabila saya pergi berdepan dengan Tuhan, saya tidak pernah pergi dengan tangan kosong. Pada bila-bila masa saya mendapat pendapatan, saya memberikan lebih daripada satu per sepuluh keseluruhannya sebagai pemberian suci. Saya biasanya memberikan dua atau tiga per sepuluh pendapatan saya. Saya tidak pernah merasakan bahawa ia satu pembaziran memberi kepada Tuhan, jadi saya tidak ingin berkira denganNya.

Pada suatu hari, paderi saya datang melawat ke rumah saya.

Beliau tidak menyedari keadaan kesusahan kami oleh kerana mempunyai terlalu banyak hutang, beliau menerangkan bahawa gereja memerlukan dana, dan bertanya jikalau kami mampu memberikan lebih banyak wang pemberian suci untuk pembinaan gereja. Kami bersetuju, dengan berkata, "Amin." Saya akan berbuat demikian. Dengan penuh kegembiraan kami bersetuju dengan paderi itu. Walaupun kami banyak hutang, kami tetap membuat satu lagi perjanjian atas permintaan paderi itu, jadi kami terpaksa mengambil lagi satu pinjaman. Kami cuba mengumpulkan pahala di Syurga seperti ini. Apabila tiba masanya, Tuhan membuka pintu rahmatNya.

Mentaati Kehendak Tuhan Walaupun dalam Perniagaan Kecil

Terdapat seseorang yang selalu menghantar buku ke kedai saya, dia terpegun melihat bahawa kedai saya tertutup setiap hari Ahad. Dia berkata bahawa kedai saya akan muflis. Walaupun ia sebuah perniagaan kecil-kecilan, kedai kami menyenangkan Tuhan sehingga Dia merahmati kami dengan banyak kerana kami tekun mentaati Hari Sabat dengan baik, dan memberikan pemberian suci dan menderma.

Kedai itu sentiasa dipenuhi orang bermula dari pagi sehingga ke lewat malam. Ramai orang datang mempelajari sesuatu daripada kami semenjak berita itu merebak ke bandar-bandar berhampiran. Tetapi apa yang lebih menarik perhatian mereka adalah kerana kedai kami tutup pada setiap hari Ahad dan kemudahan-kemudahannya kurang baik. Kami tidak mempunyai bahan-bahan lucah dan melarang merokok sama sekali. Jadi, suatu persekitaran yang baik dan sihat dikekalkan.

Sebab itulah ramai pelajar-pelajar kolej yang baik berkunjung ke kedai kami.

"Apakah rahsia kejayaan kedai anda?"
Ia menerima rahmat Tuhan kerana kami menutup kedai tiap-tiap hari Ahad dan pergi ke gereja, dan itulah jawapan yang kami berikan keada sesiapa bertanyakan soalan tersebut, namun amat susah untuk mereka yang tidak percaya kepada Tuhan untuk memahaminya. Sambil menguruskan kedai, kami dapat mengekalkan ramai pelanggan. apabila saya mendirikan sebuah gereja, mereka bersama-sama dengan saya dan akhirnya menjadi kumpulan utama pergerakan pemuda.

Beberapa bulan selepas pembukaan kedai itu, kami berjaya membayar balik semua hutang yang sebenarnya terlalu banyak untuk kami bayar balik sekaligus. Waktu itu sebelum saya memasuki seminari. Kami telah membayar balik semua hutang dan bebas membuat pemberian kepada gereja yang kami hadiri. Kami cuba untuk menolong keluarga yang kesusahan. Apabila kami mengadakan perkelahan di seminari, saya menyediakan makan tengah hari yang banyak untuk para pelajar dan profesor. Pada hari Ahad, kami menyediakan makanan untuk ahli koir. Kami dengan senyap-senyap membantu pelajar seminari yang memerlukan bantuan. Kami tinggal dalam rumah yang disewa, tetapi pada masa Keraian dan sambutan khas, saya meminta isteri saya untuk menjaga pekan ini secara keseluruhannya. Jika ada keluarga miskin yang tidak mampu menyediakan makanan untuk acara Keraian, saya meminta isteri saya memberikan mereka sedikit kek beras dan makanan, walaupun jika mereka bukan penganut. Kami lakukan semua ini bukan kerana kami kaya-raya. Kami melakukannya disebabkan keimanan. Selepas kami menanam, pada hari esoknya, Tuhan yang membenarkan kami menuai apa yang ditanam, memberikan kami pendapatan yang lebih banyak dari hari-hari biasa.

Tuhan Mengejutkan Saya Semasa Jemaah Berjaga Sepanjang Malam 200 Hari

Selepas saya menerima Tuhan, saya tidak pernah bertolak ansur dengan dunia dalam apa jua situasi. Saya cuba untuk mengikut hukum Tuhan dengan teliti sehinggalah saya memahami Firman Tuhan. Selama empat tahun menghadiri sekolah seminari, saya selalu berdoa sepanjang malam dan sering berpuasa. Semasa musim cuti, saya mengemaskan beg dan pergi ke pergunungan untuk berdoa. Saya menghabiskan banyak masa musim cuti di rumah doa di kawasan pergunungan. Pada masa-masa lain juga, saya selalu melakukan doa ikrar sepanjang malam. Saya berdoa dari tengah malam sehingga jam 4 pagi, dan saya tidak pernah lewat sepanjang tempoh ikrar, tidak pernah lewat walau seminit pun.

Selepas berdoa, saya kembali ke bilik seorang diri dan tidur pada jam 5 pagi. Tetapi saya perlu bangun pada jam 7. Anak perempuan saya Miyoung, yang waktu itu berada di sekolah rendah, membawakan saya sarapan pada jam 7:20. Selepas bersarapan, saya membawa bekal makanan tengah hari dan pergi ke sekolah seminari. Selepas kelas berakhir dan saya pulang ke rumah, saya terpaksa membuat kerja-kerja sekolah. Kadang kala saya juga perlu menguruskan kedai. Terlalu banyak perkara untuk dibuat dalam sehari. Memandangkan saya hidup begini secara berterusan, saya menjadi begitu penat. Saya tidur pada jam 5 pagi, dan pada jam 7 pagi, susah untuk saya bangun dari tidur. Kemudian, Tuhan akan mengejutkan saya pada jam 7.

"Ayah!" Saya mendengar anak saya memanggil saya dari luar bilik. "Kamukah itu, Miyoung?" Saya yakin saya mendengar suara anak saya, jadi saya membuka pintu, tetapi tiada sesiapa di luar. Saya cuba mencarinya, tetapi saya tidak menjumpainya di mana-mana. Selepas saya mencuci muka, 20 minit telah berlalu, dan waktu itu barulah Miyoung tiba. Pada hari esoknya juga, pada jam 7 pagi, saya mendengar, "Ayah!" Saya membuka pintu, tetapi tiada sesiapa di luar. Pada saat itu saya menyedari bahawa Tuhan telah mengejutkan saya melalui malaikat.

Tetapi apabila hal ini berterusan, saya menjadi kurang sensitif. Akhirnya, saya langsung tidak bangun walaupun saya mendengar suara memanggil, "Ayah!" Kemudian, Tuhan menggunakan kaedah yang lain. Saya mendengar bunyi tapak kaki ramai orang di luar bilik saya, tetapi apabila saya membuka pintu untuk melihat, tiada sesiapapun di luar. Jam menunjukkan tepat pukul 7.

Semasa saya melakukan doa ikrar sepanjang malam selama 100 hari, pada hari ke-90, saya mendapat khabar bahawa bapa mertua saya telah meninggal dunia. Saya dan isteri pergi ke rumah keluarganya di Mokpo. Kami berdoa bersama-sama di sana dari tengah malam sehingga jam 4 pagi. Selepas upacara pengebumian, kami pulang ke rumah dan menghabiskan hari dengan melakukan doa ikrar, tetapi saya masih tidak berpuas hati. Saya rasakan yang saya tidak betul-betul menyenangkan hati Tuhan. Jadi, saya sekali lagi memulakan doa ikrar sepanjang malam selama 100 hari dan menghabiskannya. Selepas itu ia menjadi doa ikrar sepanjang malam selama 200 hari.

Buangkan Wang Itu ke Dalam Tandas

Keluarga saya sedar bahawa saya tidak akan menerima apa-apa yang bertentangan dengan Firman Tuhan. Tetapi pada suatu hari Ahad, isteri dan ketiga-tiga orang anak saya mahu membeli makanan selepas kami menghadiri jemaah hari Ahad. Isteri saya cuba membaca riak wajah saya sambil berkata,

"Anak-anak mahukan makanan ringan. Kami mahu membeli sesuatu untuk dimakan."

"Anak-anakku, kamu betul-betul mahukan sesuatu untuk dimakan?" Saya bertanya.

"Ya!" Mereka menjawab dengan gembira.

Anak-anak saya ingatkan yang saya akan membenarkannya hanya pada hari tu, walaupun mereka tahu hari ini ialah hari Ahad. Saya minta mereka ambilkan wang dari dalam laci. Mereka membawakan wang itu untuk membeli makanan ringan.

Saya kemudian memberitahu mereka, "Kamu bertiga pergi ke tandas dan buangkan wang ini ke dalam tandas." Mereka membuang 200 won (2,000 won atau 200 dolar nilai wang sekarang) dan kembali.

"Tahu tak mengapa ayah minta kamu buat begitu?"

"Ya, kami tahu." Mereka bertiga menjawab.

Saya berkata lagi, "Hari Ahad ialah hari Sabat. Tuhan tidak membenarkan kita membeli atau menjual apa-apa.

Patutkah kamu melanggar Hukum Tuhan? Kalau kamu tidak dapat melawan keinginan untuk makan sesuatu, kamu akan melakukannya lagi sekali atau dua kali. Tuhan tidak akan senang hati dengan perbuatan ini. Kamu telah melanggar peraturan hari Sabat apabila kamu datang dan meminta untuk membeli makanan ringan. Ini sama sahaja seperti kamu telah membeli dan memakan makanan ringan ini dalam hati kamu. Itu sebabnya ayah minta kamu buang wang tadi." Anak-anak saya kemudiannya mengakui bahawa insiden ini lekat di hati mereka dan menjadi panduan yang kental untuk mereka.

Orang Berpusu-pusu Datang

Disebabkan kedudukan kedai yang terletak di sudut jalan raya yang sibuk, pelanggan kami bukan hanya orang-orang biasa malah juga paderi atau ahli-ahli gereja lain. Semasa saya menghadiri seminari, beberapa orang ketua paderi membuat temu janji untuk sesi kaunseling dengan saya. Mereka memberitahu saya bahawa beberapa orang penganut telah menubuhkan kesatuan hutang di gereja. Saya menasihatkan mereka untuk tidak menyertai kumpulan ini, dan menyatakan yang demikian.

"Yesus menyatakan bahawa Rumah Tuhan ialah rumah ibadat dan mengecam para penjual yang menjual barangan di Rumah Tuhan. Salah jika kira melakukan apa sahaja yang membawa keuntungan dari segi wang di dalam gereja. Tuhan memberitahu kita supaya jangan berhutang, kecuali hutang kasih sayang, jadi kita tidak boleh melakukan tukaran jual beli menggunakan wang di gereja. Jika hubungan ini dicemari dengan wang, Syaitan akan memulakan kerjanya dan gereja ini akan mengalami masalah."

Tidak lama kemudian, kesatuan hutang ini menimbulkan banyak masalah dan meletakkan gereja ini dalam situasi yang sukar. Sejak saya membuka gereja, saya telah melarang apa jua jenis bazar di gereja, tidak kiralah untuk tujuan apa sekalipun. Saya selalu mengajarkan ahli-ahli gereja supaya tidak membuat pertukaran wang sesama para penganut. Apabila berita tersebar tentang konsultasi berkenaan orang yang datang meminta nasihat saya, lebih ramai orang datang untuk menerima kaunseling. Seorang penganut yang datang mengalami masalah kebotakan, dan dia menutup kepalanya dengan sapu tangan. Tetapi dalam tempoh dua bulan selepas menerima doa dari saya, rambutnya mula tumbuh dan dia tidak lagi menutup kepala dengan sapu tangan.

Ada seorang penganut yang kadang kala pergi berjumpa tukang tilik dan tidak menghormati hari Sabat. Dia mengalami kemalangan jalan raya dan datang berjumpa saya. Dia meminta saya berdoa untuknya kerana dia mengalami kesakitan yang teruk akibat kemalangan ini. Selepas saya berdoa dengan tekun untuknya, dia mengakui yang semua kesakitan hilang dan dia telah disembuhkan.

Dengan menghormati dan mengamalkan hari Sabat, kita mengakui kekuasaan spiritual Tuhan. Jadi, Tuhan akan melindungi kita sepanjang minggu daripada apa jua jenis kemalangan. Tetapi jika kita tidak mengamalkan hari Sabat dengan sempurna, Tuhan yang Maha Adil tidak dapat melindungi kita. Bagi kes ini, dia selalu pergi berjumpa tukang tilik, dan dia melakukan zina kerohanian terhadap Tuhan. Tuhan bencikan perkara begini.

Saya cuba menanam keimanan dalam diri orang yang datang melawat saya, dengan menggunakan Firman Tuhan. Dalam perjalanan ke rumah doa di pergunungan untuk menerima penyelesaian bagi masalahnya, seorang paderi datang melawat saya. Selepas berjumpa dengan saya, dia pulang ke rumah dengan gembira kerana dia telah mendapat jawapan dan masalahnya telah selesai. Saya memberi kaunseling kepada ramai orang dan kadang kala saya tidak mempunyai masa untuk pergi ke seminari. Apabila saya berada di rumah, orang yang memerlukan perundingan dan mahu menerima doa saya, datang dan memenuhi kawasan rumah. Itu sebabnya saya perlu mengemaskan barang dan pergi ke kawasan pergunungan semasa musim cuti. Saya perlu mengelakkan diri dari orang ramai untuk memberi perhatian kepada Firman dan berdoa, sebagai seorang pelajar seminari.

Berpuasa Dengan Banyak Hasil Inspirasi Roh

Kita Boleh Membuang Dosa Walaupun Dalam Fikiran

Pada bulan Ogos 1979, semasa cuti musim panas pada tahun awal di kolej teologi, saya menyertai sekolah musim panas untuk paderi di Sekolah Pertanian Canaan bersama paderi yang berkhidmat di gereja saya. Air dari pancuran membuak-buak ke langit. Saya mendengar beberapa orang paderi berbual sesama sendiri. Saya terkejut mendengarkan mereka berbual tentang pelbagai perkara dunia. Pada waktu itu, saya fikir semua paderi suci seperti Yesus. Saya amat terkejut dan kecewa mendengarkan mereka berbual tentang perkara-perkara seperti:

"Walaupun kita paderi, kita tidak dapat berbuat apa-apa tentang cara pemikiran sumbang dan apa-apa buah fikiran yang datang darinya. Jadi, pada pendapat saya ini bukanlah satu dosa."

"Betul tu," kata seorang paderi lain, "Dosa hanya berlaku apabila kita melakukan sesuatu tindakan. Kalau hanya dalam fikiran, ia bukanlah satu dosa."

Saya sungguh terkejut kerana saya sudah membunuh sifat pemikiran sumbang dengan berpuasa dan berdoa sebelum saya memasuki kolej teologi. Disebabkan akar umbi dosa asal telah dihapuskan, musuh si Syaitan tidak dapat menanam apa-apa jenis pemikiran tersebut dalam minda saya. Adakah Tuhan akan memberikan perintah untuk tidak melakukan zina jika kita tidak mampu melaksanakan perintah ini? Mengapa mereka berkata demikian jika mereka percaya bahawa dosa boleh dihapuskan dengan berdoa dan berpuasa? Yesus menyatakan bahawa sesiapa yang melihat seorang wanita dengan berahi dikira telahpun melakukan zina dengan wanita itu dalam hatinya. Dia juga menyatakan bahawa tiada apa yang mustahil bagi orang yang percaya, jadi kita boleh menghapuskan dosa dengan berlawan dengannya sehingga menumpahkan darah.

Apabila pelajar kolej teologi bertanyakan profesor tentang hal ini, dia menyatakan bahawa manusia tidak dapat berbuat apa-apa tentang pemikiran begini, jadi fikiran sahaja bukanlah satu dosa. Saya bertekad untuk mengajarkan para penganut bahawa kita boleh menghapuskan dosa jika kita menerima kasih kurnia dan kekuatan Tuhan.

"Ya Tuhan, terima kasih. Jika saya telah mendengar dahulu bahawa kita tidak dapat membuang pemikiran sumbang dari hati kita, saya tentu akan berputus asa dan terus melakukan dosa sumbang dalam fikiran saya. Tetapi Engkau membiarkan saya mencuba dan hidup dalam Firman Tuhan, dan Engkau membolehkan saya menghapuskan pemikiran sumbang dengan berdoa dan berpuasa, Terima kasih Ya Tuhan!"

Saya Mendapat tahu Bahawa Berpuasa Adalah Kehendak Tuhan

Walaupun selepas memasuki kolej teologi, saya masih banyak berpuasa selama tiga hari, tujuh hari, 15 hari dan 21 hari. Semasa saya mula-mula mendapat keimanan, saya tidak tahupun bahawa saya perlu berpuasa, tetapi hanya mengikuti bimbingan Roh Kudus dan berpuasa. Apabila saya menjadi ketua paderi, saya belajar tentang mengapakah saya perlu berpuasa dan apakah manfaatnya. Jadi apabila saya menemui kepalsuan dalam diri saya, saya berpuasa selama tiga hari, lima hari dan tujuh hari untuk menghapuskannya. Contohnya, apabila saya menyedari yang saya mempunyai tabiat menipu, saya memulakan puasa selama tiga hari. Jadi, disebabkan sukar untuk berpuasa begitu, saya dapat menghapuskan tabiat menipu dan lain-lain kepalsuan dalam diri saya dengan cepat.

Penting bagi kita untuk mengambil makanan penyembuhan selepas berpuasa. Selepas kita berpuasa selama beberapa hari, kita perlu mengambil makanan penyembuhan. Contoh makanan penyembuhan adalah seperti bubur atau nasi lembik halus ataupun mil oat. Kamu perlu mengambil makanan penyembuhan ini dalam tempoh yang sama seperti kamu berpuasa. Hasilnya, saya tidak mempunyai banyak hari di mana saya dapat mengambil makanan pejal. Ini merupakan satu penerusan berpuasa dan makan makanan penyembuhan.

Dalam jemaah kebangkitan yang saya hadiri buat kali pertama dalam hidup saya, saya belajar tentang doa berpuasa, tetapi saya tidak tahu apa-apa tentang makanan penyembuhan. Saya tidak tahu mengapa saya perlu berpuasa, tetapi dengan bimbingan Roh Kudus, saya bertekad untuk melakukan puasa tujuh hari dan pergi ke gunung Chung-gye dengan sehelai selimut dan Kitab Injil.

Berdekatan dengan pusat doa, ada beberapa tempat peribadi yang dinamakan 'sel doa' untuk doa secara individu. Tempat ini lembap dan di atas lantai terdapat beberapa papan kayu berlubang, jadi banyak serangga masuk ke dalam sel ini. Saya merintih dalam doa dan akhirnya berjaya menghabiskan puasa selama tujuh hari di sana. Apabila saya turun dari gunung, kaki saya menggeletar, tetapi saya gembira kerana telah berjaya menghabiskan puasa ini. Apabila saya tiba di perhentian bas, saya ternampak sebuah gerai yang menjual kentang goreng dan donat. Saya makan beberapa biji donat dan pulang ke rumah.

"Sayang, Boleh Berikan Saya Sedikit Makanan"

Isteri saya menyediakan makanan untuk saya, jadi saya berdoa, "Saya percaya yang makanan ini akan dihadamkan dengan baik," dan saya makan dua mangkuk nasi. Makanan ini sebenarnya memberikan tekanan kepada perut, tetapi ia dihadamkan dengan baik. Tidak lama kemudian, saya mendapat tahu yang Rumah Doa Osanri telah dibuka di Paju, Kyeong-gi Do. Saya juga pergi ke sana untuk berpuasa dan berdoa. Semasa saya menghadiri perjumpaan dalam tempoh berpuasa selama tiga hari, saya mendapat tahu bahawa kita perlu mengambil 'makanan penyembuhan.' Paderi ini menyatakan yang kita perlu mengambil makanan yang ringan lembut seperti bubur dan sayur-sayuran. Tetapi saya mempunyai pendapat yang berbeza.

Apabila saya pulang ke rumah selepas berpuasa, saya makan nasi seperti biasa selepas berdoa, "Saya percaya ia akan dihadamkan dengan baik." Tetapi tiba-tiba, muka saya membengkak dan saya mempunyai masalah fizikal lain sepanjang hari. Saya serta merta berlutut dan berdoa. Saya mendengar suara Roh Kudus.

"Waktu kamu tidak mengetahui tentang makanan penyembuhan, Aku menjagamu kerana melihatkan keimananmu, tetapi sekarang kamu telah tahu tentang makanan penyembuhan, dan kamu ingkar kerana kamu bongkak." Saya bertaubat sepenuhnya kerana tidak mematuhi apa yang saya pelajari, dan saya mula berpuasa sekali lagi pada saat itu.

Manfaat Doa Berpuasa

Doa berpuasa adalah bahagian yang sangat penting dalam menerima jawapan kepada doa kita, dan ia mempunyai banyak manfaat. Pada mulanya, sukar untuk berpuasa dan kemudian mengambil makanan penyembuhan untuk tempoh tertentu tanpa memaksa tubuh kita untuk menurut disiplin ini. Apabila kita berpuasa, kita terpisah dari badan dan mendapat kekuatan untuk mengawal diri sendiri. Roh kita menjadi lebih aktif dan ia membantu kita untuk berkembang sebagai orang yang dipenuhi roh. Secara fizikalnya juga, perut kita akan berehat dan ia bagus untuk kesihatan. Minda juga bertambah jelas, jadi puasa bagus untuk kesihatan mental dan fizikal. Apabila roh kita menjadi lebih aktif, kita akan dipenuhi dengan Roh Kudus, dan kita dapat menerima kekuatan dari Tuhan. Melalui doa yang khusyuk, kita akan menerima penyelesaian kepada pelbagai masalah dan doa ini akan menghalang dari dugaan yang mendatang. Tuhan memastikan semuanya berlaku untuk kebaikan.

Saya berpuasa sekerap saya makan, tetapi saya tidak pernah mengubah fikiran sebaik sahaja saya mengambil keputusan untuk berpuasa dalam tempoh tertentu. Kita akan mempunyai kepercayaan dengan Tuhan sekiranya kita menepati janji yang dibuat di hadapan Tuhan. Apabila kita menerima jawapan melalui puasa dan doa, kita akan mendapat jaminan keimanan, dan kita juga akan mendapat kekuatan dan kuasa dalam hidup. Jadi ini merupakan jalan pintas untuk mengalami sendiri cara hidup Kristian dan cara yang baik untuk menjalani hidup yang berjaya dalam keimanan.

Oleh itu, doa puasa adalah kehendak Tuhan dan ia merupakan satu daripada cara terbaik untuk mencapai kerajaan dan kebenaran Tuhan.

Cara untuk Menawarkan Doa Berpuasa

Doa Puasa adalah doa tanpa memasukkan apa-apa ke dalam tubuh kecuali air. Ia merupakan satu cara berdoa yang boleh dirumuskan sebagai, "Jika saya mati, tidak mengapa." Kita tidak seharusnya memulakan puasa jangka masa panjang melebihi 10 hari tanpa berfikir terlebih dahulu dan membuat pertimbangan, dan kita perlu mengikut kehendak Tuhan dengan bimbingan Roh Kudus.

Yesaya 58:6 menyatakan, *"Bukan! Berpuasa yang Kukehendaki, ialah supaya engkau membuka belenggu-belenggu kezaliman, dan melepaskan tali-tali kok, supaya engkau memerdekakan orang yang teraniaya dan mematahkan setiap kok?"* Belenggu kezaliman di sini merujuk kepada semua masalah yang disebabkan manusia menjauhi Firman Tuhan. Jadi, jika kita memberikan puasa yang menyenangkan hati Tuhan, masalah kita akan selesai. Tetapi, sesetengah orang melakukan puasa selama 40 hari dengan pemikiran sendiri dan berhadapan masalah kerana mereka tidak dilindungi Tuhan. Apakah jenis puasa yang menyenangkan hati Tuhan?

Pertama, kita mesti melakukannya dengan hati yang tidak berbelah bahagi.

Apabila kita telah membuat keputusan berapa hari kita akan berpuasa, kita tidak boleh mengubah keputusan. Kita tidak boleh berhenti atau berputus asa di tengah jalan kerana ia sukar. Jika kita perlu berhenti kerana sesuatu yang tidak dapat dielakkan, kita mesti memulakan puasa dari awal, dan menepati masa yang dijanjikan dengan Tuhan. Jika kamu berjanji di hadapan Tuhan dan mengubah fikiran disebabkan hal-hal lain, bagaimanakah Tuhan akan percaya dan mengasihi kamu? Apa sahaja yang kita janjikan kepada Tuhan mesti ditunaikan. Dengan cara ini, kita akan belajar daya ketahanan, dan Tuhan akan lebih mempercayai kita. Dengan cara ini juga, kita akan dapat menurut kehendak Tuhan.

Kedua, kita mesti merintih dalam doa semasa berpuasa.

Sesetengah orang tidak berdoa dengan cara yang betul tetapi cenderung untuk banyak tidur semasa berpuasa. Cara berlapar begini tidak membawa apa-apa makna. Hanya apabila kita merintih dalam doa, Tuhan akan memberikan kasih kurniaNya dan kekuatan untuk kita meneruskan puasa. Dia juga akan memberikan jawapan kepada doa kita serta rahmat.

Sama seperti kelaziman kita untuk makan tiga kali sehari, kita perlu berdoa sekurang-kurangnya tiga kali sehari semasa berpuasa. Dengan cara ini, kita akan mendapat bekalan makanan rohani dan air untuk kehidupan dari Tuhan, dan dipenuhi dengan Roh Kudus serta musuh si syaitan akan melarikan diri. Dalam kes puasa jangka masa panjang, kita mesti berdoa sekurang-kurangnya lima kali sehari untuk mendapatkan roti rohani dari Tuhan. Selain itu, puasa yang kita lakukan mestilah bukan hanya datang dari luaran. Apabila kita mengoyakkan hati dan berdoa dengan sepenuh hati, Tuhan akan memberikan kita kasih kurnia dan kekuatan (Yoel 2:12-13).

Ketiga, kita mesti menjauhi hiburan.

Yesaya 58:3 menyatakan, *"Mengapa kami berpuasa dan Engkau tidak memperhatikannya juga? Mengapa kami merendahkan diri dan Engkau tidak mengendahkannya juga? Sesungguhnya, pada hari puasamu engkau masih tetap mengurus urusanmu, dan kamu mendesak-desak semua buruhmu."* Jika kamu menonton TV, menjadi marah, atau membuat fitnah semasa berpuasa, Tuhan tidak akan menerimanya dengan hati yang senang, jadi kamu tidak boleh berharap mendapat apa-apa jawapan. Oleh itu, kita perlu menahan diri dari hiburan, perbualan yang tidak bermakna, dan melakukan apa-apa yang tidak benar. Tuhan hanya akan bersukacita dengan hati seperti ini.

Keempat, apabila kita berdoa, kita perlu pertama sekali berdoa untuk kerajaan Tuhan dan kebenaranNya.

Jika kita berdoa dengan ketamakan yang menghantui nafsu,

Tuhan tidak akan menerima doa kita. Kesannya, kita tidak akan menerima jawapan. Puasa ini hanya akan memudaratkan tubuh, jadi kita perlu berhati-hati. Kita tidak sepatutnya berdoa untuk kemasyhuran, kuasa di dunia, atau pengetahuan, tetapi hanya berdoa untuk kesucian dan menjadi bekas yang berguna untuk kegunaan Tuhan. Kita perlu berdoa untuk menyelamatkan lebih banyak nyawa, untuk menerima lebih banyak kekuatan Tuhan, dan menerima pemberian dari Roh Kudus. Tuhan akan menerima doa kita dengan senang hati apabila kita berdoa untuk kerajaan dan kebenaran Tuhan, dan untuk paderi gereja-gereja.

Kelima, kita mesti berdoa dengan kasih sayang kerohanian.

Yesaya 58:7 menyatakan, *"supaya engkau memecah-mecah rotimu bagi orang yang lapar dan membawa ke rumahmu orang miskin yang tak punya rumah, dan apabila engkau melihat orang telanjang, supaya engkau memberi dia pakaian dan tidak menyembunyikan diri terhadap saudaramu sendiri?"* Tuhan akan berasa risau jika anak-anaknya berhenti makan semata-mata untuk berdoa kepadaNya. Jika mereka berbuat baik dan menunjukkan kasih sayang kepada orang lain, bagaimanakah mereka akan disayangi di mata Tuhan? Tuhan akan menerima puasa dengan lebih gembira dan memberikan jawapan dengan lebih cepat.

Keenam, kita perlu mengambil makanan pemulih yang sesuai.

Selepas berpuasa, kita perlu mengambil makanan pemulihan untuk tempoh yang sama seperti kita berpuasa untuk melengkapkan puasa ini. Jika kita mengambil makanan pemulih dengan betul, kita akan dapat menguasai pengawalan diri. Ia tidak akan memudaratkan tubuh kita, tetapi akan menjadikannya lebih sihat, dan jiwa kita akan punya pandangan yang lebih jelas.

Sesetengah orang menyatakan, "Perut saya kuat, jadi saya tak perlu ambil makanan pemulih." Tetapi ini merupakan idea yang salah. Apabila kita mengambil makanan pemulih yang betul, Tuhan akan menjadikan perut yang lemah lebih kuat, dan menyembuhkan penyakit-penyakit ringan pada masa ini.

Walaupun kita telah berpuasa dengan jayanya, jika kita tidak mengambil makanan pemulih yang betul, tidak lama selepas itu kita akan kehilangan tenaga, tubuh kita akan mudarat, dan kita akan menghadapi masalah. Semasa tempoh pemulihan juga, kita patut bekerja atau bersenam dengan kuat. Mungkin juga akan ada ujian selepas puasa, jadi lebih baik jika kita berdoa untuknya semasa berpuasa.

Makanan Pemulihan yang Betul

Jika kita makan terlalu banyak semasa tempoh pemulihan, muka kita akan membengkak, dan ia tidak bagus untuk perut, jadi kita perlu berhati-hati. Kita lazimnya makan tiga hidangan setiap hari, tetapi apabila mengambil makanan pemulihan seperti bubur nasi yang lembut dan ringan, kita boleh mengambilnya secawan empat kali sehari.

Kita patut mengelakkan dari makan daging, telur, roti, minuman berkarbonat, dan makanan berat yang berminyak, pedas, masin atau masam. Kita patut mengelakkan makanan yang mempunyai MSG dan rempah. Lebih baik jika kita makan sayur-sayuran.

Selepas berpuasa selama tiga hari, kita boleh mengambil bubur nasi, tetapi selepas berpuasa untuk jangka masa yang lama, perut kita akan menjadi seperti perut bayi. Jadi, untuk sekurang-kurangnya dua hari, kita patut makan bubur nasi yang cair hampir seperti air. Makanlah sebanyak empat kali sehari. Kita juga boleh minum jus dan bukannya pulpa epal empat kali sehari.

Selepas tiga atau empat hari, kita boleh mula makan bubur nasi yang lebih pekat. Kemudian, kita boleh menambah serbuk beras atau labu yang dimasak dalam bubur, dan jumlahnya juga perlu ditambah. Bagi hidangan sampingan, kita patut mengelakkan daging, dan jangan sekali-kali menambah MSG. Jika mahukan daging, bolehlah mengambil sedikit daging ikan tetapi jangan ditambah banyak garam.

Sup sesetengah jenis sayuran juga bagus sebagai makanan pemulih. Buangkan kulit biji bijan dan tambahkan ke dalam bubur nasi. Tenaga akan dikembalikan dengan lebih cepat, dan kita juga akan berasa lebih sihat dengan mengikuti proses pemulihan ini.

Berdoa untuk Panduan dari Roh Kudus

Saya dulunya seorang yang pemalu. Jika ada seseorang di sebelah saya, saya tidak boleh berdoa dengan kuat. Itu sebabnya saya selalu berdoa sepanjang malam sendirian. Kira-kira 30 minit selepas saya mula berdoa, saya menerima kehadiran penuh dan inspirasi dari Roh Kudus untuk mendapat komunikasi rohani mendalam dengan Tuhan. Kadang kala, inspirasi yang begitu hebat datang dan saya mula menyanyi dalam bahasa lain, dan kadang kala saya juga menari dengan pergerakan Roh Kudus menyanyikan Hallelujah.

Saya lazimnya berdoa untuk paderi di gereja saya, paderi lain, pegawai gereja, dan untuk kebangkitan gereja dan jiwa-jiwa lain, untuk gereja lain, untuk negara dan rakyat. Menjelang penamat masa berdoa, saya akan berdoa sedikit untuk keluarga dan perniagaan saya. Jika saya ada masa, saya akan pergi ke pusat doa dan menghadiri perjumpaan doa subuh. Kemudian saya akan mendaki bukit. Saya selalu fikir yang saya hanya membuang masa jika menunggu selepas makan tengah hari, jadi saya selalunya membawa selimut dan mendaki bukit pada awal pagi, dan tidak makan tengah hari.

Pada waktu malam, saya akan makan di pusat doa dan menghadiri perjumpaan yang diadakan di sana. Apabila saya mempunyai keinginan yang kuat untuk berpuasa, saya akan berpuasa pada waktu malam juga.

"Demikian juga Roh membantu kita dalam kelemahan kita; sebab kita tidak tahu, bagaimana sebenarnya harus berdoa; tetapi Roh sendiri berdoa untuk kita kepada Tuhan dengan keluhan-keluhan yang tidak terucapkan; Dan Tuhan yang menyelidiki hati nurani, mengetahui maksud Roh itu, iaitu bahwa Ia, sesuai dengan kehendak Tuhan, berdoa untuk orang-orang kudus" (Roma 8:26-27).

Pada waktu itu saya langsung tidak tahu tentang Roh Kudus, saya hanya mengikuti bimbingannya dan berdoa. Tuhan menyelidiki hati. Disebabkan Roh Kudus berdoa dalam diri saya, saya berdoa mengikut inspirasiNya.

Tangan Tuhan Menyediakan Pembukaan Gereja

Mengatasi Dugaan Keimanan

Tuhan membenarkan dugaan keimanan supaya keluarga saya mendapat keimanan yang lebih. Anak perempuan saya yang bongsu, Soojin, berumur enam tahun. Waktu itu tahun 1980. Dia berjalan di jalan raya bersama kakaknya, dan ada beberapa orang budak lelaki sekolah menengah sedang bermain bola. Salah seorang dari mereka berpusing secara tiba-tiba untuk menangkap bola dan terlanggar Soojin. Dia jatuh dan kepalanya terhentak ke konkrit, dan dia mengalami gegaran otak. Ibu bapa pelajar lelaki ini datang dan membawa Soojin ke hospital.

Isteri saya mendengar berita ini dan pergi ke hospital. Doktor menyatakan yang Soojin perlu dihantar ke hospital besar. Katanya otak anak saya telah rosak teruk dan dia mungkin akan mengalami sedikit masalah dengan keupayaan mental disebabkan kerosakan otak ini. Walaupun dengan pembedahan, ada kemungkinan besar yang dia akan mengalami kecacatan otak.

Waktu itu saya berada di kedai, dan saya mendengar Soojin bercakap dalam keadaan mamai. Tetapi disebabkan saya yakin yang dia dapat disembuhkan dengan doa, saya membawanya pulang ke rumah dan bukan ke hospital besar.

Ibu pelajar ini tidak tahu apa yang perlu dilakukan. Dia bekerja sebagai pembantu rumah dan keadaan kewangannya tidak begitu baik, sama seperti kami.

Selepas saya menenangkan hatinya, saya meletakkan tangan dan berdoa untuk Soojin. Dia bercakap dalam keadaan mamai dan juga mengeluh kesakitan. Dia tidak terjaga pada keesokan harinya, dan saya suami isteri berdoa sepanjang malam itu. Pada hari Rabu, saya meninggalkan rumah untuk pergi ke seminari, dan saya dengan jelas mendengar suara Soojin yang berkata, "Ayah, bukankah hari ini hari untuk pergi ke gereja?" Dia telah kembali pulih.

"Ya Tuhan, terima kasih! Engkau menjawab doa saya dan Soojin telah sedarkan diri." Apabila saya pulang ke rumah selepas kelas, Soojin telah pergi ke gereja untuk menghadiri jemaah hari Rabu.

Anak Perempuan Kedua Saya Dilanggar Trak

Pada tahun 1981, anak perempuan saya yang kedua Mikyung terlibat dalam kemalangan jalan raya. Mikyung turun dari bas dan melintas jalan. Pemandu trak tidak melihatnya dan dia dilanggar trak. Dia terhumban ke jalan raya. Orang ramai berkumpul, dan pemandu trak membawanya ke hospital.

Apabila isteri saya tiba di hospital, muka Mikyung amat bengkak dan dia kelihatan seperti mempunyai dua dagu. Bahagian dalam mulutnya habis koyak. Ini sesuatu yang amat dahsyat. Doktor menyatakan yang dia perlu ditahan di hospital, tetapi isteri saya membawanya pulang ke rumah. Mikyung berlumuran darah dan dia tidak dapat membuka matanya. Mukanya teruk dipenuhi luka dan kecederaan.

Dia tidak dapat makan apa-apa. Dia hanya mampu minum susu atau sedikit sup menggunakan straw. Apabila saya membuka mulutnya sedikit dan melihat ke dalam, ia nampak teruk. Saya berdoa dengan tekun sambil meletakkan tangan ke atasnya. Walaupun dengan semua kecederaan ini, dia masih ke sekolah. Cikgunya terkejut dan menyuruhnya pergi ke hospital. Saya dan isteri saya berpuasa dan berdoa dengan tekun sepanjang malam. Mikyung masih juga ke sekolah, dan selepas sehari, mukanya menjadi biru seperti lebam, dan selepas lima hari, semua kuping mula jatuh dan dia sembuh dengan sempurna. Mulutnya kembali ke tempat asal, semua bengkak surut, dan bahagian dalam mulutnya juga sembuh dan bersih.

Semasa cuti musim panas tahun itu, kami menerima sepucuk surat dari cikgu Mikyung. Dia menyatakan bahawa dia sedar bahawa Tuhan itu Hidup dan kuasaNya amat hebat, kerana dia melihat sendiri bagaimana Mikyung sembuh dengan cepat tanpa menerima apa-apa rawatan perubatan atau ubat. Dia menamatkan surat dengan menyatakan yang dia akan mula pergi ke gereja sejak itu.

Anak Perempuan Sulung Kami Sembuh Selepas Isteri Saya Bertaubat

Pada tahun 1981, anak perempuan sulung saya Miyoung berada di sekolah rendah. Semasa cuti musim panas, saya berdoa sambil berpuasa di Rumah Doa Osanri dan kemudian pulang. Saya dapati Miyoung mempunyai bisul di seluruh tubuhnya. Dia juga menghidap ruam yang amat teruk sehingga kulitnya keras seperti kulit kayu pokok pain, dan di bawah kulit yang tebal dan luka ini, ruamnya telah mengalami jangkitan. Dari luka di kulitnya, mengalir air dari kulit. Keadaannya teruk sekali. Disebabkan dia akan berdarah jika dia menggerakkan badan, Miyoung terpaksa duduk di satu sudut bilik sahaja.

Isteri saya yakin bahawa Tuhan akan menyembuhkannya, jadi dia tidak meletakkan apa-apa ubat atau membawanya ke hospital. Saya berdoa untuk Miyoung, tetapi dia masih tidak disembuhkan. Saya berdoa untuknya sekali lagi pada hari esoknya, namun keadaannya tidak bertambah baik.

"Sesungguhnya, tangan TUHAN tidak kurang panjang untuk menyelamatkan, dan pendengaran-Nya tidak kurang tajam untuk mendengar. Tetapi yang merupakan pemisah antara kamu dan Tuhanmu ialah segala kejahatanmu, dan yang membuat Dia menyembunyikan diri terhadap kamu, sehingga Dia tidak mendengar, ialah segala dosamu" (Yesaya 59:1-2).

Saya melakukan muhasabah diri dan cuba mencari sesuatu yang saya telah lakukan untuk memohon ampun, tetapi saya tidak dapat fikirkan apa-apapun. Saya pasti bahawa Miyoung tiada insiden atau kelakuan jahat. Dia memang anak perempuan yang baik. Isteri saya menyatakan yang dia agak malas dalam perjumpaan doa subuh kerana dia amat sibuk, dan bertaubat kepada Tuhan. Selepas dia bertaubat, saya berdoa untuk Miyoung, dan Tuhan menunjukkan hasil kerjaNya kali ini. Kulit yang mengalami ruam tebal telah bertukar warna kuning dengan jangkitan di bawahnya, bertukar menjadi putih dalam satu malam dan kuping mula gugur. Kulitnya bersih dengan sempurna sebelum tamat musim cuti.

Apabila kita bergantung sepenuhnya kepada Tuhan, Dia tidak akan membenarkan kita berhadapan dengan situasi yang sukar. Kami sedar ini merupakan ujian keimanan untuk meningkatkan keimanan keluarga saya, seperti Tuhan mengubah Ayob menjadi orang yang lebih sempurna dengan memberikannya penyakit seperti bisul, dan kami mengucapkan kesyukuran kepada Tuhan. Sebelum pembukaan gereja, Tuhan memberikan ujian melalui ketiga-tiga orang anak perempuan kami untuk memberikan kami keimanan yang lebih hebat.

Apa Yang Patut Saya Lakukan?

Saya mengakui kehadiran Tuhan dalam semua perkara dan selalu suka bertanyakan kehendak Tuhan dan mematuhinya. Semasa membaca Kitab Injil, saya amat tersentuh dengan Daud yang bergantung kepada Tuhan dalam semua perkara.

"Kemudian bertanyalah Daud kepada TUHAN, katanya: 'Apakah aku harus pergi ke salah satu kota di Yehuda?' Firman TUHAN kepadanya: 'Pergilah.' Lalu kata Daud: 'Ke mana aku pergi?' FirmanNya, 'Ke

Hebron'" (2 Samuel 2:1).

"Bertanyalah Daud kepada TUHAN: 'Apakah aku harus maju melawan orang Filistin itu? Akan Kau serahkankah mereka ke dalam tanganku?' TUHAN menjawab Daud: 'Majulah, sebab Aku pasti akan menyerahkan orang Filistin itu ke dalam tanganmu'" (2 Samuel 5:19).

Daud bertanyakan Tuhan tentang semua perkara, walaupun perkara yang kecil. Seperti kanak-kanak yang bertanyakan kepada ibu bapa apa yang patut dibuat, Daud bertanya dan dibimbing oleh Tuhan. Apabila Daud bertanya, Tuhan memberitahunya apa yang perlu dilakukan setiap kali, seperti seorang bapa yang pemurah. Saya juga bertanyakan kehendak Tuhan dalam setiap perkara, dan Tuhan memberikan saya mendengar suara Roh Kudus dengan jelas.

Berpuasa Selama Empat Puluh Hari

Semasa cuti musim sejuk pada tahun pertama di kolej seminari pada tahun 1981, Tuhan menggerakkan hati saya untuk berpuasa selama 40 hari. Untuk pergi ke pusat doa, saya membawa Kitab Injil dan buku nyanyian puji-pujian, dan beberapa buah buku agama lain. Apabila saya hampir bertolak, saya tiba-tiba mendengar suara Roh Kudus yang begitu kuat.

"Jangan bawa dan baca buku selain Kitab Injil dan buku nyanyian puji-pujian semasa berpuasa 40 hari ini."

Saya membuka semula beg dan mengeluarkan semua buku selain Kitab Injil dan buku nyanyian puji-pujian, dan pergi ke rumah doa di Rumah Doa Osanri. Memandangkan ini musim cuti, rumah doa ini dipenuhi beribu-ribu orang penganut. Waktu ini cuaca mencatatkan suhu paling sejuk dalam masa 60 tahun. Saya menghadiri semua jemaah rasmi di pusat doa, dan saya menetapkan tiga waktu dalam sehari untuk berdoa (subuh, tengah hari, dan jam 11 malam). Apabila saya masuk ke dalam bilik kecil doa dan berlutut, saya dapat rasakan kesejukan yang menggigit tulang, tetapi saya merintih dalam doa tanpa meninggalkan walau satu waktu berdoa pun dalam sehari.

Bilik kecil doa ini penuh dengan fros dan bilik ini sendiri seperti sebuah kiub ais yang besar. Tetapi semasa saya menderitai kesejukan semasa berdoa selama 30-40 minit, Tuhan memberikan saya kasih kurnia dan saya mampu bertahan selama 2 jam untuk berdoa. Memandangkan saya baru mula mendapat keimanan, saya banyak berpuasa, termasuklah puasa selama lima hari, tujuh hari, 15 hari dan 21 hari. Saya kerap berpuasa dan pada masa yang sama, turut menghadiri kolej seminari. Saya fikir puasa 40 hari ini tentu mudah jika Tuhan membantu saya. Saya berdoa untuk kerajaan dan kebenaran Tuhan, dan supaya Tuhan menerangkan FirmanNya kepada saya. Saya dipanggil untuk menjadi hambaNya, tetapi saya tidak dapat mengubah kekuatan sendiri, jadi saya berdoa dengan tekun untuk menerima kekuatan Tuhan dalam melaksanakan tugas untukNya. Saya juga berdoa untuk membuka sebuah gereja, dan Tuhan memberikan saya mimpi tentang sebuah gereja yang akan mencapai misi dunia:

"Ada banyak jiwa yang menderita akibat penyakit dan kemiskinan. Biarkan gereja kamu membantu orang-orang

yang memerlukan, menyembuhkan semangat dan tubuh badan mereka, dan menjadi saksi untuk menyebarkan berita baik ini ke seluruh dunia dan mencapai misi dunia. Biarkan gereja kamu bangkit dan bersinar. Aku telah memilih kamu, dan Aku akan membimbing kamu dari mula sehingga akhir. Kamu lakukan ini dan kamu akan lakukan ini dan itu apabila kamu membuka gereja."

Memandangkan saya pernah menderitai kesakitan akibat penyakit untuk tempoh yang lama, saya memahami perasaan orang yang menghidap penyakit. Untuk menanam keimanan dalam diri orang yang tidak percaya, menyembuhkan ramai orang dari penyakit, melonggarkan rantai ketidakadilan yang membelenggu ramai orang di dunia yang dipenuhi dosa ini, saya perlu menerima kuasa yang hebat dan tidak terhingga dari Tuhan, jadi saya berdoa,

"Ya Tuhan, berikanlah aku kuasaMu supaya apabila orang yang disentuh bayang-bayangku atau menyentuh hujung bajuku akan disembuhkan, dan hanya dengan arahan berpandukan Firman, ia akan menghalau musuh."

Semasa saya berdoa dengan khusyuk, saya menerima janji bahawa Tuhan akan memberikan saya kuasa untuk melawan kuasa syaitan musuh kita. Impian saya adalah untuk menerima lebih banyak kuasa dari Tuhan untuk menyebarkan berita baik dan menanam keimanan dalam diri orang yang tidak mengenali Tuhan dan menderita dalam kemiskinan atau penyakit serta kerisauan duniawi, dan untuk membuka gereja yang akan berkembang dan menyebarkan dakwah ke seluruh pelosok dunia. Untuk mencapai impian misi dunia, saya perlu menerima kuasa yang tiada had dari Tuhan, dan saya menginginkan dan berdoa

untuk mendapat kuasa seperti orang-orang Tuhan yang disebut dan dikasihi Tuhan seperti Musa, Yoshua, Elijah, Elisha, Petrus, dan Paulus. Mereka mempunyai kuasa untuk melaksanakan keajaiban, tanda-tanda dan mukjizat.

Sebagai hamba Tuhan, saya bukan hanya berdoa untuk mendapat kuasa adn kebenaran untuk menakluki dunia, tetapi juga untuk menerima 12 kurniaan Roh Kudus. Tetapi dari hari keenam berpuasa, Tuhan tidak membantu saya. Memandangkan saya tidak mendapat bantuan Tuhan, musuh si syaitan mula mengganggu saya. Selepas selesai hari ketujuh dan kelapan, saya mengalami pening kepala dan kekejangan di tangan dan kaki. Saya rasakan seperti akan menjadi gila, dan saya tidak dapat tidur malam. Saya fikir saya mungkin akan menjadi gila, jadi saya berusaha untuk mengekalkan kewarasan saya. Dalam satu mimpi, saya telah dipaksa makan nasi oleh seseorang. Selepas terjaga, saya bertaubat kerana mempunyai mimpi seperti ini.

Saya terfikir untuk berhenti berpuasa kerana saya mungkin akan memalukan Tuhan jika saya teruskan, tetapi jika saya berhenti pada waktu itu, saya akan terpaksa bermula sekali lagi. Jadi saya bertarung dengan kesakitan setiap hari.

Selepas sembilan hari, semua simptom ini berhenti. Selepas 20 hari, saya tiada tenaga walaupun untuk membaca Kitab Injil, jadi saya membeli beberapa buah buku ceramah seorang paderi. Saya membaca dua bab, tetapi selepas itu tiada lagi tenaga untuk meneruskan pembacaan. Saya masuk ke dalam bilik berdoa, tetapi saya tiada kekuatan untuk merintih dalam doa. Saya terpaksa berusaha keras untuk berdoa. Saya berdoa, "Ya Tuhan, berikanlah saya kekuatan untuk merintih dalam doa."

Saya tidak tahu berapa lama masa berlalu, tetapi semasa saya sedang berusaha berdoa, saya mendengar suara yang mengetuk pintu hati saya yang berkata, *"Aku sudah katakan jangan bawa atau baca buku selain Kitab Injil dan buku nyanyian puji-pujian. Mengapa kamu membaca buku yang ditulis oleh manusia?"*

Saya mula sedarkan diri apabila mendengar suara ini, dan saya berkata, "Ya Tuhan, saya fikir tidak mengapa, tetapi saya telah tidak patuh kepadaMu. Maafkanlah saya." Susah untuk membaca Kitab Injil dan saya fikir mungkin lebih mudah untuk saya membaca buku lain. Saya sedar saya telah mengingkari Tuhan dengan bertaubat dengan sepenuhnya. Saya kemudiannya mendapat kekuatan baru dan mampu berdoa.

Pada hari ke-28, badan saya tinggal tulang dan kulit sahaja. Berat badan saya turun dengan mendadak. Pada hari ke-30, usus saya mengering dan terlipat, jadi air pun tidak dapat mengalir turun. Saya rasakan kembung seperti mengalami ketidakhadaman. Jika saya minum sedikit air, ia akan naik semula. Apabila saya muntah, saya mengeluarkan darah mati yang hitam. Saya fikir ni berlaku kerana beberapa saluran darah dalam perut telah pecah, dan darah beku ini keluar apabila saya muntah.

Pada hari ke-32, anak sulung saya yang waktu itu merupakan pelajar sekolah menengah, datang melawat saya. Saya berkongsi bilik dengan ramai orang, dan mereka mungkin tidak selesa jika melihat saya muntah. Saya pulang ke rumah dengan anak saya. Di dalam bilik yang saya sewa berdekatan rumah, saya meneruskan puasa. Saya berlawan dengan kehendak sendiri. Tetapi pada hari ke-39, jam 11 malam, satu keajaiban telah berlaku, Semua kesakitan hilang, dan Tuhan memberikan saya kekuatan dari atas. Saya mempunyai tenaga seperti orang yang telah pulih sepenuhnya. Jadi, saya mandi dan menukar pakaian. Pada tengah malam, saya mengadakan jemaah doa kesyukuran dan menghabiskan puasa.

Seperti Helang yang Melatih Anaknya

Saya tertanya-tanya mengapa Tuhan tidak membantu semasa saya berpuasa selama 40 hari. Sehingga itu, saya sering berpuasa tanpa menghadapi banyak masalah kerana Tuhan memegang dan membantu saya. Jadi, dalam doa saya bertanyakan Tuhan mengapa saya terpaksa berpuasa dengan usaha sendiri dan mengalami kesakitan yang teruk. Tuhan memberikan Firman berikut.

"Aku tidak melupakan kamu, tetapi Aku sengaja mahu melatih kamu. Jika kamu bandingkan puasa yang kamu lakukan dengan mudah disebabkan bantuanKu dengan puasa yang kamu lakukan dengan kekuatan dan tenaga sendiri, perbezaannya jelas dalam kuasa yang kamu dapat iaitu berlipat kali ganda lebih hebat."

Hanya apabila saya berpuasa dengan kekuatan dan keazaman sendiri, saya dapat lebih kekuatan dan ketahanan, dan saya akan mampu mengatasi apa jua jenis halangan. Apabila mendengarkan kata-kata ini, saya teringat kepada Ulangan 32:11-12.

"Laksana helang menggoyangbangkitkan isi sarangnya, melayang-layang di atas anak-anaknya, mengembangkan sayapnya, menampung seekor, dan mendukungnya di atas kepaknya. Demikianlah TUHAN sendiri menuntun dia, dan

tidak ada tuhan asing menyertai dia."

Burung helang membuat sarang di atas tebing tinggi. Apabila anak burung helang sudah membesar sedikit, ibu helang akan menolak anaknya keluar dari sarang. Apabila anak helang jatuh ke bawah, mereka secara lahiriah akan mengepakkan sayap untuk terus hidup. Melalui latihan ini, anak helang menjadi kuat dan dapat bersaing dalam kehidupan, dan terbang tinggi di udara. Saya tidak dapat menahan diri dari mengalirkan air mata atas kasih Tuhan yang melatih saya dengan tegas, seperti ibu helang yang melatih anaknya.

# Bab 5
Permulaan Gereja

Menyediakan Pesanan Tuhan Selama Tiga Tahun

Aku Memperhalusi Kamu

Saya memikirkan makna 'tiga tahun.' Pada 9 Julai 1974, pada hari lahir bapa saya, satu insiden berlaku yang hampir menyebabkan saya dan isteri saya bercerai. Dan pada 10 Julai 1977, kami membuka sebuah kedai di Pasar Keumho Dong dengan kestabilan kewangan. Ia berlaku betul-betul selang tiga tahun, tanpa perbezaan satu haripun. Memandangkan kursus di kolej seminari mengambil masa empat tahun, pada mulanya saya tidak faham mengapa Tuhan katakan yang Dia akan bersama saya dengan 'tanda-tanda dan mukjizat' selepas saya telah mempersiapkan diri untuk tempoh tiga tahun. Tetapi, tidak lama kemudian saya mula menyedari makna kata-kata ini juga. Pada Februari 1982, atas permintaan paderi dari Gereja Ilman di Masan, saya telah menyampaikan khutbah di jemaah kebangkitan di sana. Saya tamat tahun junior seminari pada Februari 1982, jadi ia betul-betul tiga tahun selepas saya menyertai kolej seminari. Seorang pegawai gereja bertanya kepada saya,

"Paderi, silalah datang ke gereja saya dan memberi khutbah dalam sebuah jemaah kebangkitan."

"Saya masih belum ditahbiskan sebagai paderi lagi. Saya cuma seorang pelajar seminari, saya tidak layak untuk memberi khutbah dalam sebuah jemaah kebangkitan. Tolonglah minta orang lain untuk beri khutbah."

"Tidak. Saya telah lama berdoa untuk jemaah kebangkitan ini, dan Tuhan mengingatkan saya kepada kamu. Tuhan berkehendakkan kamu untuk berkhutbah dalam jemaah kebangkitan ini."

"Baiklah, saya akan berdoa dan memberi jawapan kepada kamu."

Memandangkan ini jemaah kebangkitan pertama, dan saya masih seorang pelajar seminari, saya tidak mempunyai keyakinan yang tinggi. Saya berpuasa selama tiga hari di Rumah Doa Osanri, dan kemudian saya mendapat keyakinan dan jaminan. Selepas pulang ke rumah, saya berlutut untuk berdoa bagi menyediakan mesej yang akan disampaikan dalam jemaah kebangkitan nanti. Pada saat itu, dengan inspirasi yang jelas, Tuhan memberikan saya 11 mesej dengan ayat-ayat petikan dari Kitab Injil dan tajuk dengan terperinci, termasuklah mesej untuk jemaah subuh. Inspirasi dari Tuhan ini mengingatkan saya tentang sebuah buku yang pernah saya baca, "Kamu telah membaca buku ini, jadikannya satu contoh." Saya amat kagum. Saya sekali lagi menyedari bahawa tiada apa-apa yang mustahil bagi Tuhan. Saya menyiapkan semua persediaan, dari permulaan sehingga penutup bagi setiap khutbah. Saya memberi khutbah dalam jemaah kebangkitan ini dan mengetuai jemaah ini dengan izin Tuhan. Semua ahli gereja mengucapkan terima kasih kepada saya dan menyatakan bahawa mereka telah menerima rahmat yang besar. Ramai yang menyatakan bahawa ini mesej Firman hidup yang lain daripada yang lain. Ia mengubah jiwa mereka dan masalah mereka selesai dengan sendirinya.

Bermula dengan jemaah kebangkitan ini, saya telah dijemput ke banyak gereja untuk memberi khutbah dalam jemaah kebangkitan mereka. Setiap kali jemaah, Roh Kudus, seperti angin yang bertiup kuat, menambahkan kepada kata-kata Tuhan dengan tanda-tanda dan mukjizat. Apabila Tuhan memanggil saya sebagai hambaNya, Dia berkata, *"Selama tiga tahun, jadi sekarang persiapkan diri kamu dengan Firman selama tiga tahun."*

Untuk Khidmat Gereja yang Berjaya

Dalam tahun akhir di kolej seminari, rakan sekelas saya juga bersiap sedia untuk membuka gereja. Mereka sibuk cuba mendapatkan pengetahuan dan maklumat berkenaan pembukaan gereja dengan menghadiri persidangan perkembangan gereja dan membuat kajian kes terhadap kebangkitan gereja. Rakan-rakan sekelas memberi nasihat kepada saya. "Paderi, bagaimana kamu akan mendapat kejayaan dalam khidmat gereja dengan hanya berpuasa dan berdoa sepanjang masa di kawasan pergunungan? Mengapa tidak sertai kami dan belajar lebih banyak perkara?" Memang besar manfaatnya untuk mendapatkan maklumat dan pengetahuan yang diperlukan untuk membuka gereja, tetapi saya mempunyai idea yang berbeza.

Saya mahu belajar bukan kaedah manusia, tetapi cara Tuhan mengembangkan gereja seperti yang dicatatkan dalam Kitab Injil. Semasa membaca Kitab Injil, saya dapati pengasas kepercayaan seperti Petrus dan Paulus selalu berpuasa. Saya memahami Firman Tuhan dengan bermeditasi mengenai kandungan Kitab Injil, dan menyebarkan berita baik dengan tekun.

Dari Kisah Para Rasul 8:26 dan seterusnya, Filipus pergi ke padang gurun dengan bimbingan Roh Kudus dan berjumpa seorang sida-sida, pembesar dan ketua perbendaharaan Sri Kandake, ratu Etiopia. Dia bertanggungjawab menguruskan hal-ehwal kewangan ratu. Sida-sida ini sedang membaca kitab Yesaya dan mahu memahami Firman Tuhan. Jadi Filipus mengajarkannya tentang Yesus dan membaptiskannya. Hawari Paulus pula mahu menyebarkan ajaran di Asia, tetapi Roh Kudus tidak membenarkannya pergi ke Asia dan membimbingnya ke Makedonia (Kisah Para Rasul 16:6-10).

Apa yang didedahkan dalam meditasi tentang Firman adalah Tuhan sendiri yang membimbing dan mengetuai hambaNya. Untuk khidmat gereja yang berjaya, saya sedar perkara yang paling penting adalah untuk mempunyai komunikasi mendalam dengan Tuhan dan menurut kehendakNya. Itu sebabnya saya berdoa setiap kali ada masa terluang, dan saya cuba memahami Firman Tuhan secara rohani.

Isteri Saya Memelihara Jiwa dengan Kasih Sayang

Pada bulan Mac 1982, selepas tamat puasa selama 40 hari dan sesudah menghabiskan tempoh makan makanan pemulihan, tahun akademik baru pun bermula. Pada tahun baru, kumpulan sel diatur semula di gereja yang saya hadiri. Isteri saya menjadi ketua perkhidmatan sel ini dan Ketua Paderi Aeja Ahn menjadi ketua sel. Sel kami ini mempunyai lima orang ahli. Menjelang bulan April, jumlah ahli meningkat kepada 25 orang.

Isteri saya dengan tekun menginjilkan ramai orang dan menjaga kebajikan semua ahli. Dia juga telah menetapkan masa untuk berdoa setiap hari di rumah dengan Ketua Paderi Aeja Ahn. Dengan jemaah doa yang ditetapkan masa ini, masalah-masalah dalam keluarga mula selesai, dan lebih ramai ahli keluarga telah diinjilkan, dan ini merupakan satu kebangkitan yang hebat. Tambahan pula, isteri saya sangat pandai memasak dan dalam setiap perjumpaan, dia akan menyediakan hidangan yang enak untuk disajikan kepada para ahli.

Pada pagi Ahad, kami menghantar ketiga-tiga anak perempuan kami ke setiap rumah dengan mesej, "Hari ini ialah hari untuk pergi gereja, jadi datanglah ke rumah kami pada pukul 10." Jika mereka tidak hadir pada jam 10, anak-anak kecil saya akan pergi ke rumah mereka sekali lagi dan mengetuk pintu untuk menggesa mereka pergi ke gereja bersama-sama. Dalam sesetengah kes, mereka tidak dapat menolak permintaan anak-anak saya dan hadir ke gereja. Jadi setiap hari Ahad, akan ada lebih kurang 30 orang ahli yang menghadiri gereja dalam sel saya. Isteri saya menjaga mereka dengan kasih sayang dan dengan cara ini, dia melatih dirinya untuk menjadi isteri seorang paderi.

Dengan Tujuh Dolar

Sesuatu yang Hebat Berlaku

Semasa dalam tahun akhir di kolej seminari, pada 1 Mac, kedai saya yang lazimnya dipenuhi pelanggan tiba-tiba kosong. Kedai saya betul-betul kosong. Pada mulanya, saya memikirkan jika kami ada berbuat dosa terhadap Tuhan dan memikirkan yang keadaan akan berubah keesokan harinya. Tetapi, keadaan ini masih sama. Saya dan isteri saya berdoa kepada Tuhan, namun kami tidak mendapat jawapan. Memandangkan kami tidak mempunyai pendapatan, sewa bulanan kedai ini ditolak dari deposit awal. Kemudian, kami menyedari bahawa ini adalah rezeki dari Tuhan. Kami menutup kedai dan membuka gereja pada 25 Julai, dan pada masa itu, semua deposit telah habis digunakan. Selepas membayar semua cukai, kami hanya mempunyai tujuh dolar dalam tangan. Tuhan telah menukarkan semua hasil pendapatan kami dari dunia kepada sifar, dan membuatkan kami membuka gereja dengan hanya tujuh dolar.

Orang Datang Dengan Penyakit

Mengapakah ibu Miyoung sentiasa gembira? Sejak dari ketika saya hanya menunggu ajal, isteri saya memulakan kehidupan sebagai seorang Kristian dan menyaksikan saya disembuhkan dari semua penyakit. Dia kini sentiasa gembira dan penuh keriangan. Walaupun kami tidak mempunyai apa-apa untuk dimakan pada hari esok, kami masih bersyukur kepada Tuhan. Tidak kira sama ada dia mencuci pinggan mangkuk atau membuat kerja-kerja lain, dia sentiasa menyanyikan lagu puji-pujian. Sesiapa sahaja yang dia jumpa, akan diceritakan tentang bagaimana dia bertemu dengan Tuhan yang Hidup dan menyebarkan ajaran. Dia menghabiskan setiap hari dengan dipenuhi Roh Kudus.

Sebelum pembukaan gereja, berita tentang keluarga saya tersebar dan lebih ramai orang datang untuk menerima doa saya. Pada bulan April 1982, seorang penganut datang berjumpa saya. Badannya amat kurus sehingga tinggal tulang sahaja. Katanya dia tidak dapat berjalan dengan laju kerana menghidap masalah jantung sejak lahir.

"Paderi, tiga hari selepas melahirkan anak, badan saya mula membengkak dan keadaan ini bertambah buruk. Saya langsung tidak dapat memegang anak saya."

"Terimalah doa dengan keimanan. Tuhan akan menyembuhkan kamu."

Dia menerima doa sekali sahaja dan disembuhkan dari penyakit jantung. Dia adalah Paderi Besar Kanan Seong Ja Kim, kini seorang ahli kumpulan penganut doa dalam gereja kami. Suatu hari, seorang wanita pertengahan umur datang ke kedai saya. Katanya dia mendengar khabar tentang keluarga saya dan mahu berjumpa saya. Dia mempunyai anak perempuan berusia dua puluh tahun, dan tulang pinggulnya terkehel. Kaki gadis ini tak sama panjang, dan dia tidak mampu berjalan dengan baik. Kesakitannya teramat teruk sehingga dia diberikan morfin sebagai ubat penahan sakit. Kini, dia ketagihan morfin dan ia tidak lagi berkesan. Ubat penahan sakit yang paling kuat pun tidak berkesan terhadapnya. Ibunya meminta saya berdoa untuknya. Saya adakan upacara berdoa di rumahnya. Roh Kudus menggerakkan hati saya untuk berdoa bagi keluarga ini selama 21 hari.

Waktu itu saya menghadiri seminari, dan saya sibuk dengan upacara doa sepanjang malam juga, tetapi saya masih menyampaikan Ajaran Tuhan dan berdoa untuk mereka selama dua puluh satu hari. Gadis ini mula mendapat hidayah dan percaya, dan dia berhenti mengambil semua ubat. Dia mula bergantung hanya kepada Tuhan. Pada hari ke-20, semua kesakitannya lenyap. Keesokan harinya, dia menyatakan hal ini:

"Paderi, rumah ini sangat tua dan banyak tikus di loteng dan siling. Tikus ini selalu membuat bising. Waktu malam, tikus akan masuk ke dalam bilik dan mengganggu. Saya amat terganggu dengan hal ini. Tapi, malam tadi saya bermimpi dan apabila saya bangun, sesuatu yang menakjubkan telah berlaku!"

Terdapat terlalu banyak tikus, mereka letakkan racun dan perangkap lain, tetapi tiada yang berkesan. Dia terutamanya amat gelisah, resah dan tidak selesa disebabkan kesakitannya. Dia tidak dapat tidur malam disebabkan bunyi bising tikus. Tetapi, malam itu, dia bermimpi menerima doa saya, dan sejurus selepas menerimanya, tikus pelbagai saiz keluar dan akhirnya, seekor tikus yang kelihatan seperti raja tikus, turut keluar. Kemudian, semua kesakitan hilang serta-merta, dan realitinya, semua tikus di loteng juga lenyap. Gadis ini amat terkejut dan kagum dengan kuasa Tuhan dan tidak dapat menyembunyikan emosinya. Beberapa hari kemudian, ibu gadis ini bertemu saya dan berkata, "Paderi, anak saya sedang nazak! Tolonglah datang segera dan berdoa untuknya!"

Waktu saya tiba di rumahnya, malam sudah larut. Anak gadisnya sedang menggelupur di atas lantai, dalam kesakitan. Dia telah berpuasa selama tiga hari, dan sepatutnya makan makanan untuk penyembuhan selama tiga hari, tetapi gadis ini telah makan ayam goreng sejurus tamat berpuasa. Dia mengalami ketidakhadaman yang serius. Apabila saya meletakkan tangan padanya dan berdoa, dengan inspirasi Roh Kudus saya dapat melihat satu tulang dalam perutnya, dan saya lihat tulang ini mencair. Sejurus selepas doa tamat, dia memuntahkan kembali apa yang telah dimakannya. Dia menghela nafas panjang dan wajahnya bertukar normal.

Mencipta Bejana yang Bersih

Saya kerap berpuasa dan mencuba sedaya upaya untuk menghindarkan segala macam kejahatan dan mematuhi semua perintah Tuhan. Saya mendapat sembilan buah Roh Kudus dan saya juga menunjukkan kuasa dan kurniaan Roh Kudus.

Sekitar waktu itu, iaitu selepas saya berdoa selama tujuh tahun kepada Tuhan supaya dapat memahami kehendakNya, Tuhan mengutus wakilnya kepada saya. Pada April 1982, seorang ahli wanita yang diinjilkan oleh isteri saya datang melawat dan berkata, *"Paderi, waktu tengah malam, seseorang memanggil nama saya tiga kali, jadi saya membuka mata. Dalam cahaya terang-benderang yang menyukarkan saya membuka mata, Tuhan muncul dan berkata, 'Aku akan pilih kamu, menjadikan kau dikenali di kalangan bangsa, dan Kujadikan kau saksiKu terhadap seluruh dunia.' Saya tak tahu apa maksudnya."*

Waktu itu, dia tidak tahu tentang Surah Kejadian dan Matius, tetapi penyakit dalam perutnya telah disembuhkan dengan doa. Apabila kami mengadakan jemaah doa untuk membuka gereja, Firman Tuhan datang ke bibirnya, dan saya amat terkejut mendengar kata-kata yang sama yang diberikan oleh Tuhan kepada saya apabila saya dipanggil sebagai hambaNya, *"Bukankah kamu meminta 12 kurniaan Roh Kudus? Aku berikan semuanya kepadamu, ucapkanlah syukur."*

Tambahan lagi, melalui nubuat ini, Tuhan menyampaikan perkara yang hanya saya sahaja yang tahu. Ada sesetengahnya, malah tidak diketahui isteri saya. Melalui ini, saya sedar Tuhan telah memberikan saya anugerah nubuat. Tuhan membuatkan saya percaya bahawa ini adalah benar-benar Firman Tuhan yang diberikan kepada saya. Sehingga itu, saya telah meminta 12 jenis kurniaan termasuklah sembilan kurniaan Roh Kudus seperti yang dicatatkan dalam 1 Korintus bab 12, serta kurniaan visi, kurniaan penglihatan Ilahi, dan kurniaan kasih sayang.

Apakah Itu Nubuat?

Kitab Injil mengajarkan kita pelbagai cara mendengar suara Tuhan. Ada suara yang diberikan oleh Tuhan sendiri, dan ada juga suara Roh Kudus. Kadang kala, Tuhan bercakap dengan kita melalui malaikat yang kelihatan seperti manusia. Tuhan juga bercakap dengan kita melalui nubuat.

"Lalu kekuasaan TUHAN meliputi aku, dan Dia membawa aku keluar dengan perantaraan RohNYA dan menempatkan aku di tengah-tengah lembah; dan lembah ini penuh dengan tulang. Lalu Dia berfirman kepadaku, 'Hai anak manusia, dapatkah tulang-tulang ini dihidupkan kembali?' Aku menjawab, 'Ya TUHAN, Engkaulah yang Maha Mengetahui.' Lalu firmanNya kepadaku, Bernubuatlah mengenai tulang-tulang ini dan katakanlah kepadanya, "Hai tulang-tulang yang kering, dengarlah firman TUHAN." Beginilah firman TUHAN kepada tulang-tulang ini, "Aku memberi nafas hidup di dalammu, supaya kamu hidup kembali. Aku akan memberi urat-urat padamu dan menumbuhkan daging padamu, Aku akan menutupi kamu dengan kulit dan memberikan kamu nafas hidup, supaya kamu hidup kembali; dan kamu akan mengetahui bahawa Akulah TUHAN." Lalu aku bernubuat seperti diperintahkan kepadaku; dan segera sesudah aku bernubuat, kedengaranlah suara, sungguh,, suatu suara berderak-derak; dan tulang-tulang itu bertemu satu sama lain" (Yehezkiel 37:1-7).

"Karena kesaksian Yesus adalah roh nubuat" (Wahyu

19:10).

Nubuat adalah bercakap bagi pihak orang lain. Antara para nabi, ada yang bercakap bagi pihak manusia atau bagi pihak Tuhan.

Dalam Yehezkiel bab 37, kita lihat Roh Tuhan bersama Yehezkiel dan Tuhan bercakap melalui bibir Yehezkiel. Disebabkan Tuhan bercakap melalui bibir manusia, ayatnya dalam bentuk perintah. Nubuat tidak dilakukan oleh manusia, tetapi oleh roh Tuhan, iaitu Roh Kudus. Roh Kudus bekerja dengan harmoni melalui manusia untuk menyampaikan kehendak Tuhan. Oleh itu, ia kata-kata benar yang diperakui dan dijamin oleh Tuhan. Jadi, apakah dia roh nubuat?

Jika kamu bercakap benar melalui Roh Kudus, kamu memberi penerangan kepada Yesus, iaitu kebenaran itu sendiri. Jadi, disebabkan roh Yesus diterangkan melalui manusia, yang bercakap benar melalui Roh Kudus, jadi manusia ini bernubuat. Inilah roh nubuat. Seperti Nabi Yehezkiel mematuhi Kata-kata Tuhan dan bernubuat, jika ada seseorang yang boleh bernubuat Firman Tuhan, kita boleh menerima banyak wahyu.

Jelas sekali Yesus mahu kita menerima wahyu seperti yang dinyatakanNya dalam Matius 11:27, *"Tidak seorangpun mengenal Anak selain Bapa; dan tidak seorangpun mengenal Bapa selain Anak, dan orang yang kepadanya Anak itu berkenan menyatakannya."* Hawari Paulus berkata dalam 2 Korintus 12:1, *"Aku harus bermegah, sekalipun memang hal itu tidak ada faedahnya, namun demikian aku hendak memberitakan penglihatan-penglihatan dan penyataan-penyataan yang kuterima dari Tuhan."*

Jika kita dapat menerima wahyu Tuhan seperti hawari Paulus, kita akan dapat memahami Tuhan dengan jelas dan kita juga akan dapat mengetahui perkara yang bakal berlaku. Hanya apabila kita mengetahui perkara yang akan berlaku di masa depan, dapat kita bersedia untuk menyambut kepulangan Tuhan yang akan tiba seperti pencuri.

Menerima Jawapan Pembukaan Gereja

Mereka Mahu Mengusir Kamu

Semasa saya bersedia untuk pembukaan sebuah gereja, kami mengadakan beberapa perjumpaan doa. Kami mengadakan perjumpaan penyembuhan di rumah Paderi Besar Aeja Ahn, dan rumah ini penuh dengan orang yang hadir. Perjumpaan doa kedua diadakan di kedai saya. Ada seorang yang patah tangannya dan telah disimen, telah disembuhkan dan membuka simen pada waktu itu juga. Seorang wanita yang tidak berjaya hamil datang dan menerima bacaan doa. Tak lama kemudian, saya mendapat berita yang dia telah mengandung. Perjumpaan ketiga diadakan di kawasan gunung. Terdapat lebih dari 40 orang yang hadir. Sesetengahnya adalah pelajar seminari dan paderi. Ada seorang wanita yang telah menjalani pembedahan tulang belakang, tetapi masih menghadapi masalah sakit yang sama.

Katanya dia berada dalam keadaan amat bahaya, namun dia

masih mahu menghadiri perjumpaan doa ini. Salah seorang ahli bersusah-payah mendukungnya mendaki gunung, dan saya berdoa untuknya semasa sesi berdoa. Dia telah disembuhkan sepenuhnya di atas pergunungan itu dan berjaya menuruni gunung sendiri!

Perjumpaan doa keempat juga diadakan di kawasan gunung, dan ramai pelajar seminari yang menghadirinya. Tuhan berkata kepada kami,

"Selepas perjumpaan ini, akan ada ujian untuk kamu. Tetapi jangan risau dan percayakan Aku dan berdoa. Aku akan membalasnya dengan rahmat."

Tak lama kemudian, dugaan tiba untuk saya. Pada Jun 1982, saya menghadapi peperiksaan akhir bagi semester itu dan pulang ke rumah. Tetapi salah seorang profesor datang mencari saya di rumah. Saya tahu ini bukan sesuatu yang menjadi kebiasaan. Dia berkata, "Saya telah pergi ke banyak perjumpaan doa di gunung dan banyak berdoa, jadi saya juga tahu sedikit-sebanyak tentang dunia rohani. Kamu memiliki kedalaman rohani dan saya tahu kamu telah dirahmati dengan banyak anugerah kerohanian. Sebab kamu bakal membuka gereja, musuh iaitu iblis dan Syaitan bangkit menentang kamu. Paderi, saya fikir lebih baik kamu hentikan rancangan membuka gereja. Kami ada mesyuarat profesor hari ini, dan mereka mahu membuang kamu. Saya tahu kamu bukan orang jenis begitu, tapi..."

Kerja Musuh iaitu Syaitan yang Mengganggu Pembukaan Gereja

Apabila saya mendengar penjelasan terperincinya, bukan hanya penyelia saya malah paderi di gereja saya juga salah faham terhadap saya. Saya ditanya, "Paderi, semasa perjumpaan doa di atas gunung, adakah kamu katakan yang kamu Yesus? Adakah kamu membawa seorang wanita bersama dan juga, adakah kamu benarkan dia meletakkan tangannya pada paderi-paderi lain?"

"Saya tidak pernah katakan yang saya Yesus, dan saya tidak pernah membenarkan seorang wanita meletakkan tangannya pada paderi lain."

Disebabkan banyak penyembuhan berlaku apabila saya berdoa untuk orang ramai semasa perjumpaan, seorang rakan sekelas saya yang cemburu, telah membuat laporan dengan tuduhan palsu kepada penyelia saya, menyatakan hal seperti, "Paderi Jaerock Lee melakukan perkara yang menyebabkan perpecahan dan perbalahan. Dia menyatakan yang dia Yesus."

Khabar angin palsu ini tersebar dalam masa yang singkat. Tambahan pula, profesor yang mengajar saya selama empat tahun bertindak membuang saya dari universiti hanya disebabkan khabar angin ini tanpa bertanyakan apa-apa kepada saya. Namun begitu. Saya tidak berjumpa atau bercakap dengan sesiapa untuk menunjukkan saya tidak bersalah. Saya rasakan situasi ini amat sukar, tetapi apabila saya berdoa kepada Tuhan, Dia memberitahu saya supaya mengucapkan terima kasih dan bergembira dan berdoa untuk mereka dengan rasa kasih sayang.

Pada bulan September, semester baru bermula. Apabila saya ke universiti, saya dengar rakan sekelas berdebat tentang masalah saya. Kata mereka, rakan sekelas yang membuat tuduhan palsu terhadap saya mengambil keputusan tidak mahu mendaftar untuk semester itu kerana ingin bertaubat. Saya berjumpa dengannya dan memujuknya untuk mendaftar kerana saya tidak punya apa-apa kebencian atau salah faham terhadapnya. Tuhan mengatur segala-galanya supaya semua masalah dapat diselesaikan dengan mudah. Orang yang membuat tuduhan palsu terhadap saya juga telah disedarkan oleh Tuhan. Selepas saya membuka gereja dan memulakan sesi khutbah, ramai profesor termasuk yang salah faham terhadap saya, datang dan kami meraikan pembukaan ini bersama-sama. Semasa majlis graduasi, kami mengadakan majlis mengucapkan terima kasih untuk para profesor di gereja saya.

Satu Jawapan Diterima, "Manmin 'Gereja' Segala Ciptaan"

Sebab saya menyertai seminari pada usia yang agak tua, saya mahu membuka gereja lebih awal. Saya bukan seorang yang muda, tapi saya mula berdoa untuk mendapat nama gereja ini sejak tahun pertama di universiti, namun tidak mendapat jawapan. Jawapan ini hanya datang sejurus sebelum pembukaan gereja itu.

"Namakannya 'Gereja Manmin.' Apabila tiba masanya dan kamu pergi berziarah suci, kamu akan faham mengapa Aku berikan nama ini, 'Manmin.'"

Kemudian, pada 1989, saya berziarah suci ke Tanah Suci. Di Gethsemane, Yesus berdoa sehingga peluhNya menjadi titisan darah yang jatuh ke tanah, untuk memenuhi takdir salib dan menyelamatkan semua orang dan semua bangsa. Di tempat ini, saya melihat "Gereja Segala Bangsa" dengan penuh emosi. Tuhan menghantar Yesus Kristus sebagai satu pengorbanan penebusan untuk menyelamatkan semua bangsa dan semua manusia. Tuhan mahu memenuhi takdirNya semasa hari-hari terakhir, dan Dia mahu mencapai misi dunia dengan Injil suci, dan Dia berikan kami nama "Manmin" yang bermaksud "Segala Ciptaan."

Pada permulaan gereja, kami menamakannya 'Gereja Manmin' tetapi memandangkan kami mahu membuka banyak cawangan lain, kami menukar namanya kepada 'Gereja Manmin Joong-ang (Besar).'

Mengapa Kamu Mahu Lakukannya Secara Susah?

"Paderi, mengapa kamu mahu membuka gereja? Tahu tak betapa susahnya memulakan sebuah gereja?" "Kamu akan makan bubur sahaja selama beberapa tahun. Takkan kamu tak mahu anak-anak mendapat pendidikan? Tahu tak betapa sukarnya mengumpulkan penganut di zaman ini?" Nasihat diteruskan, "Tahu tak betapa penganut zaman kini tidak patuh dengan ajaran? Apa kata kita bekerja bersama-sama di gereja ini sahaja." "Paderi, lepas kamu buka gereja, kamu akan banyak menangis."

Semasa saya mahu membuka gereja, ramai orang cuba menghentikan saya. Memang banyak gereja baru menghadapi masalah-masalah itu. Sesetengah paderi membuka gereja dengan meminjam wang untuk membayar bangunan dan kemudahan. Tetapi, apabila gereja tidak membangun seperti yang diharapkan, mereka sengsara akibat menanggung hutang. Ramai yang hidup dalam kesusahan dan perasaan tidak berdaya. Tetapi kerana saya percaya dengan Tuhan yang Maha Berkuasa, keyakinan saya tidak goyah langsung. Saya tidak boleh membangkang nasihat yang diberikan kerana saya tidak mahu memalukan si pemberi nasihat. Saya cuma menjawab kepada diri sendiri. "Selepas saya buka gereja, ia akan menjadi makmur, dan tidak akan ada masalah yang timbul. Saya akan menyelamatkan banyak jiwa dan gereja ini akan berkembang dengan cepat. Dengan ini kita akan memberikan kemuliaan yang besar kepada Tuhan."

Saya bergantung dengan kata-kata Tuhan dalam Filipi 4:13, *"Segala perkara dapat kutanggung di dalam Dia yang memberi kekuatan kepadaku,"* dan Matius 9:29 yang menyatakan perkara akan diselesaikan seperti yang kita percaya, dan Matius 13:8 di mana saya diyakinkan bahawa jika kita menanam, Tuhan berjanji yang Dia akan membayar balik 30, 60, atau 100 kali ganda lebih dari yang ditanam. Jika kamu melihat hamba yang dikasihi Tuhan, kerana Tuhan bersama mereka, Musa dan hawari Paulus kelihatan seperti tuhan di mata manusia (Keluaran 7:1; Kisah Para Rasul 14:11).

Jika Tuhan bersama kita, tiada apa yang mustahil. Saya percayakan hal ini. Saya percaya, sebagai hambaNya, jika saya memberi tumpuan kepada Injil, berdoa dan menurut kehendakNya, Tuhan akan memberi jawapan kepada saya dan menguruskan semua hal kewangan, tempat, serta pekerja gereja. Kerana saya mempunyai keyakinan bahawa saya mampu melakukan apa sahaja di dalam Dia yang memberikan saya kekuatan, saya mendapat satu visi. Saya berdoa dengan terperinci tentang visi dan mimpi yang saya dapat, dan saya mengakuinya secara lisan.

Menurut Bimbingan Roh Kudus

Pada Mei 1982, Tuhan memberitahu saya yang saya akan membuka gereja semasa matahari sedang terik dan Dia membimbing saya ke Sub Bahagian Shindaebang, di Daerah Dongjak di Bandar Seoul, suatu tempat yang tidak pernah saya dengar sebelum ini. Saya bertanyakan ramai orang bagaimana mahu ke sana, kerana saya tidak biasa dengan kawasan ini. Kawasan ini masih belum dibangunkan waktu itu, jadi tidak banyak bangunan di sana dan trafik lengang. Terdapat sebuah tempat dengan keluasan kira-kira 900 kaki persegi. Sewa bulanannya 150,000 won (150 dolar AS) dengan 3 juta won (3,000 dolar AS) sebagai deposit keselamatan. Saya berjumpa dengan pemiliknya untuk menandatangani kontrak, dan dia menurunkan sewa kepada 120,000 won.

Tuhan Menyediakan Wang untuk Membuka Gereja

Tuhan telah menyediakan wang yang diperlukan untuk membuka gereja melalui Paderi Besar Aeja Ahn. Dia lazimnya berdoa selama lima jam sehari. Anak lelakinya terlibat dalam kemalangan jalan raya dan menerima 3 juta won sebagai pampasan. Dia berjanji mahu memberikan wang ini kepada Tuhan sebagai derma pembukaan gereja. Tetapi disebabkan suaminya yang bukan penganut telah membelanjakan wang itu untuk tujuan lain, dia selalu berasa terbeban dengan hal ini. Dia merasakan yang dia masih perlu mendermakan 3 juta won sebagai derma untuk pembinaan gereja. Waktu itu dia bertemu keluarga saya dan menyertai saya semasa saya membuka gereja.

Kilang perabot suaminya menghadapi masalah, dan kerana ini rumahnya telah digadaikan. Jika mereka tidak membayar hutang, rumah ini akan dijual dengan harga yang sangat rendah. Jadi, mereka letakkan harga untuk dijual sebanyak 20 juta won (20,000 dolar AS) namun tiada sesiapa berminat membeli rumah itu. Mereka menurunkan harga kepada 15 juta won, namun masih tiada sesiapa yang berminat. Waktu itu, Paderi Besar Aeja Ahn mendengar suara Tuhan semasa perjumpaan doa di Gunung Samgak Mountain, *"Berpuasalah selama tiga hari dan tawarkan rumah kamu di pasaran. Naikkan harga sebanyak yang kamu yakin dan Aku akan membantu. Gunakan 3 juta won dari harga yang dinaikkan untuk membuka gereja."*

Mereka telah cuba menjual rumah itu selama bertahun-tahun, namun tiada sesiapa yang berminat membelinya. Mereka fikir, jika harga dinaikkan, broker hartanah akan mentertawakan mereka. Paderi Besar Aeja Ahn berfikir dengan mendalam dan akhirnya menaikkan harga sebanyak 3 juta won. Harga rumah itu kini 18 juta won. Broker hartanah terkejut dengan tindakannya.

Tetapi, semasa dia dalam perjalanan pulang dari pejabat broker, seseorang mengekorinya dan melihat rumah itu. Katanya inilah jenis rumah kegemarannya, dan dia menandatangani kontrak dengan harga 18 juta won. Paderi besar ini menyesal, kerana dia berpeluang menjual rumah pada harga 20 juta won jika dia menunjukkan lebih keyakinan. Tuhan telah membantunya menjual rumah yang sekian lama tidak dapat dijual. Dia mampu membayar hutang keluarganya dan mendermakan 3 juta won sebagai wang yang diperlukan untuk membuka gereja.

Bertaubat Sesungguhnya dari Hati kerana Bergantung kepada Manusia

Sedang saya membuat persediaan membuka gereja, saya menjangkakan sekurang-kurangnya 40 orang di sekeliling saya akan bersama saya semasa gereja dibuka. Saya jangkakan mereka akan hadir di gereja sejak dari pembukaannya kerana saya fikir mereka betul-betul kenal saya dan sayangkan saya. Tetapi realitinya berbeza. Pada Julai 25 1982, semasa upacara pembukaan, tanpa diduga, tiada seorangpun dari mereka yang datang menghadiri majlis ini. Melihatkan adik-beradik perempuan saya yang berjanji akan hadir tetapi tidak berada di sini, saya sedar bahawa Tuhan tidak membenarkan mereka hadir. Tuhan tidak mahu saya bergantung kepada mana-mana adik-beradik saya. Saya berdoa, "Ya Tuhan, terima kasih kerana menyedarkanku tentang keinginan untuk bergantung kepada saudara-mara. Ampunilah aku kerana cuba bergantung harap kepada manusia. Kini aku sedar akan kehendakMu. Aku tidak akan bergantung kepada sesiapa selain Engkau Ya Tuhan, dan melakukan segala-galanya dengan doa."

Selepas pembukaan, saya sedar yang saya masih ada keinginan untuk bergantung kepada manusia, dan bertaubat dengan sesungguhnya di hadapan Tuhan. Saya berdoa agar Tuhan meramaikan gereja ini, dan tempat suci ini dipenuhi penganut yang dihantar oleh Tuhan setiap minggu.

Bermula Dari Kosong

Sembilan Dewasa dan Empat Kanak-kanak

Semasa pembukaan, bangunan gereja masih belum lengkap dibina. Masih tiada daun tingkap, mimbar dan lantai pun masih belum siap. Ia seperti tanah gersang. Kami membahagikan ruang ini kepada dua menggunakan langsir. Satu ruang digunakan sebagai kediaman keluarga saya dan ruang kedua sebagai tempat ibadat dan bilik doa. Semasa pembukaan, hanya ada sembilan dewasa dan empat kanak-kanak, termasuk keluarga saya. Tidak ramai yang hadir, kecuali ahli keluarga saya. Saya menyampaikan khutbah yang bertajuk 'Kepercayaan Adalah Harta Paling Berharga.' Sejarah Gereja Besar Manmin bermula dari tiada apa-apa. Kerana ia baru dibuka, kami tiada wang, tetapi banyak perbelanjaan. Namun saya tidak pernah meminjam dari saudara-mara atau orang lain. Saya cuma berdoa kepada Tuhan. Saya bersedia untuk berpuasa jika Tuhan tidak memberikan rezeki.

Tetapi apabila kami tiada makanan, Tuhan memberikan kami makanan melalui tangan orang lain. Saya sanggup makan buah tembikai sepanjang musim panas itu.

Berdoa Bersama-sama Lima hingga Enam Jam Sehari

Selepas pembukaan gereja, derma mingguan adalah kira-kira 30 hingga 40 ribu won. Tetapi dengan derma ini, saya masih tidak mampu untuk membayar sewa bulanan gereja ini. Empat hingga lima orang ahli berkumpul untuk berdoa dalam keadaan panas, lima hingga enam jam sehari. Disebabkan masih belum ada ahli gereja, saya tidak perlu keluar melawat atau menjaga kebajikan mereka. Kami berdoa di bilik doa sambil berpeluh-peluh. Yeremia 33:3 menyatakan, *"Berserulah kepadaKu, maka Aku akan menjawab engkau dan akan memberitahukan kepadamu hal-hal yang besar dan yang tidak difahami, yakni hal-hal yang tidak kau ketahui."* Apabila kami meratap dalam doa, Tuhan menghantarkan penganut yang percaya dan membekalkan apa-apa yang kami perlukan di gereja ini.

"Ya Tuhan, Berikan Kami Mikrofon"

Selepas berdoa selama seminggu, kami mendapat mikrofon. Minggu seterusnya, kami memerlukan telefon dan berdoa untuknya, dan kami dapat. Memandangkan tidak ramai ahli gereja pada waktu itu, Tuhan bekerja pada jemaah sepanjang malam Jumaat. Ahli gereja lain yang menghadiri jemaah sepanjang malam Jumaat kami menerima banyak rahmat, dan seorang demi seorang menawarkan barang-barang yang kami perlukan dalam gereja ini.

Dengan cara ini, kami menerima langsir, mimbar, piano, kipas elektrik malah sebuah menara loceng dengan tanda salib. Dua bulan selepas pembukaan, kami memiliki segala-gala yang kami perlukan.

Dalam Kisah Para Rasul, ada dinyatakan bahawa hamba Tuhan perlu menumpukan perhatian kepada Firman Tuhan dan doa. Jadi, saya lepaskan tanggungjawab penyelenggaraan dan segala-galanya tentang gereja kepada ahli lain, dan saya hanya menumpukan perhatian kepada Firman Tuhan dan doa. Kerana saya tidak begitu mengetahui tentang Firman Tuhan pada waktu itu, apa sahaja yang saya fahami tentang kehendak Tuhan, saya khutbahkan di jemaah sepanjang malam Jumaat dan jemaah Ahad dengan inspirasi Roh Kudus.

Walaupun saya tidak mempunyai kemahiran berkhutbah yang baik, para pendengar mendapat keazaman dan kepercayaan melalui khutbah kerana mesej yang disampaikan adalah suci dan bersifat kerohanian. Ada juga perbuatan dan perkara yang berlaku selepas mendengar Firman Tuhan. Apabila ahli mengamalkan apa yang disampaikan, keimanan mereka bertambah dan mereka mula menerima jawapan kepada doa mereka. Sejak pembukaan gereja, Tuhan telah menghantarkan penganut baru ke sini setiap minggu, dan mereka mendapat hidup baru melalui mesej-mesej ini. Melihatkan keajaiban Tuhan yang berlaku setiap kali jemaah sepanjang malam Jumaat diadakan, mereka menerima rahmat dan keimanan mereka bertambah.

Mencari jawapan dalam Kitab Injil

Gereja-gereja awal ditubuhkan oleh para hawari yang diajarkan oleh Yesus, ia menurut kehendak Tuhan, dan Tuhan amat senang hati dengan mereka dan menambahkan bilangan ahli yang diselamatkan. Gereja awal menjadi matlamat dan contoh teladan kepada saya, untuk diusahakan sehingga kembalinya Yesus. Gereja terbaik yang dikehendaki Tuhan bukanlah gereja yang mempunyai bangunan yang besar dan ahli yang ramai, tetapi gereja yang serupa dengan gereja-gereja awal. Apabila kita menurut jejak gereja-gereja awal, yang dibina atas kehendak Tuhan, Dia akan memberkati kita supaya sentiasa ada kebangkitan di gereja.

> *"Maka ketakutanlah mereka semua, sedang rasul-rasul itu mengadakan banyak mujizat dan tanda. Dan semua orang yang telah menjadi percaya tetap bersatu, dan segala kepunyaan mereka adalah kepunyaan bersama; dan selalu ada dari mereka yang menjual harta miliknya, lalu membagi-bagikannya kepada semua orang sesuai dengan keperluan masing-masing. Dengan bertekun dan dengan sehati mereka berkumpul tiap-tiap hari dalam rumah Tuhan. Mereka memecahkan roti di rumah masing-masing secara bergilir dan makan bersama-sama dengan gembira dan dengan tulus hati, sambil memuji Tuhan. Dan mereka disukai semua orang. Dan tiap-tiap hari Tuhan menambah jumlah mereka dengan orang yang diselamatkan"* (Kisah Para Rasul 2:43-47).

Mengambil contoh gereja awal yang cuba berkumpul di rumah suci setiap hari, kami mengadakan perjumpaan doa setiap hari dan menyebarkan Ajaran Tuhan, memakan roti kasih sayang, iaitu Firman Tuhan (Yohanes 6:48) dan mengamalkannya. Tuhan bersama-sama kami dan menunjukkan tanda-tanda dan kebesaranNya, dan disebabkan ahli baru mendaftar setiap minggu, gereja ini berkembang dengan cepat.

Bergantung Hanya kepada Kata-kataNya

Selepas gereja dibuka, kami terpaksa menyimpan setiap sen yang ada. Tetapi, saya tahu bahawa rahsia menerima berkat ada dinyatakan dalam Lukas 6:38, *"Berilah dan kamu akan diberi. Suatu takaran yang baik, yang dipadatkan, yang digoncang dan yang tumpah ke luar akan dicurahkan ke atas ribamu. Sebab ukuran yang kamu pakai untuk mengukur, akan diukurkan kepadamu."* Saya cuba membantu orang yang memerlukan, dengan bergantung kepada Firman ini.

Waktu itu kami ada 10 orang pelajar seminari di gereja kami, dan kami perlu membantu mereka. Bukan mudah untuk membayar, walau hanya sewa bulanan gereja ini, iaitu sebanyak 120,000 won (120 dolar AS). Beberapa minggu selepas membuka gereja, kami menerima sedikit derma, lalu dengan kepercayaan bahawa Tuhan akan memberkati kami, kami mengambil sedikit dari jumlah derma dan memberikannya kepada gereja-gereja baru dalam mazhab yang sama. Sejak jemaah pembukaan, setiap ahli gereja berjanji untuk mendermakan 1 juta won (1,000 dolar AS) untuk bangunan seminari mazhab kami. Dengan mencuba sedaya upaya, gereja kami membantu gereja lain dengan hanya bergantung kepada Firman Tuhan.

Semasa membuka gereja, saya mencari model gereja untuk dicontohi dalam Kitab Injil, dalam ia merupakan gereja-gereja awal dalam Kisah Para Rasul.

"Kecuali Anda Semua Melihat Tanda-tanda dan Keajaiban, Anda Memang Tidak Akan Percaya"

Jemaah Pertama

Semasa saya berdoa untuk jemaah pertama, Tuhan memberitahu saya, *"Adakan jemaah pertama apabila semua tanaman telah masak, sebelum salji pertama turun."* Jadi, pada 10 Oktober 1982, kami mengadakan jemaah pertama, dan waktu itu kami telah ada lebih 100 ahli. Sejak pembukaan gereja, Tuhan telah menghantar ramai ahli ke gereja ini dan rumah ibadat menjadi agak sempit. Dalam jemaah sepanjang malam Jumaat, terdapat lebih 100 orang yang hadir dalam ruangan yang hanya seluas 540 kaki persegi, jadi kadang kala ada yang terpaksa duduk di sel doa atau berdiri di tangga. Jadi, mulai dari jemaah pertama, kami juga menyewa ruang bawah tanah.

Semasa saya berdoa untuk hari Krismas, Tuhan telah menghantar ramai penganut yang berbakat untuk menyediakan satu persembahan berdasarkan Injil, jadi acara yang kami adakan

Jemaah Pertama

amat hebat. Tuhan menghantarkan seseorang yang mahir dalam penyusunan bunga, serta seorang pelakon wanita yang juga seorang penari yang baik. Dia mengajarkan tarian dan gerakan tangan dalam kelas hari Ahad. Tidak lama selepas itu, ahli gereja mampu bersedia untuk acara secara sendiri. Waktu itu, saya perlu memberi lebih 10 khutbah seminggu untuk pelbagai jemaah, termasuklah sesi doa subuh. Saya juga perlu menghadiri kelas kerana saya masih belum berijazah dari sekolah seminari. Kami juga selalu mengadakan sesi berdoa malam, tetapi jam 4 pagi, saya lazimnya mengetuai jemaah subuh juga. Apabila berita tersebar tentang banyak penyembuhan yang berlaku, ramai pesakit datang dari seluruh negara, dan saya berdoa untuk setiap pesakit, beberapa kali setiap hari.

Perubahan Dalam Keluarga

En. Youngsuk Kim, sebelum mengenali Yesus, dahulunya merupakan seorang kaki botol. Apabila dia diserang batuk yang berpanjangan, dia pergi ke hospital. Dia disahkan menghidap tuberkulosis dalam sistem limfa. Dia perlu menjalani pembedahan dan perlu berehat lebih dari setahun, tetapi dia tidak mampu berbuat begitu.

Isterinya pula menderita radang pundi kencing selepas bersalin. Dia amat terseksa dan pernah cuba membunuh diri, namun terselamat. Pada Oktober 1982, Youngsuk Kim mendengar cerita tentang gereja kami dan mendaftar sebagai ahli. Dia bersumpah akan berpuasa pagi selama 10 hari dan berdoa pada waktu subuh. Dia sering demam panas dan batuk dengan teruk. Tetapi melihatkan ramai orang sakit yang disembuhkan, dia mendapat keyakinan yang dia juga akan sembuh. Saya banyak berdoa untuknya. Pada hari ke-10, demamnya berkurangan dan batuknya berhenti. Dia yakin akan sembuh dan kemudian pergi berjumpa doktor. Doktor menyatakan yang dia tidak lagi menghidap tuberkulosis. Ia disembuhkan sepenuhnya oleh Roh Kudus. Sejak itu, isterinya juga mendaftar sebagai ahli gereja, dan kemudian dia juga disembuhkan dari radang pundi kencing. Anak perempuan mereka juga turut menjadi lebih sihat. Youngsuk Kim mula mempelajari ilmu ketuhanan dengan rasa penuh syukur atas nikmat Tuhan. Dia kini merupakan seorang paderi.

Jemaah Sepanjang Malam Jumaat dengan Tanda-tanda Keajaiban dari Injil

Jemaah sepanjang malam lazimnya penuh dengan ramai orang

yang datang dari seluruh negara. Ia seakan-akan menjadi jemaah pelbagai mazhab. Ruang suci yang sempit ini dipenuhi ramai orang. Kepanasan akibat kehadiran Roh Kudus amat terasa, dan siling ruang suci dipenuhi titisan air. Sedang penganut asyik memuji Tuhan dan berdoa kepadaNya, jemaah yang bermula pada jam 11 malam berterusan sehingga jam 6 pagi. Lebih ramai orang datang apabila mereka menyaksikan ramai orang sakit berjaya disembuhkan semasa upacara jemaah sepanjang malam Jumaat ini.

Pesakit yang disahkan tiada harapan oleh hospital berjaya disembuhkan apabila mereka datang ke gereja ini, dan yang bertongkat mula berjalan dan berlari. Yang buta dapat melihat semula, yang bisu bercakap, dan wanita yang sukar mengandung kini mula hamil. Seseorang yang datang dengan keadaan patah tangan, dapat menggerakkan tangannya selepas menerima doa.

Seorang Pesakit Leukemia Disembuhkan

Suatu hari, seorang wanita berwajah pucat datang untuk menerima doa saya. Katanya, doktor mengesahkan yang dia hanya mempunyai 15 hari untuk hidup. Inilah kisahnya seperti yang diceritakan. Dia sudah menjadi seorang Kristian, sejak awal semasa dalam kelas hari Ahad. Tetapi selepas itu, dia menerima lamaran dari seorang lelaki yang bukan penganut. Dia memberitahu lelaki ini yang dia hanya boleh berkahwin dengan penganut, jadi lelaki ini mendaftar dan pergi ke gereja untuk seketika.

Wanita ini fikir suaminya akan menjalani kehidupan Kristian yang baik, tetapi selepas beberapa bulan, ibu mertuanya memaksa dia untuk percaya kepada Buddha, dan berkata, "Keluarga ini adalah keluarga penganut Buddha sejak beberapa generasi lalu, jadi kamu juga harus mempercayai Buddha." Dia tidak mengikut kata-kata ibu mertuanya, lalu suaminya mendesak dan memaksa dia untuk tidak lagi pergi ke gereja. Dia memukul dan menghukum isterinya. Jika ada masalah timbul dalam keluarga, mereka berpakat menyalahkannya.

Dia pernah dihalau dari rumah beberapa kali, tetapi dia masih bertahan. Tetapi sejak suaminya mula curang, dia tidak dapat bertahan lagi dan berhenti pergi ke gereja. Dia tahu dia perlu terus pergi ke gereja, tetapi kehidupannya amat memeritkan, dan akhirnya semakin menyedihkan kerana dia disahkan menghidap leukemia.

Walaupun dia tidak lagi ke gereja, suaminya masih berlaku curang, dan masih memukulnya.

Walaupun dia menghidap leukemia, suami dan ibu mertuanya masih bersikap dingin, malah tidak mahu membawanya ke hospital.

Selepas disahkan tiada harapan baginya untuk hidup lama, dia terdengar khabar tentang gereja kami dan datang untuk menerima doa saya, dalam usaha memanjatkan doa kepada Tuhan. Tuhan telah menyembuhkan wanita ini. Selepas beberapa lama, dia dengan wajah yang sihat, kembali untuk mengucapkan terima kasih kepada saya, dan pulang ke rumah.

Dua Jenis Mukjizat Berbeza

Yesus menyembuhkan orang sakit dan menghidupkan orang mati; Dia menunjukkan pelbagai mukjizat kepada kita. Yesus berkata, *"Jika kamu tidak melihat tanda dan mukjizat, kamu tidak percaya"* (Yohanes 4:48). Mukjizat adalah kerja Tuhan yang menggerakkan atau menyebabkan perubahan yang berlaku dengan cepat terhadap keadaan cuaca. Semasa zaman Yosua, mereka berperang di Gibeon, dan matahari kekal berada di tengah-tengah langit (Yosua 10:13). Pada zaman Yesaya, bayang-bayang matahari bergerak ke belakang 10 darjah (2 Raja-raja 20:11), dan tiga orang majus pergi ke Betlehem untuk melihat bintang yang bergerak (Matius 2).

Mukjizat adalah kerja Tuhan yang meninggalkan kesan nyata dan bukti. Bercakap tentang mukjizat, kadang kala Tuhan Bapa memainkan peranan utama. Kes-kes ini adalah tanda-tanda semasa zaman Perjanjian Lama dan satu dicatatkan dalam Wahyu 15:1. Markus 13:22, *"Sebab Al Masih palsu dan nabi-nabi palsu akan muncul dan mereka akan mengadakan tanda-tanda dan mukjizat-mukjizat dengan maksud, sekiranya mungkin, menyesatkan orang-orang pilihan."* Ayat ini menyatakan, 'sekiranya mungkin' untuk menunjukkan bahawa (tindakan ini) secara realitinya adalah mustahil. Tetapi apabila kami cuba menyebarkan ajaran kepada mereka, mereka menyatakan yang mereka tahu bahawa Tuhan itu hidup, tetapi mereka amat sibuk mencari rezeki dan tidak mahu datang ke gereja. Apabila Yesus menyembuhkan 10 pesakit kusta, hanya seorang yang kembali kepada Yesus dan memuliakan Tuhan (Lukas 13:19-20).

Adalah kehendak Tuhan untuk menyembuhkan mereka apabila mereka menerima Roh Kudus, mempercayai Syurga dan Neraka, dan mempunyai keimanan untuk diselamatkan. Mukjizat ini lazimnya dijumpai dalam Perjanjian Baru. Mari kita teliti satu ayat, antara ayat-ayat lain yang sukar difahami, tetapi telah diterangkan oleh Tuhan kepada saya. Dalam Yohanes bab 2, Yesus menghadiri majlis perkahwinan di Kana dan menghasilkan wain dari air. Mukjizat ini adalah perkara yang tidak mampu dilakukan oleh manusia (Yohanes 6:2). Yesus, selepas menyampaikan Ajaran Tuhan, melakukan mukjizat supaya orang yang melihat percaya bahawa Ajaran Tuhan adalah benar. Adalah lebih berkat sekiranya kita percaya tanpa melihat apa-apa bukti, tetapi bukan mudah untuk mendapat keimanan sebenar tanpa melihat sendiri. Memandangkan dosa lebih kuat, hati manusia menjadi lebih keras, dan lebih sukar untuk mereka mendapat keimanan sebenar. Kini, untuk menyebarkan ajaran dan menyelamatkan jiwa manusia, lebih bermanfaat dan berkesan sekiranya ada mukjizat dan petanda.

Mukjizat Ini Akan Bersama Orang-orang Yang Percaya

Sesetengah penganut tidak percaya atau berasa pelik, apabila dikatakan bahawa mukjizat yang terdapat dalam Kitab Injil masih berlaku pada masa kini. Sesetengah manusia pula ragu-ragu dan berfikir, "Saya sudah berdoa dengan sepenuh hati, dan mengapa Tuhan seakan-akan tidak mendengar?"

Tetapi Yesus telah mengatakan, *"Tanda-tanda ini akan menyertai orang-orang yang percaya: mereka akan mengusir syaitan demi namaKu, mereka akan berbicara dalam bahasa-bahasa yang baru bagi mereka; mereka akan memegang ular, dan sekalipun mereka minum racun maut, mereka tidak akan mendapat celaka; mereka akan meletakkan tangannya atas orang sakit, dan orang itu akan sembuh"* (Markus 16:17-18). "Orang-orang yang percaya" di sini merujuk kepada orang yang mempunyai kepercayaan rohani yang sempurna. Dalam Roma 12:3 ada disebutkan tentang kepercayaan. Samalah dengan adanya proses bagi biji benih untuk bercambah, bertumbuh, berkembang dan mengeluarkan buah, apabila kita menanamkan benih kepercayaan dalam diri kita, dan bergantung kepada bagaimana kita menjaganya, kepercayaan akan bertumbuh dengan pelbagai cara. Itu sebabnya tahap kepercayaan manusia berbeza-beza. Karena itu marilah kita menghadap Tuhan dengan hati yang tulus ikhlas dan keyakinan iman yang teguh, Tuhan akan mengurniakan kepercayaan rohani (Ibrani 10:22). Jika kita mempunyai kepercayaan yang sempurna dan mempunyai ketulusan hati seperti Yesus, mukjizat dan tanda-tanda ini akan bersama kita.

Maknanya, kita akan menghalau syaitan demi nama Yesus Kristus dan bercakap dalam bahasa-bahasa baru. 'Memegang ular', secara rohaninya bermakna kita memusnahkan kerja Syaitan dengan Ajaran Tuhan. Manusia yang mempunyai tahap kepercayaan yang sempurna tidak akan menghidap penyakit atau diserang kuman, malahan jika mereka secara tidak sengaja meminum racun, ia tidak akan mengapa-apakan mereka kerana Tuhan membakar racun ini dengan api Roh Kudus. Inilah yang berlaku apabila hawari Paulus dipatuk ular berbisa di pulau Malta (Kisah Para Rasul 28:5). Tetapi jika kamu cuba menduga Tuhan, sedangkan kamu tahu ia beracun, Tuhan tidak dapat melindungi kamu. Dengan kepercayaan sempurna juga, kita dapat menyembuhkan penyakit dengan kuasa Tuhan apabila kita berdoa, walaupun bagi penyakit yang tidak dapat diubati.

Apakah Itu 'Bahasa-bahasa Baru'?

Apa yang dimaksudkan dengan 'bahasa-bahasa baru' di sini? Bercakap dalam bahasa lain adalah kurniaan Roh Kudus yang Tuhan mahu semua hambaNya terima (1 Korintus 14:5). Biasanya kita berdoa kepada Tuhan menggunakan bahasa sendiri. Ini adalah doa yang datang dari hati. Tetapi kadang kala kita berdoa dalam bahasa baru, yakni satu doa dari jiwa (1 Korintus 14:15). Apabila kita sedar yang kita berdosa, kita bertaubat dan menerima Yesus Kristus dalam hati, Tuhan menganugerahkan Roh Kudus sebagai kurniaan, dan dalam banyak kes, Dia memberikan kurniaan bercakap dalam bahasa baru, iaitu satu daripada kurniaan Roh Kudus. Apabila kita menerima Roh Kudus, jiwa yang telah mati disebabkan dosa pertama Adam, dihidupkan semula. Jika kita menerima kurniaan bercakap dalam bahasa baru, jiwa ini yang akan berdoa kepada Tuhan. Sebagai seorang Kristian, jika kita menerima kurniaan bercakap dalam bahasa baru dan berdoa, kita akan mendapat lebih banyak kuasa dalam doa, dan jiwa kita akan diperkaya.

Memandangkan saya penganut baru, saya berdoa sepenuh hati semasa sesi doa sepanjang malam, dan apabila saya mula berdoa dari jiwa, saya mula menyanyi dalam bahasa baru, dengan bantuan dan inspirasi Roh Kudus. Apabila saya memuji Tuhan dengan lebih mendalam menggunakan bahasa baru, kadang kala tangan saya akan terangkat sendiri dan saya akan menari tanpa disedari. Dari sini, apabila saya mula berdoa secara lebih mendalam, saya akan bercakap dalam bahasa baru. Bercakap dalam bahasa baru adalah doa yang amat berkuasa.

Ketika Saya Perintahkan Dengan Nama Yesus Kristus

Jangan Menduga Walaupun Tumbuhan

Bersyukurlah keajaiban Tuhan yang Yesus tunjukkan di dunia ini lebih 2,000 tahun lalu masih berlaku dengan cara yang sama untuk semua orang yang berdoa dengan penuh keimanan! Memandangkan saya penganut baru, dan masih tidak begitu mahir tentang Ajaran Tuhan, saya telah mengumpulkan banyak doa yang membolehkan saya menjalankan kerja-kerja Tuhan, seperti yang dijalankan oleh para nabi dan hawari. Pada waktu pembukaan gereja, mukjizat yang bersama orang-orang yang percaya telah pun mula berlaku.

Sejurus selepas pembukaan gereja pada 1982, kami mempunyai kira-kira 30,000 hingga 40,000 won (30 hingga 40 dolar AS) sebagai derma mingguan. Kami mahukan hiasan bunga di atas mazbah, tetapi kami tidak mempunyai seseorang yang mampu membuatnya atau wang untuk membeli bunga.

Tetapi pada bulan Ogos, seseorang membawa satu pasu berisi sebatang pokok kecil yang berdaun lebat. Walaupun kami tidak mempunyai hiasan bunga, kami ada pasu itu, dan ia amat cantik dan berharga. Tetapi selepas dua minggu, daun pokok ini bertukar kuning dan ia mula mati. Saya amat kesal kerana pokok kecil yang cantik ini mula mati. Jika Tuhan mampu menghidupkan orang mati, adakah Dia akan membalas doa saya jika saya berdoa untuk pokok ini? Dengan idea yang tumbuh dalam fikiran saya ini, saya meletakkan tangan pada pokok itu dan berdoa, "Hiduplah, atas nama Yesus Kristus!"

Keesokan harinya, apabila saya masuk ke dalam ruang suci untuk mengetuai doa subuh, daun-daun yang kekuningan telah bertukar hijau kembali. Sehari selepas itu, pokok ini kembali hidup dan mengeluarkan daun-daun hijau segar. Saya dan ahli gereja yang menyaksikan hal ini bergembira dan bersyukur kepada Tuhan. Saya amat gembira dan seronok apabila menyaksikan pokok yang hampir mati kembali hidup. Pada bulan September, sepasu pokok kekwa telah dihadiahkan kepada gereja. Melihatkan bunga yang cantik ini, saya mahu menguji sama ada bunga ini akan mati jika saya berdoa supaya ia mati. Semasa Yesus menyumpah pokok ara, ia mengering. Jadi, kalau saya berdoa dan menyuruh pokok kekwa ini mati, adakah ia akan mati?

Saya berdoa dan menyuruh bunga kekwa ini mati, hanya untuk mencuba. Tetapi dalam hati saya berasa gelisah. Apabila saya berdoa malam itu, saya mendengar Firman Tuhan menegur saya dengan keras, walaupun saya tidak menyumpah pokok itu.

"Wahai hambaKu, satu tumbuhan juga mempunyai nyawa dan ia dibesarkan oleh Tuhan, dan bagaimana mungkin kamu menyumpahnya? Kamu mahu menguji Aku? HambaKu,

kamu seorang yang jahat. Bertaubatlah. Kamu tidak boleh sesuka hati memberkati atau menyumpah. Kamu hanya boleh melakukannya jika Roh Kudus menggerakkan hatimu."

Saya sangat terkejut sehingga berpeluh-peluh. Saya terus berpuasa selama tiga hari dan benar-benar bertaubat. Sejak itu, walaupun ada orang yang menghukum, menyebarkan cerita palsu atau menyumpah saya, saya tidak membenci mereka atau berdoa dalam keadaan benci terhadap mereka. Seperti kata-kata Tuhan, saya berdoa untuk orang yang menghukum saya dan memberkati mereka dengan kasih sayang.

Tanggungjawab Misi Dunia

"Berserulah kepadaKu, maka Aku akan menjawab engkau dan akan memberitahukan kepadamu hal-hal yang besar dan yang tidak difahami, yakni hal-hal yang tidak kau ketahui" (Yeremia 33:3). Berpandukan ayat ini, saya banyak berdoa kepada Tuhan seperti Yakub di Sungai Jabbok. Sedang saya berdoa dan merintih serta berpuasa untuk menunjukkan ketaatan kepada Firman Tuhan, dan cuba mengamalkan hidup berdasarkan Firman ini, Tuhan memenuhi FirmanNya. Saya mendengar suara Tuhan, dan dari semasa ke semasa, saya dapat melihat perkara-perkara besar dan hebat. Kadang kala Tuhan memberitahu saya tentang apa yang akan berlaku dalam negara serta situasi dunia, sebelum ia berlaku. Pada waktu pembukaan gereja kami, Tuhan memberitahu kami bahawa melalui gereja ini, Dia akan mencapai misi dunia dengan jayanya, dan kami akan membina satu Ruang Besar Suci untukNya.

Memandangkan saya dipanggil dengan nama hambaNya, saya berdoa untuk menjadi hamba yang mampu menyebarkan ajaran kepada semua orang dan menyelamatkan banyak jiwa. Kemudian, Tuhan memberikan saya tanggungjawab menyelesaikan misi dunia, dan saya menerima Firman, *"Kamu akan menyeberang gunung dan sungai serta lautan serta melakukan mukjizat dan keajaiban."* Tuhan juga memberikan saya tugas untuk menyebarkan ajaran kepada kaum terpilih, Israel, pada hari-hari terakhir. Tuhan memberitahu saya bahawa ajaran ini akan kembali ke tanah asalnya, malah orang Yahudi yang tidak mengakui Yesus sebagai penyelamat mereka juga akan bertaubat.

Visi Membina Ruang Besar Suci

Selepas pembukaan gereja, kami mengadakan sesi penyembuhan dalam jemaah sepanjang malam Jumaat, dan Tuhan mengurniakan seorang ahli dengan keupayaan untuk melihat visi setiap minggu. Saya sendiri memastikan dengan setiap ahli, untuk menentukan sama ada kurniaan yang mereka terima adalah benar-benar dari Tuhan. Tuhan memberikan kita kurniaan Roh Kudus kerana ia berguna untuk kita, tetapi kadang kala, kita akan menerima sesuatu yang bukan kurniaan Tuhan tetapi kerja Syaitan, dan melihat sesuatu yang pelik. Itu sebabnya kita perlu membezakan roh ini dengan betul.

Suatu hari dalam bulan September 1982, Tuhan menunjukkan visi kepada 17 orang ahli tentang Ruang Besar Suci yang kami akan bina. Seorang ahli nampak bahagian bumbung, ada yang dapat melihat bahagian dalamnya, dan seorang lagi melihat bahagian belakang, dan ada yang dapat melihat tiang marmarnya yang indah. Bahagian tengah bumbung dapat dibuka dan membentuk tanda salib, supaya cahaya matahari dapat masuk. Bahagian mimbar Ruang Besar Suci ini terletak di tengah-tengah dan ia berputar dengan perlahan. Seorang ahli gereja melihat saya berkhutbah di atas mimbar dalam ruang yang dipenuhi manusia.

Mengumpulkan semua visi yang dilihat oleh ahli-ahli gereja, kami merujuk kepada pakar dan membentuk satu pandangan mata burung ruang besar ini. Malah sehingga kini, kami mempunyai gambar pandangan atas Ruang Besar Suci ini di halaman pertama buletin mingguan kami. Untuk memenuhi impian yang Tuhan berikan pada permulaan gereja ini, kami terus berdoa dengan penuh keimanan.

Tuhan menerangkan kepada kami mengapa Ruang Besar Suci ini diperlukan pada penghujung dunia dan bagaimana ia akan dibina. Ruang Besar Suci yang dibina supaya Tuhan mendapat kemuliaan ini tidak boleh dibina hanya disebabkan kami ada wang. Tuhan mahu Ruang SuciNya dibina melalui hambaNya yang mengasihi Tuhan sepenuh jiwa, yang berhati bersih dan suci.

Kebangkitan Pertama di Kampung Halaman

Pada Februari 1983, saya mengetuai kebangkitan pertama di kampung halaman saya. Ia diadakan di sebuah gereja di pekan Haeje Myeon, Muan Gun, Wilayah Jeonnam. Tetapi, ahli gereja itu sendiri tidak menghadirkan diri. Gereja ini dipenuhi oleh orang dari kampung yang berdekatan.

Sebenarnya ada cerita sedih di sebalik kejadian ini. Sebuah

gereja lain di kampung bersebelahan, yang merupakan gereja satu mazhab yang besar, telah menggoda ahli gereja ini dengan wang, dan kebanyakan ahli gereja mula berpindah ke gereja kampung sebelah. Paderi gereja ini mengadakan acara kebangkitan untuk memujuk ahli supaya kekal, tetapi ahlinya tidak bekerjasama, mereka malah tidak menghadirkan diri. Mereka tidak menghadiri majlis kebangkitan ini kerana paderi tidak menjemput seorang paderi kebangkitan yang terkenal, tetapi cuma menjemput seorang paderi yang belum dikenali dan belum ditahbiskan, bernama 'Jaerock Lee.'

Tuhan menunjukkan keajaiban dari sesi pertama lagi. Seorang wanita yang tidak mampu berjalan selama 10 tahun dan tidak boleh tidur malam kerana kesakitan yang mencucuk pada tulangnya, mendengar mesej yang disampaikan dan mendapat keimanan. Melalui doa, dia mula berdiri, bangun dan akhirnya berlari. Berita ini tersebar serta-merta di kawasan perkampungan ini, dan dari hari kedua, paderi dan ahli gereja datang dari jauh, sehingga 18 batu jauhnya. Perjumpaan kebangkitan diteruskan dengan gereja yang dipenuhi orang ramai, yang datang dari pelbagai tempat.

Ada seorang wanita tua yang bongkok sabut, sehingga 90 darjah. Dia sudah terbiasa berjalan sambil memandang ke tanah. Wanita tua ini menghidangkan saya, si penceramah, dengan minuman panas setiap kali jemaah subuh, siang hari dan malam, walaupun dalam cuaca sejuk. Saya sebenarnya tidak suka jenis minuman yang dia hidangkan, tetapi saya minum juga kerana memikirkan usahanya. Pada hari terakhir kebangkitan, belakangnya yang bongkok menjadi lurus sepenuhnya. Sebagai tambahan, ramai orang lain mengalami penyembuhan hasil kuasa Tuhan dan memuliakanNya. Waktu itulah ahli gereja ini menyedari keagungan Tuhan, dan mereka sedar yang mereka telah melakukan kesilapan. Mereka kemudiannya bertaubat di hadapan paderi mereka, dan menghadiri sesi kebangkitan yang seterusnya.

Mengarahkan Gas Karbon Monoksida Atas Nama Yesus Kristus

Pada waktu itu, kebanyakan rumah menggunakan briket arang sebagai sistem pemanasan. Pada musim sejuk, berlaku banyak kemalangan. Setiap hari, kami mendapat berita tentang orang yang meninggal dunia atau dimasukkan ke hospital akibat keracunan gas. Pada Februari 12, 1983, kami mengadakan jemaah sepanjang malam Jumaat, sehari sebelum Tahun Baru Cina. Bahagian bawah tanah bangunan pada masa itu digunakan sebagai kediaman saya. Di sini ada bilik tidur, ruang tamu, bilik tukang cuci dan pejabat.

Sebelum jemaah sepanjang malam Jumaat bermula, seorang lelaki muda bernama Suk-ki Park berfikir, memandangkan hari selepas jemaah ini adalah tahun Baru Cina, dia tidak mahu menghadiri jemaah hari Ahad tetapi mahu bertemu kawan-kawannya. Waktu itu, dia berasa mengantuk dan mahu tidur sebentar sebelum kembali ke jemaah. Dia pergi ke ruang bawah tanah, di tempat kediaman saya.

Dia hanya mahu berehat sebentar, tetapi dia tertidur dengan nyenyak sekali. Di dalam bilik di kediaman saya, ketiga-tiga anak perempuan saya yang masih kecil sedang tidur. Ruang suci yang hanya seluas 540 kaki persegi dipenuhi dengan lebih 150 orang ahli, jadi tiada ruang untuk kanak-kanak. Gereja dipenuhi dengan ahli yang menghadiri jemaah. Ada yang terpaksa masuk ke bilik doa kecil dan berdiri di atas tangga, di luar ruang suci.

Hari itu merupakan hari yang mendung, jadi gas karbon monoksida tidak dilepaskan dengan sepenuhnya ke luar. Memandangkan jemaah sepanjang malam Jumaat bermula pada jam 11 malam dan berakhir pada jam 6 pagi esoknya, lelaki muda ini dan ketiga-tiga anak perempuan saya telah terdedah kepada gas berbahaya ini selama lebih tujuh jam. Lelaki muda ini berkata yang dia terjaga sekali, tetapi disebabkan badannya sudah menjadi keras, dia tidak dapat bergerak. Selesai jemaah, apabila ahli gereja mula pulang, tukang cuci turun ke bawah dan menjadi saksi pertama kejadian ini. Dia menemui mereka dan menjerit, "Mereka dah mati!" Mendengar jeritannya, ahli yang berada dalam ruang suci berkumpul. Mereka mengangkat lelaki muda ini dan ketiga-tiga anak perempuan saya, yang sudah tidak sedarkan diri, naik ke ruang suci. Mata mereka telah bertukar putih, dan mulut mereka mengeluarkan buih.

Ketiga-tiga anak perempuan saya masih bernafas tetapi lemah, tetapi lelaki ini, Suk-ki Park, sudah tidak bernafas lagi. Badannya juga sudah keras. Dia sebenarnya sudah meninggal dunia. Saya sedar bahaya gas karbon monoksida, tetapi memandangkan saya tiada pengalaman begini sebelum ini, saya tidak fikir mereka dapat diselamatkan. Mustahil untuk membayangkan yang Tuhan akan menyelamatkan mereka melalui doa saya. Kalaupun mereka dibawa ke hospital dan berjaya diselamatkan, mereka akan mengalami kecederaan otak atau mental yang teruk, atau akan lumpuh seumur hidup.

Saya baru saja membuka gereja ini, dan jika seseorang

meninggal dunia akibat kemalangan sejurus selepas pembukaan gereja, bagaimanakah dapat saya teruskan usaha menyebarkan ajaran? Saya tidak sanggup menidakkan kemuliaan Tuhan jika sesuatu seperti itu berlaku. Saya naik ke mimbar dan berdoa, "Ya Tuhan, Engkaulah yang memberikan nyawa dan menariknya kembali. Saya berterima kasih kerana anak-anak perempuan saya kini berada bersamaMu di Syurga di mana tiada tangisan, kesedihan atau kesakitan. Tetapi anak muda ini adalah ahli gereja, dan jika dia mati, ia akan menjadi sesuatu yang menidakkan kemuliaanMu. Tolonglah kembalikan nyawa lelaki ini."

Selepas saya mengucapkan syukur kepada Tuhan dalam doa, ramai ahli lain melutut dan berdoa kepada Tuhan untuk menyelamatkan mereka. Saya mula-mula sekali pergi ke lelaki yang sudah meninggal ini, meletakkan tangan di atasnya dan berdoa, "Saya memerintahkan di atas nama Yesus Kristus, gas karbon monoksida, keluar! Ya Bapa, hidupkan jiwanya dan muliakan diriMu." Saya kemudiannya berdoa untuk setiap anak perempuan saya, seorang demi seorang. Selepas saya berdoa untuk lelaki ini, saya berdoa untuk anak perempuan saya yang paling kecil, Soojin. Semasa saya berdoa untuk anak saya, lelaki muda ini bangun dan duduk berdekatan kerusi koir. Dia nampaknya tidak tahu apa yang sedang berlaku kerana dia cuma ingat yang dia tidur di bilik bawah tanah tadi. Kemudian, apabila saya berdoa untuk anak saya yang kedua, anak saya yang ketiga, Soojin mula sedarkan diri dan duduk. Tidak sampai seminit selepas saya berdoa untuk ketiga-tiga orang anak saya, mereka semua sudah dapat duduk. Ahli gereja yang menyaksikan kejadian ini memuliakan Tuhan dengan emosi sepenuh jiwa. Lelaki muda ini kemudiannya menceritakan yang rohnya, yang telah meninggalkan jasad, memerhatikan apa yang berlaku dari atas. Dia juga melihat semasa tukang cuci mengangkat tubuhnya ke ruang suci dan semasa dia menerima doa daripada saya.

Gas karbon monoksida diketahui boleh membunuh sel otak, dan jelas sekali mereka sepatutnya telah mati selepas menghidu gas ini selama tujuh jam. Kalaupun mereka dihantar ke hospital dan berjaya diselamatkan, mereka akan mengalami kesan sampingan yang teruk. Walau bagaimanapun, Tuhan telah menyembuhkan mereka dan membersihkan mereka dari gas itu dan kesan sampingan lain, lelaki muda ini dan ketiga-tiga anak perempuan saya kekal sihat dan tidak mengalami apa-apa kesan sampingan. Apabila ujian sebegini dihadapkan kepada saya, saya bergantung hanya kepada Tuhan dan saya tidak terfikir langsung untuk bergantung kepada dunia. Selepas saya melalui ujian ini dengan rasa bersyukur, saya sedar bahawa Tuhan telah memberikan saya kuasa untuk mengawal dan memerintahkan benda bukan hidup sekalipun, seperti gas karbon monoksida.

Selepas itu, Tuhan mengajarkan saya bagaimana untuk mengeluarkan gas karbon monoksida. Gas ini mula-mula akan melumpuhkan sel otak dan kemudian saraf di seluruh tubuh, dan orang yang menghidu gas ini pertamanya akan pengsan, dan kemudian tubuhnya akan menjadi keras. Jadi, bagi orang yang mengalami keracunan gas, Tuhan mengajarkan saya untuk berdoa dengan berkata, "Saya memerintahkan atas nama Yesus Kristus, keluarlah dengan segera melalui lubang hidung, mulut, kedua-dua telinga dan melalui semua sel. Dengan cara ini, gas yang melumpuhkan seluruh tubuh akan mematuhi arahan untuk melepaskan tubuh dan keluar dengan segera."

Tidak kah Ada Sepuluh Yang Disucikan? Tetapi Yang Sembilan Berada Di Mana?

Saya Berdoa, dan Tuhan Tunjukkan Kepada Saya

Selama dua tahun pertama membuka gereja, saya melawat dan menjaga semua ahli saya sendiri. Jika ada ahli yang tidak menghadiri jemaah hari Ahad atau sedang mengalami kesusahan, saya berpuasa dan berdoa sepanjang malam untuk mereka, dan bertaubat sambil menangis bagi pihak mereka. Ramai ahli yang tinggal jauh dari gereja. Ramai juga yang hidupnya susah, dan ada yang sedang bankrap dan dalam kesusahan.

Sebelum jumlah ahli mencecah ratusan orang, saya dapat lihat siapa tidak menghadiri jemaah Ahad dengan sekali pandang sahaja. Saya berpuasa untuk ahli-ahli ini, dan jika saya tidak dapat pergi melawat mereka sendiri, saya hantarkan orang lain bagi pihak saya. Saya cuba untuk menjaga semua jiwa yang diamanahkan oleh Tuhan kepada saya.

Nasihat dengan Kasih sayang

Kadang kala saya memberi nasihat atau menunjukkan kesilapan mereka dengan cara penuh kasih sayang, dengan niat supaya mereka dapat berubah dan menambah keimanan. Apabila saya risaukan seorang ahli, dan jika saya berdoa untuknya selama 10 minit, Tuhan akan menunjukkan saya dan memberitahu apakah masalah yang dihadapi dengan keluarga atau di tempat kerja.

Suatu hari Ahad, seorang ahli yang tidak pernah tertinggal satu jemaahpun, tidak menghadirkan diri. Saya tidak berhenti-henti risau tentangnya. Saya berdoa, "Ya Tuhan, ahli ini tidak menghadiri jemaah hari Ahad. Apa yang berlaku kepadanya?" Tuhan menunjukkan yang dia berada di pub pada hari Ahad. Selepas beberapa lama, saya beritahu dia apa yang saya lihat kerana saya yakin dia tidak akan rasa tersinggung atau marah. Mukanya menjadi merah, namun dia mengakui hal ini.

Ada seorang ahli lain yang hanya menghadiri jemaah pagi, tetapi tidak kelihatan semasa jemaah petang. Dia juga salah seorang antara ahli yang tidak pernah ketinggalan hari Sabat. Apabila saya berdoa tentangnya, Tuhan menunjukkan yang dia minum semasa majlis kenduri perkahwinan. Selepas beberapa hari, saya memberitahunya, "Ada orang yang memakai baju sekian-sekian warna mendesak kamu minum beberapa kali. Kamu menolak beberapa kali, tetapi akhirnya mengalah dan minum." Wajahnya bertukar merah dan dia amat malu.

Tetapi, dalam insiden seperti ini, saya dapat rasakan bahawa ahli yang melakukan dosa semakin takut dan cuba menghindari saya. Memandangkan saya dapat melihat mereka melakukan dosa, menipu serta melakukan tindakan sumbang, saya berasa patah hati dan berdoa kepada Tuhan sambil menangis.

Suatu hari semasa berdoa, saya mendengar Tuhan berkata kepada saya,

"Jangan lihat keadaan ahli-ahli kamu sekarang. Pandanglah mereka dengan pandangan keimanan dan dengan harapan yang mereka akan berubah pada masa hadapan. Jika mereka menipu kamu, dengar sahaja dan jangan cuba menyelidik dengan lebih mendalam... Jika kamu melihat keadaan mereka sekarang, kamu akan patah hati, jiwa kamu akan merana dan kamu akan jatuh sakit, lalu kamu tidak akan dapat melaksanakan tugas-tugas lain."

Sejak itu, saya meletakkan segala-galanya di tangan Tuhan dan berhenti berdoa untuk mengetahui tentang apa yang dilakukan oleh ahli gereja saya.

Orang ramai yang datang ke gereja dari seluruh negara, bukan hanya datang untuk penyembuhan, malah ada juga yang mencari Panduan hidup dengan keinginan rohani yang mendalam. Ada ramai penganut yang taat kepada Tuhan dan menghambakan diri kepada Tuhan, dan menunggu ganjaran di syurga, selepas masalah mereka selesai dan mereka telah disembuhkan, manakala ada juga yang kembali ke dunia luar dan mencari kesenangan sendiri.

Membuang Patung dan Masuk ke Dalam Cahaya

Kyeongsoon Park datang dari keluarga yang menyembah

patung sebelum dia mula pergi ke gereja. Ibu mertuanya mempunyai anak perempuan yang mempunyai masalah mental, dan si ibu melakukan sekurang-kurangnya satu upacara menghalau syaitan setiap bulan untuk menyembuhkan anaknya.

Ibu ini juga meletakkan banyak tangkal dan pendinding di atas perabot, dalam bantal, malah ada yang dilekatkan di siling. Dia meletakkan barang-barang ini di seluruh rumah.

Tidak lama selepas pembukaan gereja, saya melawat rumah ini untuk satu jemaah berdoa di rumah, dan saya dapat melihat bentuk-bentuk makhluk jahat ini, dan berkata kepadanya, "Saya pasti masih ada tangkal yang disimpan di rumah ini." Dia bertegas, "Tidak, paderi. Saya dah mencari di serata rumah dan membuang semua tangkal." Sekali lagi saya beritahu dia, "Ada syaitan di rumah ini yang tidak mahu keluar. Tentu masih ada lagi tangkal. Cari dan bakar kesemuanya."

Apabila Kyeongsoon Park mencari seluruh kawasan rumah sekali lagi, dia menjumpai beberapa lagi tangkal. Semua ahli keluarga ini membuang semua tangkal, mendaftar di gereja dan menjalani kehidupan yang baik menurut ajaran Kristus. Kyeongsoon Park disembuhkan dari penyakit jantung yang dihidapinya sekian lama. Ibu mertuanya juga disembuhkan dari penyakit usus.

Seorang Lelaki Muda yang Menghidap Tuberkulosis Tahap Akhir

Waktu itu ramai orang menghidap tuberkulosis paru-paru. Daehee Cho dari Kwangju pernah menghidap tuberkulosis semasa di sekolah menengah. Dia mengambil ubat dari pusat kesihatan awam dan sembuh dari penyakitnya, tetapi apabila di kolej, dia mula minum dan merokok, dan penyakit itu kembali. Namun apabila ia kembali, dia mengambil ubat tetapi tidak sembuh. Ibunya memberikan semua ubat yang dikatakan 'boleh menyembuhkan' untuk anaknya. "Ubat-ubatan" ini termasuklah ular, kucing, hati mentah, cecair kumuh manusia, malah ubat untuk pesakit kusta. Mereka juga melakukan upacara semah, memberinya makan uri, mengambil daging dari tanah perkuburan dan memberinya makan kerana ada orang menyatakan yang ia 'bagus dijadikan ubat.'

Pada Januari 1982, dia didiagnos di Hospital Pemutusan di Universiti Yonsei. Paru-parunya telah rosak sepenuhnya dan tiada harapan untuk disembuhkan. Dia dimasukkan ke hospital, tetapi dia tidak dapat disembuhkan. Ibunya telah berputus asa dan mahu membawanya pulang ke rumah. Pada waktu ini, seorang nenek dalam keluarganya datang melawatnya. Wanita tua ini tinggal berdekatan Gereja Manmin. Walaupun dia tidak pernah datang ke gereja, dia melihat ramai orang sakit yang datang dan mendapat penyembuhan. Dia melihat mereka pulang ke rumah dengan tubuh badan yang sihat. Itu sebabnya dia mendesak cucunya ini untuk pergi ke Gereja Manmin. Pada 13 Mac 1983, Daehee Cho menghadiri jemaah sepanjang malam Jumaat. Dia berasakan yang ini adalah harapan terakhirnya. Badannya sangat kurus sehingga matanya terjojol keluar.

Dalam situasi ini, dia hadir ke perjumpaan untuk orang sakit setiap hari bersama ibunya, dan dia berpuasa selama tiga hari. Pada hari ketiga puasa, Tuhan memberikannya roh untuk bertaubat, dan dia bertaubat dengan sepenuh hati sebanyak tiga kali. Pada hari ke-13 dia datang ke gereja ini, Daehee Cho yakin yang dia telah disembuhkan. Selepas jemaah doa subuh, dia pergi ke tandas dan meludah. Memang tiada darah langsung.

Sehingga semalam, dia masih lagi mengeluarkan darah setiap kali meludah. Tetapi pada hari itu, tiada darah langsung semasa dia meludah. Kesakitan mencucuk-cucuk di dadanya juga hilang, dan tiada lagi kahak atau darah. Selepas itu, dia mendapat seruan untuk menyebarkan ajaran, dan kini sedang berkhidmat sebagai pembantu paderi di sebuah gereja.

Saya Berdoa Untuk Penyembuhan Semua Pesakit

Dahulunya, apabila pesakit datang ke gereja, saya berdoa supaya mereka disembuhkan serta-merta. Saya fikir cara terbaik adalah supaya mereka mengalami sendiri rahmat Tuhan dan melepaskan mereka dari belenggu penyakit. Saya cuma berdoa, "Ya Tuhan sembuhkanlah semua pesakit, kali pertama mereka datang ke datang ke sini." Tuhan membalas semua doa-doa saya. Mana-mana pesakit yang datang ke gereja ini disembuhkan serta-merta. Tetapi kemudiannya, saya sedar bahawa ini tidak akan menyelamatkan mereka, dan penyelamatan merupakan perkara paling penting. Ramai antara mereka yang melupakan Tuhan selepas mereka sembuh.

Dahulu, ada sepasang suami isteri yang menghadiri jemaah sepanjang malam Jumaat. Mereka memberitahu saya yang si suami mengalami kecederaan tendon dalam satu kemalangan jalan raya. Dia tidak dapat berjalan dengan baik, dan dia berada dalam kesakitan yang amat teruk sehingga tidak mampu duduk semasa menghadiri jemaah. Roh Kudus menjelma dan saya meletakkan tangan pada si suami. Sejurus selepas berdoa, dia terus berdiri dan melompat. Tetapi selepas itu, dia hanya hadir ke gereja sebanyak dua kali, dan kemudian tidak lagi.

Seorang paderi dari gereja melawatnya, dan dia berkata, "Tidak cukupkah saya datang ke gereja sebanyak dua kali, dengan rasa syukur kerana telah disembuhkan? Ada sesiapa yang akan berikan saya wang kalau saya hadir ke gereja?" Dan dengan itu dia tidak lagi datang ke gereja. Dia berasakan tidak perlu lagi menghadiri gereja kerana dia sudah sihat. Jika Tuhan tidak menyembuhkannya, dia tidak akan dapat pergi bekerja. Tuhan memberikannya kehidupan dan rahmat, serta menyembuhkannya, tetapi kerana dia tidak mempunyai roh keimanan dalam diri, dia hanya mencari manfaat untuk diri sendiri.

Ada pula satu pasangan suami isteri yang anaknya lahir tidak cukup bulan, pada bulan ketujuh. Bayi ini dimasukkan dalam inkubator selama tiga bulan, tetapi kesihatannya tidak bertambah baik. Doktor menyatakan yang tiada harapan untuk bayi ini hidup. Bapanya pernah berkata, "Apabila anak kami mencapai usia setahun, kami akan mengadakan majlis dan menjemput semua orang di gereja untuk hadir." Ibu bapa ini sedar yang sains perubatan tidak dapat membantu anak mereka, lalu mereka membawanya ke gereja. Bayi ini menerima doa dan disembuhkan, dan menjadi sihat walafiat dalam masa 15 hari.

"Paderi, terima kasih banyak. Pada ulang tahun pertama bayi kami, saya akan menjemput kamu dan semua ahli gereja dan akan mengadakan majlis yang besar."

"Okey, boleh juga."

Bapa si bayi amat gembira ketika itu kerana anaknya telah pulih, dan dia sendiri yang bercadang untuk mengadakan majlis.

Tetapi dia mula tidak hadir ke jemaah Ahad di gereja, dan apabila hari ulang tahun pertama bayi tiba, dia mengadakan majlis tetapi hanya menjemput sanak-saudara dan rakan-rakan lain yang bukan ahli gereja.

Seorang lelaki muda dari Gang-won Do sihat tubuh badan, tetapi dia mempunyai sikap suka menunjuk-nunjuk dan berlagak. Tetapi semasa dia mendengar mesej yang disampaikan di gereja, dia mendapat hidayat dan bertaubat. Apabila saya berdoa untuk lelaki ini, untuk menghalau syaitan dalam tubuhnya, mulutnya mula berbuih dan dia jatuh ke lantai. Setelah syaitan dikeluarkan dari tubuhnya, dia bertukar menjadi seorang lelaki yang bersikap sederhana. Tetapi dia kembali ke gereja lamanya, dan tidak kelihatan lagi di gereja ini.

Seorang wanita tua kehilangan deria penglihatannya, dan dia hampir-hampir buta. Setelah mendengar cerita tentang gereja kami, dia datang bersama ahli keluarganya, dan penglihatannya dipulihkan. Tetapi tidak lama selepas dia pulih, mereka meninggalkan gereja ini.

Jangan Lagi Melakukan Dosa

Dalam Yohanes 5:14, selepas menyembuhkan seorang pesakit, Yesus menemuinya di kuil dan berkata kepadanya, *"Sesungguhnya kamu telah disembuhkan; jangan melakukan dosa lagi, supaya tiada perkara lebih buruk berlaku kepadamu."*
Memandangkan mereka telah sembuh dengan kasih sayang dan kuasa Tuhan, mereka kini sepatutnya hidup berlandaskan

Ajaran Tuhan dan patut bersyukur dengan rahmat yang diberikan. Jika mereka melakukan dosa lagi, bagaimanakah Tuhan dapat melindungi mereka? Kerana Tuhan memalingkan wajahNya dari mereka dan tidak dapat melindungi mereka, mereka menghidap semula penyakit disebabkan kerja Syaitan, dan kerana mereka melupakan rahmat Tuhan, mereka mendapat penyakit yang lebih teruk dari yang sebelumnya.

Bagaimana Kita Dilindungi Jika Kita Hidup Berpandukan Ajaran

Satu insiden berlaku pada November 1982. Waktu itu kami mengadakan jemaah sepanjang malam Jumaat dan ia berterusan sehingga jam 6 pagi. Sejurus selepas tengah malam, sepasang suami isteri masuk ke ruang suci membawa seorang kanak-kanak perempuan berusia kira-kira lima tahun. Dia menangis kerana tidak mampu menahan kesakitannya. Dia tinggal di Busan, dan telah disahkan menghidap kanser pankreas kronik dan tidak dapat disembuhkan.

Doktor cuba membedahnya, tetapi tidak dapat berbuat demikian kerana tumornya terlalu besar. Tambahan pula, tumor ini berada di dalam perut dan berbahaya untuk dijahit. Doktor terpaksa meletakkan wayar khas seperti benang pada perutnya. Keadaan anak ini amat mengerikan.

Nama gadis kecil ini ialah Wonmi. Dia mengambil morfin beberapa kali sehari. Itu sahaja caranya untuk dia menahan kesakitan. Wonmi yang bergantung kepada topeng oksigen ini tiada harapan untuk hidup lama. Makciknya, iaitu adik kepada bapanya, memujuk ibu bapanya dengan berkata, "Abang, ada sebuah gereja di Seoul yang penuh dengan rahmat Tuhan.

Mari kita ke sana dan biarkan dia menerima doa. Tuhan akan menyembuhkan Wonmi." Ibu bapanya telah putus asa tidak lagi berharap, jadi mereka menurut sahaja kata-kata makciknya. Mereka membawa Wonmi ke gereja ini di Seoul.

Saya berdoa untuk anak ini selama 15 hari. Apabila dia menerima doa buat kali pertama, kesakitannya hilang. Selepas dua hari, kerja penyembuhan dapat dilihat dengan mata kasar. Kesakitan telah hilang, dan perutnya yang bengkak kembali normal. Kemudian, ibu bapanya mula mendapat keimanan. Saya menasihatkan mereka untuk membuka wayar di hospital, tetapi mereka tidak pergi ke hospital dan membukanya sendiri berbekalkan keimanan mereka. Yang menakjubkan, dalam masa dua hari sahaja, Tuhan telah menyembuhkan dan menutup luka itu.

Wonmi berada di ambang maut dengan kesakitan yang dahsyat, tetapi dia telah disembuhkan dalam masa 10 hari. Dia belajar lagu-lagu keagamaan dan tarian di sekolah Ahad, dan dia menyanyi dan menari bersama kawan-kawannya. Orang yang melihatnya amat gembira menyaksikan perkembangannya. Dia anak yang pintar, dan disayangi ramai ahli gereja.

Mereka tinggal di gereja selama 15 hari untuk menerima doa, dan kemudian mereka pulang ke rumah. Apabila saya berdoa untuk ibu bapanya, Tuhan berkata kepada saya.

"Apabila mereka pulang, mereka mesti mematuhi 10 Perintah, dan anak mereka akan membesar dengan sihat. Jika mereka tidak mematuhi 10 Perintah ini, Tuhan akan memalingkan wajahNya."

Saya beritahu mereka, "Kamu mesti mengamalkan Sabat, memberi derma, dan menjalankan perintah Tuhan. Ibu bapa kamu mesti mematuhi 10 Perintah supaya anak sentiasa sihat."
Bapa Wonmi berkata, "Terima kasih paderi! Sudah tentu kami akan melakukannya. Dan saya lihat gereja ini masih belum ada bas yang besar. Apabila saya pulang ke rumah, saya akan menghantar sebuah bas besar untuk gereja."
Tetapi tak lama selepas itu, saya dengar yang anaknya telah meninggal dunia. Selepas mereka pulang ke rumah, ibu bapa Wonmi pada mulanya selalu hadir ke gereja. Tetapi selepas beberapa lama, mereka mula melupakan hari suci Tuhan. Tetapi syukurlah memandangkan roh Wonmi telah diselamatkan dan dia akan hidup selama-lamanya dalam kerajaan Tuhan, di mana tiada tangisan dan tiada kesedihan.

Tuhan Menyembuhkan Mereka Berdasarkan Keimanan Mereka

Seperti waktu mula-mula berdakwah, saya amat patah hati melihat orang yang melupakan rahmat Tuhan, meninggalkan gereja dan kembali ke duniawi.

"Ya Tuhan Bapa, mereka telah menemuiMu, mengalami hasil kerjaMu, dan telah disembuhkan, bagaimanakah mereka boleh meninggalkan Engkau begitu sahaja?" Saya menangis dalam doa dengan hati yang terluka, dan pada suatu hari saya mendengar suara Tuhan.

"Wahai hambaKu, apabila Aku menyembuhkan 10 pesakit kusta, sembilan dari mereka pergi dan hanya

seorang yang kembali untuk memuliakan Tuhan. Dan sama juga, apabila kamu meminta Bapa menyembuhkan mereka dengan keimanan kamu, jika mereka tidak mempunyai kebenaran dan keyakinan dalam hidup, mereka akan lupakan kemuliaan Tuhan dan meninggalkan gereja. Oleh itu, mereka tidak akan pergi sekiranya mereka mendengar Ajaran dan mempunyai keimanan. Kemudian, setelah mereka disembuhkan berdasarkan keimanan sendiri, mereka tidak akan meninggalkan gereja. Disebabkan kamu berdoa, Aku menyembuhkan mereka melalui kuasa kamu, tapi sekarang tukarlah kandungan doa. Kamu harus berdoa supaya mereka disembuhkan berdasarkan keimanan mereka."

Matlamat utama menjalani kehidupan Kristian adalah supaya roh kita diselamatkan dan untuk kita menyertai kerajaan syurga. Jadi penting untuk kita ketahui kehendak Tuhan dan mempunyai keimanan untuk membolehkan kita memasuki kerajaan syurga. Apabila Yesus menyembuhkan 10 pesakit kusta, hanya seorang yang kembali kepada Yesus dan memuliakan Tuhan (Lukas 17:11-19). Yang sembilan lagi meninggalkan Tuhan dan kembali ke dunia. Hanya seorang yang diselamatkan.

Orang datang ke gereja kerana mereka mempunyai penyakit atau masalah lain, tetapi apabila mereka menyertai jemaah sembahyang, mendengar mesej yang disampaikan, dan mengetahui kehendak Tuhan, mereka mendapat keimanan dan kehidupan. Adalah kehendak Tuhan untuk menyembuhkan mereka apabila mereka menerima Roh Kudus, mempercayai Syurga dan Neraka, dan mempunyai keimanan untuk diselamatkan. Jika mereka disembuhkan tanpa mempunyai keimanan, kecuali orang yang mempunyai hati nurani, kebanyakan daripada mereka akan kembali ke dunia lama. Akhirnya, mereka tidak akan diselamatkan. Jadi sejak itu, saya mengubah doa saya dan berkata, "Ya Tuhan, sembuhkan mereka berdasarkan keimanan mereka." Tuhan menunjukkan kerja penyembuhanNya apabila mereka menunjukkan keimanan.

Keimanan yang Mengawal Cuaca

Pada 1 Ogos 1983, kami menganjurkan perkumpulan musim panas pertama di Pulau Daebu berdekatan Inchon. Tetapi, pada malam sebelum perkumpulan bermula, hujan turun dengan lebat disertai guruh dan petir. Feri untuk ke Pulau Daebu hanya membuat perjalanan sekali sehari. Saya bertanyakan Tuhan, "Ya Tuhan, bagaimanakah kami dapat pergi ke tempat perkumpulan dalam hujan begini? Tolong berhentikan hujan!"

Kami dijadualkan bertolak pada jam 5 pagi dari gereja, jadi beberapa orang pelajar yang tinggal jauh dari gereja, tidur di ruang suci malam itu. Saya mahu tidur sebentar di kediaman saya, tetapi saya tidak dapat tidur disebabkan bunyi bising ribut ini. Saya cuma mampu berbaring tanpa dapat melelapkan mata. Saya terus berdoa di dalam hati dan pada kira-kira jam 3 pagi, saya mendengar suara Roh Kudus memberitahu saya supaya jangan risau. Saya pergi ke ruang suci untuk mengetuai jemaah doa pada jam 4 pagi, dan terdapat beberapa orang ahli dewasa di sana. Selepas jemaah doa subuh, jam menunjukkan 4:55 pagi, tetapi ribut semakin menggila. Kilat dan petir sabung-menyabung, dan hujan lebat menampar daun tingkap.

Saya berkata, "Mari kita berdoa supaya hujan ini berhenti!"

Memandangkan mereka telah menyaksikan banyak mukjizat dan keajaiban berlaku dalam jemaah sepanjang malam Jumaat, para pelajar dan ahli dewasa mempunyai keyakinan yang tinggi. Ahli-ahli yang berada di ruang suci berdoa dengan khusyuk selama beberapa minit, tetapi petir dan guruh masih tidak reda.

Saya katakan kepada mereka, "Jangan risau. Ambil beg kamu dan turun ke tingkat satu. Apabila salah seorang dari kamu memijak kaki ke tanah, hujan akan berhenti!"

Apa yang saya katakan dengan berani, disambut semua orang dengan 'Amin.' Mereka berdiri dan turun ke tingkat satu. Apabila orang pertama memijakkan kaki ke tanah, hujan lebat berhenti serta-merta, dan ribut serta petir juga berhenti. Melalui pengalaman ini, Tuhan memberikan kami keimanan yang bertambah sebagai hadiah.

Menerima Penerangan Petikan-petikan Sukar dan 'Pesanan Salib'

Selepas gereja dibuka, saya dijemput berucap dalam banyak perjumpaan kebangkitan. Saya menyebarkan Ajaran untuk menanam keimanan dalam setiap yang hadir, untuk memberikan mereka peluang untuk memahami kasih sayang Tuhan. Apabila saya berdoa untuk orang sakit, ramai dari mereka disembuhkan. Orang yang tempang mampu berjalan dan yang buta mampu melihat. Banyak mukjizat telah berlaku. Tuhan juga memberitahu saya apa yang perlu dikatakan dalam perjumpaan kebangkitan itu. Saya berdakwah tentang Yesus Kristus, Tuhan Bapa, keimanan sebenar dan kehidupan abadi, keajaiban, kebangkitan semula, Kedatangan Kedua Yesus, dan tentang kerajaan syurga.

Perjumpaan ini biasanya berlangsung dari Isnin hingga Khamis. Ia bermula pada jam 6 petang, dan pada kira-kira jam 7:30 petang, mesej akan mula disampaikan. Saya lazimnya akan teruskan sehingga jam 11 malam atau tengah malam, kerana paderi dan para hadirin mahukan saya meneruskan khutbah. Selepas setiap sesi malam, saya akan tidur selama dua jam dan akan mengetuai jemaah subuh. Pada 1983, saya menjelajah ke seluruh negara untuk berkhutbah di perjumpaan kebangkitan. Suatu hari, Tuhan menyuruh saya berhenti berucap di perjumpaan kebangkitan, dan pergi ke kawasan pergunungan untuk berdoa.

Dia mahu menerangkan kepada saya tentang ayat-ayat suci Injil yang sukar untuk ditafsirkan. Saya telah berdoa untuk menerima penerangan tentang ayat-ayat yang sukar difahami ini selama 7 tahun, dan akhirnya saya menerima jawapan dari Tuhan. Jadi, dari Mei 1983, saya berhenti berkhutbah di perjumpaan kebangkitan, dan saya pergi ke Gunung Doa Kwangju di Kwangju, Wilayah Gyeong-gi. Selepas jemaah malam Ahad, saya akan ke sana untuk berdoa sepanjang hari, dan pada hari Jumaat saya akan kembali ke gereja untuk mengetuai jemaah sepanjang malam Jumaat. Gaya hidup ini berterusan selama beberapa tahun.

Menderita dalam Musim Sejuk dan Musim Panas

Pada musim panas, cahaya matahari amat terik dan pada musim sejuk, suhu akan turun hingga -10 hingga -15 darjah Selsius (kira-kira +10 Fahrenheit). Tetapi saya hanya membentangkan sehelai selimut askar di atas batu dan terus berdoa ke arah syurga. Walaupun semasa musim sejuk, saya akan naik ke gunung, dan saya akan berdoa sepanjang hari sehingga malam. Saya menderita dalam cuaca sejuk sepanjang hari. Jika suhu turun melebihi -10 darjah Selsius, saya tidak akan berpeluh langsung walaupun saya menggunakan segala kekuatan untuk berdoa.

Disebabkan tiada wang, saya tidak mampu mempunyai tempat penginapan yang hangat dan selesa. Saya cuma menggunakan satu briket arang sehari untuk memanaskan diri. Udara di dalam bilik amat sejuk. Tingkap kertasnya telah koyak dan angin sejuk masuk ke bilik. Saya mempunyai dakwat yang digunakan untuk menulis penerangan yang diberikan Tuhan tentang ayat-ayat Injil yang sukar difahami. Bilik itu amat sejuk sehingga dakwatpun membeku. Saya perlu mencairkannya semula supaya saya dapat menulis. Saya tidak mempunyai selimut yang sesuai, dan saya lazimnya tidak dapat tidur nyenyak dengan hanya sehelai selimut askar. Saya akan bangun awal pagi dan pergi ke ruang suci untuk menghadiri jemaah subuh. Selepas sarapan, saya akan naik ke gunung dan berdoa sepanjang hari.

Penjelasan tentang Ayat Injil yang Sukar dan Mengandungi Banyak Makna

Kadang kala, saya akan pecahkan ais dan membersihkan diri dengan air sejuk ini, dan meneruskan berdoa dan membaca Injil sepanjang hari. Pada jam 7 malam, orang ramai akan menghadiri jemaah malam, jadi suasana sepi. Waktu itu saya akan masuk ke sel doa dan berdoa dengan khusyuk sambil berpeluh-peluh. Tuhan menerangkan kepada saya tentang ayat-ayat Injil yang saya baca waktu siang tadi. Dia menerangkan kepada saya dari mula, ayat-ayat Injil yang sukar untuk saya fahami, dan pengalaman ini lebih manis daripada madu. Terutamanya, saya mula memahami kehendak Tuhan yang tidak terbatas dalam setiap ayat tersebut. Mari kita teliti satu ayat, antara ayat-ayat lain yang sukar difahami, tetapi telah diterangkan oleh Tuhan kepada saya. Dalam Yohanes bab 2, Yesus menghadiri majlis perkahwinan di Kana dan menghasilkan wain dari air. Lazimnya, orang yang hadir ke majlis perkahwinan akan minum dan menjadi mabuk. Kita tertanya-tanya apa sebabnya Yesus, yang datang untuk menyelamatkan semua manusia, menghadiri majlis perkahwinan begini dan menunjukkan tanda atau mukjizat pertamaNya.

Majlis perkahwinan ini menandakan akhir zaman bagi orang yang makan dan minum dan hidup dalam maksiat. Mukjizat pertama Yesus secara simboliknya membayangkan permulaan dan pengakhiran dakwah Yesus. Yesus dijemput ke majlis perkahwinan di Kana, dan ini bermakna apabila orang-orang jahil ini menjemput Yesus, mereka mahu menyalibNya. Dia membenarkan mereka menyalibNya, dan akhirnya Dia disalib. Air melambangkan air kehidupan abadi (Yohanes 4:14), dan air ini adalah Firman Tuhan yang memberikan kehidupan abadi. Firman ialah Yesus Kristus, yang datang ke dunia ini dalam bentuk manusia. Wain pula melambangkan darah Yesus yang berharga. Ia melambangkan yang Yesus, Firman Tuhan yang datang ke dunia dalam bentuk manusia, akan disalib pada tiang dan menumpahkankan darahNya yang berharga pada masa hadapan. Yesus yang turun ke dunia yang dipenuhi dosa akan menyerahkan tubuh suciNya ke palang salib dan menumpahkan semua darahNya dan air. Ayat ini menunjukkan kita kasih sayang Tuhan.

Menukarkan air menjadi wain bermakna darah Yesus yang akan tumpah di tiang salib akan menjadi darah yang memberikan kehidupan abadi. Wain yang Yesus hasilkan di majlis perkahwinan adalah jus anggur sejati yang tidak mempunyai apa-apa bahan yang boleh membuatkan orang mabuk. Orang yang merasai wain yang dihasilkan daripada air juga menyatakan yang ia wain yang bagus. Ia melambangkan yang orang ramai akan gembira apabila dosa-dosa mereka dihapuskan dengan meminum darah Yesus, dan mempunyai harapan untuk kerajaan syurga.

Akhir sekali, dikatakan, *"Hal itu dibuat Yesus di Kana yang di Galilea, sebagai yang pertama dari tanda-tandaNya dan dengan itu Dia telah menyatakan kemuliaanNya, dan murid-muridNya percaya kepadaNya"* (Yohanes 2:11). Di sini, 'menyatakan kemuliaanNya' berkaitan dengan Empat Kisah Kitab Injil yang menyatakan Yesus akan disalib, tetapi pada hari ketiga selepas dikebumikan Dia akan bangkit dari kematian untuk menunjukkan kemuliaan Tuhan. Oleh itu, satu ayat ini membawa maksud yang mendalam.

Para hawari berbelah bahagi semasa Yesus disalib, dan walaupun orang yang telah melihat Yesus yang hidup semula memberitahu mereka perkara ini, mereka masih tidak percaya. Mereka hanya mempercayai khabar ini apabila mereka melihat sendiri Yesus yang dibangkitkan semula. Para hawari mempunyai keyakinan terhadap Yesus, bukan selepas mereka menyaksikan mukjizat pertama, tetapi mereka beriman apabila Yesus menunjukkan kemuliaanNya semasa Dia disalib, melawan cengkaman maut, dan dibangkitkan semula. Melalui mukjizat pertama yang Yesus tunjukkan kepada kita, kita sedar bahawa mukjizat ini bukan sekadar untuk membantu meraikan majlis perkahwinan dalam dunia fizikal ini.

'Pesanan Salib,' Rahsia yang Tersembunyi Sejak Sebelum Permulaan Waktu

Apabila saya mula memahami rahmat dan kasih sayang Tuhan semasa membaca Empat Kisah Kitab Injil yang menceritakan tentang riwayat Yesus, saya tidak dapat meneruskan pembacaan kerana hidung saya berair dan saya banyak menangis. Saya akan mula menangis pada babak semasa Yesus berdiri di mahkamah Pilatus. Apabila membaca tentang Yesus yang disebat, memakai mahkota duri di kepalaNya, dan disalib, saya menangis untuk jangka masa yang lama. Saya tidak mampu menghentikan tangisan, dan terpaksa menutup Kitab Injil.

Walaupun saya cuba mengawal perasaan, saya mengambil masa beberapa hari untuk selesai membaca Empat Kisah Kitab Injil ini. Selama bertahun-tahun selepas membuka gereja, apabila membaca Kitab Injil, saya akan mengalirkan air mata. Saya juga hanya dapat melaksanakan Perjamuan Suci apabila tangisan dapat dikawal sedikit. Namun selepas itu, saya berjaya mengawal tangisan apabila saya benar-benar memahami betapa bersyukurnya kita semua dan betapa ia merupakan satu rahmat di mana Yesus disalib, kerana inilah jalan penyelamatan untuk kita. Saya kini dapat membaca Kitab Injil dan melaksanakan Perjamuan Suci dengan hati yang gembira dan penuh kesyukuran. Apabila saya menerima 'Pesanan Salib,' yang Tuhan ajarkan kepada saya melalui inspirasi, saya memahami dengan lebih mendalam kasih sayang Tuhan.

Pada tahun 1983, semasa saya berdoa di Gunung Doa Kwangju, Tuhan juga menerangkan kepada saya tentang 'Pesanan Salib.' Dia menerangkan kepada saya mengapa Yesus merupakan satu-satunya Penyelamat kita, mengapa kita akan diselamatkan apabila kita yakin bahawa Dia adalah Penyelamat, dan mengapa Tuhan meletakkan pokok pengetahuan baik dan jahat, serta mengapa Tuhan menciptakan manusia di muka bumi ini. Tuhan menerangkan kepada saya tentang 'Pesanan Salib' yang merupakan rahsia yang tersimpan sejak permulaan waktu. Tuhan juga menunjukkan dan menerangkan kepada saya tentang dunia ghaib yang dicatatkan dalam Buku Kejadian. Tuhan membantu saya untuk benar-benar memahami dan mencatat dengan teliti semua makna dan cara kita dapat bersatu dengan lumrah rohani melalui 'Sembilan Buah-buahan Roh Kudus,' 'Kerahmatan,' dan 'Kasih Sayang Kerohanian.'

Bagaimana Saya Dapat Menyebarkan Ajaran kepada Semua Manusia?

Jika saya berdoa di satu tempat untuk jangka masa yang lama, berita akan tersebar dan orang ramai akan datang untuk menerima doa saya. Memandangkan lebih ramai orang mengenali saya sekarang, saya terpaksa berpindah ke tempat lain. Untuk berkomunikasi dengan Tuhan dalam doa, sama seperti yang dicatatkan oleh hawari Yohanes dalam Buku Wahyu di Pulau Patmos, saya juga memerlukan tempat sunyi yang jauh dari dunia sekular.

Jadi saya pergi ke sebuah tempat di Wilayah Gang-won, dan Jochiwon. Apabila saya berdoa dalam hari-hari musim panas tanpa kipas, saya dibasahi peluh namun saya tidak rasakan apa-apa ketidakselesaan dan tidak merungut.

Saya ada dua soalan: "Bagaimanakah dapat saya membantu orang ramai memahami kehendak Tuhan yang sebenarnya dan memberikan mesej kerohanian kepada mereka, dan saya dapat membajai kerohanian mereka supaya mereka mempunyai keimanan yang sempurna?" dan "Bagaimana saya dapat berdoa lebih banyak lagi dan menerima kuasa Tuhan, seperti yang ditunjukkan oleh para nabi dan hawari, supaya saya dapat mencapai misi besar dunia dan membina Ruang Besar Suci?" Saya memberikan tumpuan sepenuhnya terhadap matlamat ini, sehingga saya tidak mempunyai ruang untuk berfikir tentang perkara-perkara lain.

Pada Mei 1984, saya bakal menyambut hari jadi saya dalam masa dua hari. Paderi Besar Geumsun Vin, yang waktu itu merupakan Pengarah Biro Editorial di Urim Books, mencadangkan saya tinggal di rumah saudaranya di Wilayah Gang-won, dan saya berdoa di situ buat beberapa lama. Untuk sampai ke sana, saya terpaksa menaiki sampan.

Pada hari Jumaat, saya terpaksa kembali ke Seoul dan berkhutbah dalam jemaah sepanjang malam Jumaat dan jemaah Ahad. Sebaliknya, Tuhan menggerakkan hati saya untuk tinggal di sana dan berpuasa selama tiga hari. Selepas tiga hari berpuasa, Tuhan mengajarkan saya tentang dunia kerohanian yang dalam dan tentang kerajaan Syurga dengan penuh terperinci. Saya boleh saja menyambut hari jadi dengan gembira bersama ahli gereja, tetapi sebaliknya, saya lebih bersyukur kerana menerima hadiah yang amat berharga dari Tuhan, selepas berdoa dan berpuasa. Pengetahuan tentang kerajaan Syurga yang diajarkan oleh Tuhan kepada saya adalah satu mesej yang lengkap. Ia membuatkan saya lebih faham banyak ayat berpasangan yang terdapat dalam Kitab Injil. Selepas itu, saya menyampaikan mesej ini dalam jemaah pagi Ahad selama beberapa tahun, dan ia diterbitkan dalam satu siri buku dua bahagian yang berjudul Heaven.

Jiran-jiran di Pasar pun Mencadangkan "Pergi ke Gereja Manmin"

Di sebelah gereja, terdapat sebuah pasar. Memandangkan

gereja terletak di bahagian hujung pasar, ramai orang perlu melalui pasar selepas turun di perhentian bas untuk sampai ke gereja. Para penjual di pasar selalu melihat orang yang datang dengan membawa kanak-kanak yang sedang nazak, contohnya yang mengalami kemalangan jalan raya yang dahsyat.

Pada masa kini, kerusi roda adalah perkara biasa, namun pada waktu itu, ia bukanlah perkara yang lazim di Korea. Jika penjual melihat pesakit-pesakit kecemasan ini, mereka berkata, "Mereka dalam perjalanan bertemu dengan paderi di Gereja Manmin." Apabila orang yang sakit menjadi sihat dalam masa sehari dua, dan pergi ke pasar untuk membeli barang, dan para penjual berasa amat terkejut.

"Bukankah kamu yang dibawa di atas pengusung semalam?"

"Ya, saya."

"Sekarang dah boleh berjalan?"

"Saya disembuhkan dengan doa semalam."

Para penjual menyaksikan hal ini dengan kerap dan mereka mengakui kewujudan dan kebesaran Tuhan. Tetapi apabila kami cuba menyebarkan ajaran kepada mereka, mereka menyatakan yang mereka tahu bahawa Tuhan itu hidup, tetapi mereka amat sibuk mencari rezeki dan tidak mahu datang ke gereja. Walaupun mereka tidak datang ke gereja, apabila melihat ada orang yang sakit, mereka selalu menyuruh orang sakit ini pergi ke Gereja Manmin.

Tuhan Bekerja Dengan Kami

Berpindah ke Ruang Suci Kedua

Kira-kira setahun selepas jemaah pembukaan, ruang suci ini tidak dapat lagi menampung jumlah orang yang datang. Apabila kami mengadakan jemaah doa, sel doa, koridor, malah ruang tamu juga dipenuhi dengan orang ramai. Memang tiada ruang langsung untuk bergerak. Lalu, kami mula berdoa untuk mendapatkan tempat yang lebih besar.

Kami memerlukan kawasan seluas sekurang-kurangnya 7,000 kaki persegi, tetapi keyakinan ahli-ahli gereja masih belum cukup kuat. Apabila saya berdoa untuk ruang suci baru, Tuhan memberikan jawapan. *"Pergilah dan bina ruang sementara di satu tempat yang kosong. Ia akan roboh, jadi binalah sekali lagi. Kemudian ia akan roboh sekali lagi. Selepas itu, Aku akan menunjukkan ketentuanKu."*

Pada September 1984, terdapat satu ruang kosong di

bumbung sebuah bangunan satu tingkat berdekatan pasar. Tuhan memberitahu kami supaya membina satu bangunan sementara di situ, tetapi Dia tidak membenarkan saya memberitahu ahli-ahli lain yang ia akan roboh. Secara undang-undang, kami sebenarnya tidak dibenarkan untuk membina bangunan kekal di atas bumbung. Saya cuma menerangkan kepada mereka bahawa Tuhan berkehendakkan kami membina bangunan sementara di sana dan mereka memulakan kerja pembinaan. Pemilik bangunan ini bersetuju, dan katanya dia akan pergi ke pejabat kerajaan tempatan untuk mendapatkan kebenaran membina bangunan sementara.

Pemikiran manusia sukar untuk menerima idea pembinaan bangunan sementara di atas bumbung bangunan, dan menggunakannya sebagai tempat ibadat. Tetapi memandangkan ini adalah perintah Tuhan, saya hanya menurut sahaja. Saya juga tahu yang bangunan sementara ini akan roboh selepas ia dibina. Selepas ahli gereja meletakkan batu-batu simen, pekerja dari pejabat kerajaan datang dan meruntuhkan usaha kami. Apabila kami membina sekali lagi, mereka datang lagi dan merobohkannya. Dalam proses ini, ada ahli gereja yang merungut, tetapi kebanyakan dari mereka berdoa kepada Tuhan, Dia yang menyebabkan semua kejadian berlaku dengan alasan tertentu, dan mereka berdoa dengan khusyuk bersama-sama. Penduduk tempatan yang melihatkan kejadian ini, berfikir, "Perlukah pihak kerajaan masuk campur?" dan mereka mula berasa kasihan dengan gereja kami. Para penjual di pasar pun menyedari kerja-kerja Tuhan yang berlaku di Gereja Manmin. Sedang ahli gereja melalui situasi yang sukar ini, semangat untuk mendapatkan ruang suci baru semakin berkobar-kobar dan hati kami menjadi satu. Tuhan sebenarnya sedang menyediakan sebuah bangunan baru.

Sebelum itu, tiada bangunan yang sesuai digunakan oleh gereja kami. Tetapi di lokasi berdekatan, terdapat sebuah bangunan seluas kira-kira 7,000 kaki persegi yang baru siap, dan kami boleh gunakan. Tuhan memberitahu kami untuk berpindah ke bangunan itu. Waktu itu kami ada kira-kira 300 orang ahli, dan jumlah derma yang diberikan tidak cukup walaupun untuk tujuan kebajikan. Kebanyakan ahli gereja berpendapatan sederhana, jadi bukan mudah untuk mengumpulkan wang walaupun hanya dua juta won. Jadi, jika sejak mula lagi saya mencadangkan agar kami berpindah ke bangunan seluas 7,000 kaki persegi, ahli gereja tentu akan membantah. Kami memerlukan 40 juta won (40,000 dolar AS) hanya untuk menyewa bangunan itu. Kami memerlukan lagi 20 juta won untuk mendapatkan ruang suci ini. Ini sesuatu yang sukar untuk dicapai dengan tahap keyakinan ahli-ahli kami. Tetapi, apabila ahli melalui masa kesusahan, semangat mereka untuk mendapatkan ruang suci lebih berkobar-kobar, dan mereka berdoa dengan hati yang penuh khusyuk dan bersatu serta penuh kekuatan. Dalam masa sekejap sahaja kami berjaya mengumpulkan wang untuk berpindah ke ruang suci baru. Akhirnya, pada 31 Disember 1984, kami menyewa bangunan di Dae-Bahng Dong, Dongjak Gu, dan mengadakan jemaah pertama di sana. Tuhan meningkatkan keimanan para ahli dengan memberikan dugaan sebegini.

Menubuhkan Organisasi Gereja

Gereja ini berkembang dengan cepat dan Tuhan menghantarkan ramai ahli baru. Keimanan ahli gereja juga bertambah dengan cepat kerana Tuhan menunjukkan kekuasaanNya dalam bentuk tanda-tanda dan mukjizat-mukjizat yang disaksikan secara berterusan. Sesetengah orang datang ke gereja hanya untuk tujuan penyembuhan, tetapi ramai juga yang datang kerana mereka dahagakan dan mencari Panduan Kehidupan.

Pada Oktober 1983, Pusat Doa Manmin telah ditubuhkan. Tuhan telah memberikan hidayah kepada isteri saya, Boknim Lee, untuk menjalankan perjumpaan penyembuhan setiap hari untuk membantu pesakit sembuh dari segi rohani dan fizikal. Tuhan telah melantik isteri saya sebagai presiden pusat penyembuhan. Dia menjalankan perjumpaan penyembuhan setiap hari dengan fokus terhadap kaunseling, lawatan ke rumah ahli, serta doa dan sembahyang. Pada Januari 1984, 'Misi Penganut Doa,' dengan tugas berdoa untuk kerajaan Tuhan dan kewajarannya, telah ditubuhkan. Penganut doa bukan hanya berdoa, malah mereka juga menghadiri perjumpaan penyembuhan dan membantu pesakit dengan doa mereka. Pada Mac 1984, Tadika Manmin telah dibuka untuk kanak-kanak. Dalam tempoh dua tahun pembukaan gereja, bentuk dan struktur organisasi gereja mula kelihatan.

Pada Oktober 1985, isteri saya menjalankan tugasnya sebagai presiden pusat doa. Dia memulakan jemaah malam dengan beberapa orang ahli. Jemaah doa ini merupakan permulaan kepada Perjumpaan Doa Daniel hari ini di mana beribu-ribu orang ahli berkumpul dan berdoa setiap malam. Presiden Boknim Lee berpuasa dan berdoa dengan penuh tekun. Dia bukan hanya mahukan kegembiraan peribadi dari keluarga, tetapi dia juga hidup untuk jiwa insan lain. Tuhan menyampaikan mesej melalui suara jelas Roh Kudus dan merahmatinya dengan keupayaan untuk menunjukkan pelbagai mukjizat istimewa. Sehingga kini, dia mengetuai Perjumpaan Doa Daniel setiap malam. Ramai ahli mengalami kekuasaan Tuhan dan menerima jawapan yang diberikan semasa mereka berdoa dan memuji Tuhan di dalam ruang suci. Melalui Perjumpaan Doa Daniel, jiwa para ahli gereja bertambah makmur. Ini adalah kuasa yang memacu kebangkitan gereja.

Orang yang mencari Panduan kehidupan datang dan mendengar mesej kerohanian, dan mereka berasa tenang dan damai. Orang yang menerima jawapan dan penyelesaian kepada masalah mereka kekal dengan gereja, sehinggakan gereja ini mampu berdiri kukuh.

Pelajar Perubatan yang Menghidap Barah Otak

Sooyeol Cho dilahirkan dalam sebuah keluarga Kristian. Dia menghidap penyakit yang dinamakan 'fibroma nasofarinks.' Saluran darah dalam hidungnya tersumbat dan menjadi tumor. Ia kemudiannya merebak dan menjadi barah otak.

Pada waktu itu, salah seorang saudara Sooyeol Cho merupakan timbalan pengarah Hospital Universiti Kebangsaan Seoul. Dia menjalani pembedahan selama lapan jam. Tetapi dia masih mengalami masalah hidung tersumbat walaupun selepas pembedahan. Semasa dia berada di kolej, dia mula mengenali dunia dan simptom penyakitnya bertambah teruk. Tiga bulan selepas pembedahan, hidungnya tersumbat dan dia mengalami pendarahan yang teruk pada hidungnya. Dia pergi ke hospital dan doktor menyatakan bahawa penyakit ini kembali.

Sebelum menjalani pembedahan kali pertama, doktor memberitahunya yang ada kemungkinan besar barah ini akan merebak ke otak, dan akar ketumbuhan ini sudah berada di otak, dan kini, dia menghidap barah otak. Pada Disember 1984, dia

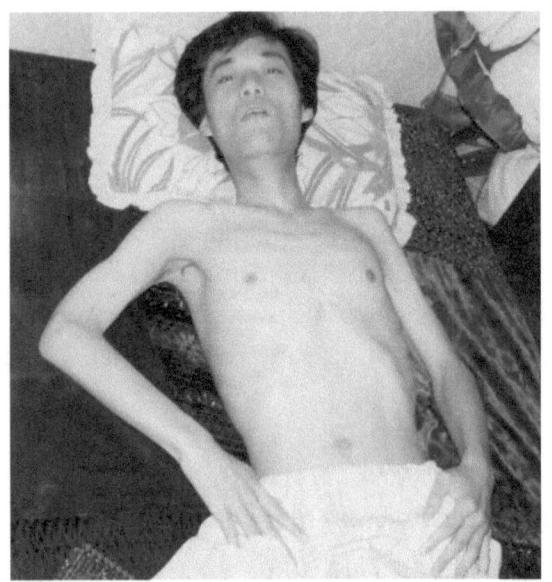

Sooyeol Cho menghidap pneumonia

Dia merupakan paderi yang sihat hari ini

sedar yang dia tidak akan disembuhkan oleh sains perubatan. Dia mendapat berita tentang gereja kami dan mendaftar bersama keluarganya.

Pada Januari 1985, dia menerima kasih kurnia Tuhan dalam satu perjumpaan kebangkitan, dan keadaannya bertambah baik. Pada waktu itu, doktor mencadangkan dia menjalani satu pembedahan, dan dia masih berharap agar sains perubatan akan dapat menyembuhkannya.

Namun pada 1986, apabila dia memuntahkan banyak darah lebih daripada 10 kali, dia sedar yang dia hanya mampu hidup dengan kasih kurnia dari Tuhan. Pernah dua kali dia mengalami pendarahan rektum yang begitu memenatkan.

Semasa saya berdoa di Jochiwon pada hari Isnin hingga Jumaat, satu hari semasa berdoa, saya mengalami kesedihan yang teramat sangat dalam hati saya, dan saya sedar yang Sooyeol Cho berada dalam keadaan yang amat kritikal. Saya berdoa kepada Tuhan sambil menangis.

Pada waktu itu, seorang paderi yang banyak berdoa di gereja kami mendapat satu visi, dan katanya saya sedang memegang hujung jubah Yesus dan memohon supaya Dia menyelamatkan nyawa lelaki ini. Malah selepas itu, bila-bila sahaja lelaki ini berada dalam keadaan yang membahayakan nyawa, Roh Kudus akan memberitahu saya, dan lelaki ini melepasi saat-saat kritikal tersebut setelah menerima doa saya. Sejak itu, Sooyeol Cho mula mendapat keimanan, dan akhirnya keadaan kesihatannya bertambah baik.

Jika dia tidak berdoa dan dirinya tidak dipenuhi Roh Kudus, ketumbuhan dalam hidungnya akan menjadi besar dan tekaknya tersumbat, atau sesuatu seperti lidah masuk ke dalam mulutnya, atau ketumbuhan ini akan keluar melalui lubang hidungnya.

Pada waktu ini, apabila dia bertaubat dan menerima doa saya, dia akan pulih. Melalui proses ini, dia mula menyedari fikiran-fikiran jahat di dalam dirinya, dan dia berpuasa sambil berfikir, "Jika saya perlu mati, saya akan mati." Dia mencuba sedaya upaya untuk mengubah dirinya. Akhirnya, dia berjaya sembuh secara sepenuhnya. Kini, dia berkhidmat di gereja sebagai salah seorang pembantu paderi. Dia bahagia bersama isterinya dan seorang anak lelaki.

Tubuh Kaku disebabkan Keracunan Gas Karbon Monoksida

Pada Februari 1985, suatu tengah hari Sabtu, saya berdoa di bilik saya. Di luar saya mendengar bunyi riuh rendah dan seseorang menjerit yang ada orang telah meninggal dunia. Apabila saya keluar selepas berdoa, seorang rahib wanita telah mengalami keracunan gas karbon monoksida.

Dia telah pulang ke rumah selepas jemaah sepanjang malam Ahad, menyalakan satu briket arang dan kemudian tidur.

Tetapi dia dijumpai pada jam 2 petang hari Sabtu dengan keracunan gas. Semasa dia dijumpai, dia telahpun mengalami keracunan gas selama berjam-jam, jadi tubuhnya sudah kaku dan mulutnya berbuih. Salah seorang jiran menjumpainya dan membawanya ke kediaman saya, tetapi dia kelihatan seperti sudah tidak bernyawa. Dia tidak sedarkan diri, dan tubuhnya sudah begitu kaku dan sejuk.

Saya letakkan tangan pada badannya dan berdoa, "Dengan nama Yesus Kristus, saya arahkan, gas karbon monoksida, keluar! Keluarlah dari kedua-dua belah mata, kedua-dua lubang hidung, melalui mulut, dan dari seluruh sel di dalam badan!" Sejurus selepas saya selesai berdoa dan mengalihkan tangan dari tubuhnya, badan rahib ini mula hangat, dan dia membuka matanya perlahan-lahan. Tak lama kemudian, tubuhnya yang kaku sudah boleh digerakkan. Orang di sekelilingnya mengurut badannya selama beberapa minit, dan pergerakan badannya bertambah baik. Dia duduk, dan kembali pulih seperti sediakala tanpa sebarang kesan sampingan.

Sekiranya dia telah dibawa ke hospital, harapan untuknya pulih amatlah tipis. Kalaupun berjaya diselamatkan, dia akan mengalami trauma dan kerosakan otak yang serius sepanjang hayatnya. Tetapi Tuhan yang Maha Agung mampu menghidupkan semula orang yang mati dan telah menunjukkan kekuasanNya, dan dia kembali normal dalam masa dua minit sahaja. Dia ialah Minsun Lee, yang kemudiannya berkahwin dengan Paderi Jeon-hwan Cha dari gereja kami.

"Tolong pergi ke Shindaebang Dong"

Saya juga pernah berdoa untuk orang yang telah berhenti bernafas. Pada Jun 1985, sesuatu telah berlaku kepada anak perempuan Paderi Seok-hee Cho yang berumur dua tahun, Seung-ah. Ibunya sedang memasak sosej, dan si anak datang kepada ibunya dan menghulurkan tangan. Ibunya memberikan dia sekeping sosej. Tetapi tak lama selepas itu, dia menyedari yang dia tidak mendengar pergerakan anaknya di dalam bilik. Dia masuk ke bilik yang satu lagi, dan Seung-ah sedang nazak dengan mulut berbuih, dia cuba bernafas tetapi mukanya sudah bertukar biru.

Ia berlaku dalam masa dua minit, dan paderi ini berasa

terkejut. Dia dengan cepat mendukung anaknya dan menaiki teksi kerana dia telah mendengar dan melihat bagaimana penyakit yang tiada ubatnya berjaya disembuhkan, dan orang yang mati dihidupkan semula di gereja, dia menunjukkan keyakinan dan keimanannya di hadapan Tuhan. Dia meminta pemandu teksi menghantarnya ke Shindaebang Dong. Pemandu teksi berkata, "Di sini juga ada banyak hospital, mengapa dia mahu ke tempat yang begitu jauh?"

"Tidak, ada seorang doktor yang bagus di Shindaebang."

Saya berada di rumah waktu dia tiba, jadi saya dapat berdoa untuknya. Kanak-kanak ini sudah berhenti bernafas dan tubuhnya sudah sejuk kerana berada dalam teksi terlalu lama. Saya berdoa dengan khusyuk kepada Tuhan untuk mengembalikan roh kanak-kanak yang telah meninggal dunia ini. Sejurus selepas selesai berdoa, anak ini terjaga dan mula bernafas seperti biasa. Sejak itu, dia membesar dengan sempurna tanpa sebarang kesan sampingan. Sekarang, dia telahpun berkahwin selama tiga tahun, dan bapanya berkhidmat sebagai paderi di Gereja Suncheon Manmin di Bandar Suncheon, Wilayah Jeonnam.

Luka Terbakar Darjah Ketiga Disembuhkan dengan Kuasa Tuhan

Pada hari Ahad, 6 April, 1986, Paderi Kanan Eun-deuk Kim, yang berumur 62 tahun waktu itu, telah mengalami kemalangan semasa berada di dapur gereja. Terdapat sebuah periuk besar di atas dapur, dan mereka menjerang air untuk memasak mi.

Semasa dia tersadung, dia secara tak sengaja telah mencapai

pemegang penunu gas, dan menyebabkan air mendidih dalam periuk besar tumpah ke atasnya. Air mendidih ini tumpah ke bahagian dada, abdomen, lengan, dan kaki, dan menyebabkan luka terbakar yang serius. Nasib baik dia tidak terbakar di bahagian kepala dan muka.

Selepas mendengar berita ini, saya bergegas ke dapur. Saya berdoa untuknya yang sedang terbaring di lantai. Luka tersimbah air panas ini amat teruk, sehingga dagingnya masak dan melekat pada pakaiannya. Dia masih sedarkan diri pada waktu itu. Kepanasan ini tidak tertahan baginya, tetapi apabila saya berdoa untuknya, dia berasakan yang haba keluar dari badannya. Haba keluar dari dada kiri ke dada kanan, dan ia bergerak ke bawah dan keluar dari badannya melalui kaki kanan.

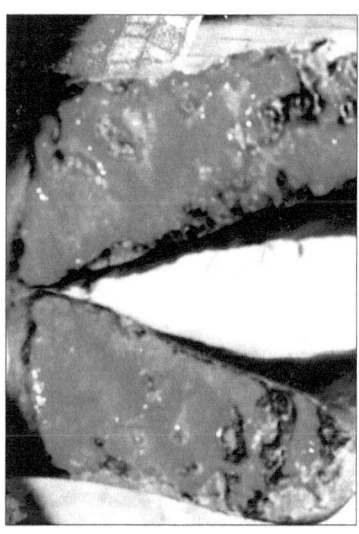

Disembuhkan dari luka terbakar kelas tiga

Walaupun kepanasan sudah tiada lagi, bahagian yang terbakar kelihatan seperti daging panggang, dan kulitnya tersiat di bahagian yang melekat pada pakaian. Keadaannya amat teruk. Jika dia dibawa ke hospital dalam situasi ini, dia mungkin tidak dapat diselamatkan. Walaupun dia hidup, dia terpaksa menunggu bertahun-tahun untuk implan kulit dan walaupun menjalani pembedahan, dia akan mengalami banyak kesan sampingan dan parut. Dia dibawa ke kediaman saya, dan saya berdoa untuknya sekali sehari. Dia tidak mengambil apa-apa ubat atau suntikan, tetapi dengan kuasa Tuhan dia sembuh dalam masa yang singkat.

Kulit yang masak dan sel-sel mati bertukar menjadi kuping,

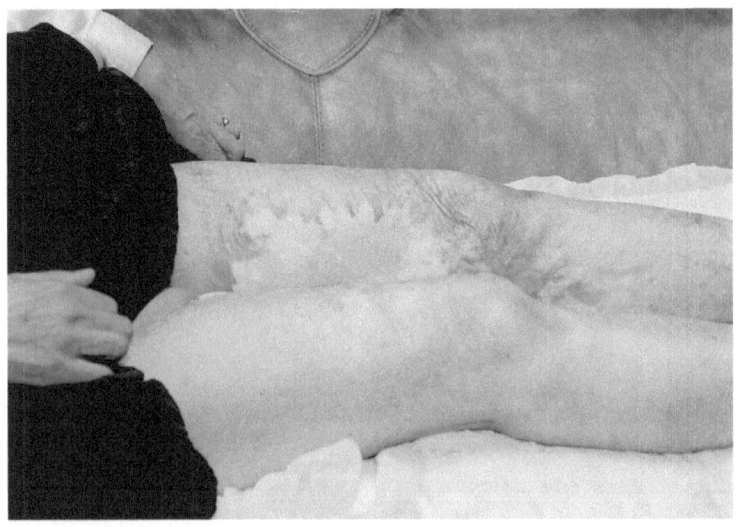

Disembuhkan sepenuhnya dan kulit baru tumbuh selepas berdoa

seperti kulit pokok kayu, dan tak lama selepas itu kuping ini tanggal dan digantikan dengan kulit baru. Kulit baru tumbuh di bahagian yang terbakar, dan salur-salur darah yang baru mula terbentuk. Kulit yang mati telah dihidupkan semula. Ahli gereja yang datang melawatnya menjadi saksi proses ini.

Paderi Kanan Eun-deuk Kim sembuh sepenuhnya dalam masa hanya tiga bulan selepas insiden. Dia kembali seperti sediakala. Pada tahun 2010, umurnya sudah mencecah 85 tahun, dan dia masih mengamalkan gaya hidup Kristian.

Kerja yang Berapi

> *"Sesudah Yesus berbicara demikian kepada mereka, terangkatlah Dia ke syurga, lalu duduk di sebelah kanan Tuhan. Merekapun pergilah memberitakan Injil ke segala penjuru, dan Tuhan turut bekerja dan meneguhkan firman itu dengan tanda-tanda yang menyertainya"* (Markus 16:19-20).

Apabila para hawari menyebarkan ajaran, Tuhan bekerja dengan mereka. Dengan cara yang sama, kelihatannya seperti saya yang meletakkan tangan pada pesakit, tetapi sebenarnya, tangan Yesus yang berlumuran darah yang diletakkan pada mereka. Orang yang mempunyai keupayaan melihat visi atau dapat melihat hal-hal rohani menyatakan yang apabila saya berdoa, Yesus juga bersama-sama meletakkan tangannya pada bahagian yang sakit.

Saya berdoa untuk orang sakit dalam semua jenis jemaah, dan ramai orang pernah melihat api menjalar di lengan saya. Api ini, iaitu api Roh Kudus, pergi ke setiap ahli berdasarkan keimanan mereka dan membakar penyakit yang ada. Sambil meletakkan tangan pada mereka, saya berdoa dengan sepenuh hati dan keimanan untuk menyembuhkan mereka dan menyelesaikan masalah mereka, dan Tuhan membalas semua doa ini melalui kerja-kerja api Roh Kudus.

Inspirasi Roh Kudus Meramal Perkara-perkara Masa Hadapan

Ditahbiskan Sebagai Paderi

Pada Mei 1986, empat tahun selepas membuka gereja, saya telah ditahbiskan sebagai seorang paderi. Kami mengadakan Jemaah Mempercayai Gereja pada bulan Jun. Pada hari itu, ahli-ahli gereja menghadiahkan saya sebuah kunci emas besar sebagai simbol kepercayaan dan kasih sayang mereka. Ini bermakna kuasa penuh berkenaan gereja telah diberikan kepada saya sebagai paderi, dan mereka akan mempercayai dan menurut kata-kata saya. Saya masih lagi menyimpan hadiah yang diberikan dengan ikhlas ini, sebagai suatu barangan berharga.

Selepas pentahbisan, Tuhan mahukan saya menghadiahkanNya Doa Daniel selama 21 hari. Saya cuba berkomunikasi dengan Tuhan melalui puasa dan doa di tempat sembahyang saya di Jochiwon, Wilayah Chungnam. Kemudian, Tuhan mula menerangkan kepada saya tentang Buku Wahyu yang mencatatkan perkara yang bakal berlaku pada hari penghabisan.

Pada jemaah Ahad 20 Julai 1986, saya memulakan siri Ceramah Wahyu. Siri ini bermula pada hari itu selama empat tahun, sehingga 20 Disember 1989. Orang yang tidak begitu mengetahui tentang dunia kerohanian tetapi berminat untuk belajar, mendengar mesej ini dengan perasaan gembira.

Jemaah Sepanjang Malam Jumaat, dengan Hadirin dari Seluruh Pelosok Negara

Selepas kami berpindah ke bangunan baru dan mengadakan jemaah kebangkitan, gereja ini mula penuh. Disebabkan kebangkitan berlaku dengan pantas, kami tidak mempunyai masa untuk membina bangunan gereja.

Pada tahun 1987, kami menyewa sebuah bangunan di Shindaebang Dong, Dongjak Gu, dan berpindah ke sana. Ini merupakan gereja kami yang ketiga. Tiga bulan selepas kami mengadakan jemaah kebangkitan untuk meraikan perpindahan ke bangunan baru, gereja ini penuh sekali lagi. Jumlah ahli yang berdaftar pada masa itu melebihi 3,000 orang. Kami menggunakan ruangan di tingkat dua dan tiga, tetapi masih tidak mampu menampung kehadiran ahli kerana tiada ruang yang mencukupi. Sesetengah orang yang hadir terpaksa pulang ke rumah.

Menjelang Jun 1989, kami berkembang menjadi sebuah gereja bersaiz mega dengan 6,000 orang ahli berdaftar. Sejak pembukaan gereja, saya cuma mahu menumpukan perhatian kepada Firman Tuhan dan doa untuk memenuhi tanggungjawab yang diberikan oleh Tuhan dengan sempurna. Jadi, saya menyerahkan tanggungjawab menjaga kebajikan ahli kepada pembantu paderi. Semasa zaman gereja awal, disebabkan para hawari perlu membuat lebih banyak kerja kerana gereja semakin berkembang, mereka memilih tujuh orang paderi untuk melaksanakan kerja-kerja gereja. Para hawari hanya menumpukan perhatian kepada Firman Tuhan dan doa (Kisah Para Rasul 6:3-4). Dengan cara yang sama, saya tidak terlibat dengan hal kewangan gereja, dan kami mempunyai jabatan lain yang menguruskan hal-hal lain.

Kami mengadakan persidangan paderi sekali atau dua kali setahun untuk memberi galakan kepada paderi dalam usaha dakwah mereka. Saya benar-benar mahukan paderi yang mempunyai kuasa, dan disayangi Tuhan dan ahli gereja lain lebih dari mereka menyayangi saya, jadi saya cuba sedaya upaya untuk melatih seramai mungkin pembantu paderi.

Jemaah Sepanjang Malam Jumaat amat terkenal di seluruh negara kerana ia dipenuhi Roh Kudus, dan ramai orang menghadirinya tanpa mengira mazhab. Betapa bagusnya apabila mereka dipenuhi Roh Kudus sepanjang malam dan mereka akan kembali ke gereja masing-masing untuk jemaah hari Ahad! Bermula dari jemaah sepanjang malam Jumaat pada 12 Disember 1986, saya memulakan siri ceramah tentang Buku Ayob, seperti yang diterangkan oleh Tuhan kepada saya. Siri ini berakhir pada jemaah sepanjang malam Jumaat pada 11 Disember 1992.

Ini adalah mesej kerohanian yang berbeza dari interpretasi lain Buku Ayob. Ia merupakan mesej berharga yang menghuraikan isi hati seorang manusia bernama Ayob. Ia diberikan supaya kita dapat mencari kejahatan dan kepalsuan dalam hati kita. Bermula tahun 1989 juga, Tuhan mula mengajarkan tentang

'Roh, Jiwa, dan Tubuh' manusia secara terperinci. Selepas itu Dia mengajarkan saya tentang 'Dimensi' berbeza. Apabila saya menyampaikan mesej ini kepada para ahli, mata kerohanian mereka terbuka, dan saya dapat melihat perubahan mereka dengan jelas. Keimanan mereka bertambah, dan saya perlu mengajarkan mereka perkara baru. Jadi saya perlu terus mengkaji lebih mendalam tentang dunia kerohanian.

Ubahlah Walau Seorang Manusia menjadi Gandum

Suatu hari semasa saya berdoa, Tuhan berkata dengan sesal,

"HambaKu, segeralah terbitkan buku-buku dengan mesej yang Aku ajarkan kepadamu. Hari ini, tidak ramai orang mempunyai keimanan sebenar dan dapat diselamatkan. Mereka kata mereka percaya, tetapi mereka masih tidak patuh. Mereka menyalibKu sekali lagi. Mereka tidak percaya, tetapi mereka fikir mereka percaya."

Yesus berkata, *"Jika Anak Manusia itu datang, adakah Dia mendapati iman di bumi?"* (Lukas 18:8) Hari ini, dosa dan ketidakpatuhan berleluasa dan sukar untuk mencari orang yang mempunyai keimanan yang benar dan teguh, seperti yang Tuhan mahukan.

Apabila petani menuai, mereka hanya mengumpulkan gandum, dan sekam akan dibakar dengan api. Seperti itu juga, Tuhan lebih menghargai sebiji gandum berbanding selonggok sekam. Dia hanya mengumpulkan gandum untuk masuk ke kerajaanNya (Matius 3:12). Semoga Allah damai sejahtera menguduskan kamu seluruhnya dan semoga roh, jiwa dan tubuhmu terpelihara sempurna dengan tak cacat pada kedatangan Yesus Kristus, Tuhan kita (1 Tesalonika 5:23).

Apabila ahli gereja memahami mesej dalam 'Roh, Jiwa, dan Tubuh,' serta 'Dimensi,' mereka mula memahami asas mereka dan cuba menghindari dosa. Jika tiada sesiapa memberitahu kita tentang dosa, kita mungkin tidak akan tahu langsung tentang dosa. Jika manusia tidak menyedari tentang kompromi dengan dunia, mereka mungkin akan menjadi seperti sekam yang tidak dapat diselamatkan. Oleh itu, paderi mesti mengajarkan tentang apakah itu dosa kepada penganut.

Bergantung hanya kepada Tuhan untuk Mendapatkan Mesej

Semasa Yesus menghantar para hawari keluar berdakwah, Dia berkata, *"Apabila mereka menyerahkan kamu, janganlah kamu khuatir akan bagaimana dan akan apa yang harus kamu katakan, karena semuanya itu akan dikurniakan kepadamu pada saat itu juga. 'Karena bukan kamu yang berkata-kata, melainkan Roh Bapamu; Dia yang akan berkata-kata di dalam kamu'"* (Matius 10:19-20). Pada tahun saya menubuhkan gereja, saya merupakan pelajar senior di seminari. Saya juga perlu menyiapkan tugasan sebagai pelajar. Saya juga perlu menyediakan lebih daripada 10 mesej seminggu bagi jemaah doa subuh setiap pagi, jemaah sepanjang malam Jumaat, serta jemaah pagi dan malam Ahad. Saya juga perlu melawat dan memberi bimbingan kepada ahli gereja, serta berdoa secara peribadi untuk orang sakit. Kehidupan saya sentiasa sibuk.

Saya malah tidak punya masa untuk menulis khutbah dalam buku nota, tetapi apabila saya berdoa, Tuhan memberikan saya tajuk dan ayat-ayat yang perlu dibaca. Apabila saya meminta dalam doa, Tuhan memberikan inspirasi kepada saya semasa sedang berkhutbah. Apabila saya berdiri di mimbar, Firman Tuhan datang seperti angin dalam minda saya.

Kini, jemaah doa ditayangkan secara langsung di seluruh negara serta ke negara-negara lain melalui satelit dan Internet, jadi saya menyediakan nota sebagai persediaan. Tetapi sejak penubuhan gereja sehinggalah khutbah disiarkan secara langsung, saya telah mula berkhutbah tanpa nota atau memo.

Saya Hanyalah Hamba yang Tidak Layak

Suatu hari dalam bulan April, 1987, memandangkan saya tidak berdoa dengan cukup kerana tiada masa, saya tidak menerima inspirasi semasa memberikan khutbah. Saya sendiri menyedari bahawa khutbah saya tidak berjalan lancar. Selesai khutbah, saya menyatakan kekesalan kepada Tuhan kerana tidak bersedia untuk khutbah dengan berdoa lebih banyak. Setiap kali berdepan dengan situasi begini, saya amat sedar bahawa saya tidak mampu melakukan apa-apa, dan saya tidak bernilai apa-apa tanpa Tuhan bersama saya. Jika Tuhan melupakan saya, saya tidak akan mampu menyampaikan mesej langsung, dan tiada kerja penyembuhan dapat dilakukan walaupun saya berdoa, dan Roh Kudus tidak akan bersama semasa saya berkhutbah, jadi ahli gereja tidak akan berubah. Walaupun saya telah berjaya melakukan beberapa perkara, saya hanyalah seorang hamba yang hina di mata Tuhan. Oleh itu, walaupun saya telah menerima anugerah dari Tuhan dan telah digunakan sebagai alat Tuhan, saya tidak boleh berasa tinggi diri dengan kelebihan ini.

Pada bulan April 1987, memoir testimonial saya berjudul

Tasting Eternal Life before Death telah diterbitkan. Buku ini telah diulang cetak beberapa kali dan terjual laris. Kini, ia telah diterjemahkan kepada banyak bahasa dan diedarkan di banyak negara di seluruh dunia. Menerusi buku ini, ramai orang telah mula beriman dengan Tuhan yang hidup, Tuhan yang menyembuhkan, yang membalas doa, dan Tuhan yang penuh dengan kasih sayang.

Soojung Maeng menetap di Jerman semasa dia menerima buku ini dari seorang paderi yang terkenal di sana, dan mula membaca. Dia mempunyai tanggapan yang baik tentang buku ini. Apabila dia ke Korea, dia datang ke gereja kami untuk menghadiri jemaah doa dan akhirnya, menjadi ahli tetap. Hidupnya berubah dengan Firman kehidupan. Dia juga dipenuhi keinginan mendalam untuk menyebarkan ajaran, dan sekarang, dia merupakan seorang mubaligh di Washington D.C., dan mendambakan hidupnya untuk menyebarkan ajaran.

"Ini AM 837 Khz Sistem Penyiaran Kristian. Hari ini dalam segmen 'Tuhan Bersama Saya,' kami akan menceritakan kisah Rev. Jaerock Lee dari Gereja Besar Manmin."

Dari 1 hingga 30 Jun dalam program radio CBS yang bertajuk 'Tuhan Bersama Saya', testimoni saya dijadikan satu siri drama dan disiarkan secara langsung. Selama sebulan, ia disiarkan dua kali sehari, pada waktu pagi dan waktu malam. Melalui program ini, ramai orang dari seluruh negara menerima kasih kurnia Tuhan melalui testimoni yang didengari, dan mereka mengingati nama saya. Sesetengah orang mengakui yang mereka mula beriman kepada Tuhan.

Pada 18 Ogos, saya membuat kemunculan dalam satu

program yang dinamakan 'Perbaharui Saya' di CBS, dan memberikan testimoni saya. Waktu itu, prosedur meminta saya supaya jangan menyatakan bahawa Tuhan telah menyembuhkan saya. Katanya akan ada bantahan jika kami bercakap tentang mukjizat dan keajaiban. Saya tidak bersetuju, jadi saya hanya tersenyum. Semasa saya membuat rakaman program itu, saya menceritakan kisah saya dan proses Tuhan menyembuhkan saya. Namun, walaupun selepas tarikh yang dijadualkan untuk siaran telah berlalu, kisah saya masih belum disiarkan, jadi saya bertanya kepada penyiar tentang hal ini. Pita itu hampir sahaja dimusnahkan, tetapi kami berjaya menemui pita rakaman tersebut dengan bantuan orang lain, dan ia disiarkan selama sejam. Saya berasakan adalah lebih baik jika mereka menyiarkan kisah sebenar.

Nubuat Dari Inspirasi Roh Kudus

Tuhan memberikan kurniaan Roh Kudus untuk manfaat kita (1 Korintus 12:7). 1 Korintus 14:1-5 menyatakan, *"Kejarlah kasih itu dan usahakanlah dirimu memperoleh kurniaan Roh, terutama kurniaan untuk bernubuat. Siapa yang berkata-kata dengan bahasa roh, tidak berkata-kata kepada manusia, tetapi kepada Tuhan. Sebab tidak ada seorangpun yang mengerti bahasanya; oleh Roh ia mengucapkan hal-hal yang rahsia. Tetapi siapa yang bernubuat, ia berkata-kata kepada manusia, ia membangun, menasihati dan menghibur. Siapa yang berkata-kata dengan bahasa roh, ia membangun dirinya sendiri, tetapi siapa yang bernubuat, ia membangun Jemaah. Aku suka, supaya kamu semua berkata-kata dengan bahasa roh, tetapi lebih dari itu, supaya kamu bernubuat.*

Sebab orang yang bernubuat lebih berharga dari orang yang berkata-kata dengan bahasa roh, kecuali kalau orang itu juga mentafsirkannya, sehingga Jemaah dapat dibangun."

Hawari Paulus mahukan semua anak-anak Tuhan menerima kurniaan berbahasa Roh, dan dia menggalakkan penganut terutamanya untuk menerima kurniaan nubuat. Kadang kala saya memberitahu ahli gereja apa yang bakal berlaku, dengan inspirasi dari Roh Kudus, untuk meneguhkan dan menanam lebih banyak keyakinan dalam diri mereka. Semasa dalam jemaah subuh, saya berdoa, "Ya Tuhan Bapa, hantarkanlah sejumlah orang yang hadir pada minggu depan." Kemudian, saya memilih satu jumlah dan mengumumkan yang inilah jumlah orang yang akan datang minggu depan. Pada waktu itu, jumlah ahli gereja meningkat dengan begitu cepat.

"Akan ada 50 orang dalam jemaah minggu depan."

Pada hari Ahad seterusnya, saya meminta ahli mengira jumlah orang yang hadir. Jumlahnya betul-betul 50 orang.

"65 orang akan hadir minggu depan."

Setiap minggu jumlah orang yang hadir semakin bertambah, dan saya bernubuat setiap Ahad. Pada hari Ahad berikutnya, ahli gereja akan mengira jumlah kehadiran dan mereka sentiasa terkejut.

Tetapi apabila jumlahnya mencecah 80 orang, ia tidak berubah selama beberapa minggu. Apabila saya berdoa tentang hal ini, saya sedar bahawa musuh kita syaitan mengganggu untuk menghalang jumlah kedatangan mencecah 100 orang.

Saya berdoa dan berpuasa bersama ahli lain untuk menghalau kejahatan ini, dan sejak minggu itu jumlah orang yang hadir mula meningkat sekali lagi, dan pada hari pembukaan 10 Oktober, jumlah kehadiran melebihi 100 orang. Dalam beberapa kes tertentu, Tuhan memberitahu saya terlebih dahulu tentang jumlah derma yang akan dikutip. Selepas pembukaan gereja, kami menerima derma sebanyak 6 juta won (6,000 dolar AS) seminggu. Memandangkan kami mempunyai wawasan untuk misi dunia, kami membelanjakan lebih daripada pendapatan yang ada. Kami sentiasa memerlukan lebih banyak wang, dan gereja kami berada dalam situasi kewangan yang kurang baik. Saya mula berdoa kepada Tuhan tentang hal ini. Semasa saya berdoa dengan khusyuk, Tuhan bekerja dengan cara yang istimewa untuk menyelesaikan masalah rumit ini. Dengan inspirasi jelas dari Roh, Tuhan memberitahu jumlah tepat derma yang diterima.

"Minggu hadapan, jumlah derma adalah 33 juta won (33,000 dolar AS)."

Saya menerima jawapan dari Tuhan, dan saya memberitahu pekerja yang menguruskan hal kewangan gereja jumlah ini, untuk menanam keimanan yang lebih dalam diri mereka. Mereka sebaliknya tidak memberikan respon yang baik, mungkin kerana mereka tidak mempercayai saya. Mereka ragu-ragu, bagaimanakah jumlah derma boleh bertambah lima kali ganda dalam masa seminggu.

Tetapi pada tengah hari Ahad itu, pekerja jawatankuasa kewangan mengira derma, dan mereka melaporkan kepada saya yang jumlahnya betul-betul 33 juta won. Sejak itu, saya berdoa kepada Tuhan setiap kali kami menghadapi masalah kewangan, dan setiap kali Tuhan merahmati kami dengan berlipat ganda, dan kami berjaya melalui masa yang sukar dengan kasih kurnia Tuhan. Setiap kali Tuhan ingin memberikan kurniaan berlipat ganda, Dia akan memberitahu saya, dan saya akan memberitahu jawatankuasa kewangan terlebih dahulu. Saya dapat lihat bahawa keimanan mereka semakin bertambah apabila mereka melalui banyak pengalaman seperti ini.

Memberitahu Saya tentang Perkara yang Bakal Berlaku di Korea dan Seluruh Dunia

Saya selalu merintih dalam doa dan hidup dipenuhi Roh Kudus. Tuhan juga dari semasa ke semasa memberitahu saya tentang perkara yang bakal berlaku, serta perkara-perkara besar dan sulit. Tuhan memberikan kurniaan visi kepada Petrus dan memberitahu hal-hal masa depan (Kisah Para Rasul bab 10), dan Stefanus melihat keagungan Tuhan, serta Yesus berdiri di sebelah kanan Tuhan. Tuhan berkuasa melakukan apa sahaja. Sama ada dalam Perjanjian Lama atau Perjanjian Baru, dan hari ini, Tuhan bekerja dengan cara yang sama.

Amos bab 3 ayat 7 menyatakan, *"Sungguh, Tuhan tidak berbuat sesuatu tanpa menyatakan keputusanNya kepada hamba-hambaNya, para nabi."* Apabila saya berdoa, Tuhan memberitahu saya terlebih dahulu tentang ahli gereja kami, serta situasi negara dan dunia.

Semasa saya menghadiri seminari pada 26 Oktober 1979, saya tiba-tiba berasa tidak sedap hati sejak pagi lagi. Saya berdoa tentang hal ini. Kemudian, Tuhan memberitahu saya bahawa seorang tokoh negara kita akan kecundang. Tuhan memberitahu saya bahawa Presiden Park Chung-hee akan meninggal dunia.

Saya beritahu isteri saya yang satu tragedi akan berlaku, dan pergi ke kelas seminari. Hati saya gundah gulana. Saya tidak berhenti-henti menangis sepanjang hari. Keesokan paginya, kami mendengar berita yang presiden, Park Chung-hee, telah dibunuh malam sebelumnya.

Melainkan Dia Mendedahkan Penasihat RahsiaNya Kepada Hamba-hambaNya Para Rasul

Tuhan memberitahu saya lebih awal tentang situasi dunia, dan kadang kala, Dia memberitahu saya tentang tokoh-tokoh penting. Pada 1984, Tuhan memberitahu saya yang I.P. Gandhi, yang merupakan Perdana Menteri wanita India, akan meninggal dunia. Tuhan memberitahu saya beberapa bulan sebelum dia meninggal dunia, jadi saya memberitahu ahli gereja saya. Pada bulan Oktober tahun itu, saya membaca berita di akhbar yang beliau telah dibunuh oleh orang Sikh.

Pada tahun yang sama, Tuhan memberitahu yang Presiden Reagan dan Perdana Menteri Thatcher akan dilantik semula. Tuhan juga menerangkan kepada saya sebab mereka akan dilantik semula. Margaret Thatcher seorang yang ringkas seperti lelaki, serta dengan kerendahan hati dan menurut perintah, beliau cuba berkhidmat dengan jujur dan ikhlas di mata Tuhan. Beliau tidak berminat dengan wang atau kuasa, dan berkhidmat untuk negaranya dengan penuh kasih sayang. Tuhan menerangkan kepada saya bahawa kedua-dua tokoh ini disayangi rakyat kerana mereka sendiri sayangkan negara dan berkhidmat serta menyayangi rakyat mereka.

Pada tahun 1985, Setiausaha Agung Parti Komunis Kesatuan Soviet, K.U. Chernenko telah meninggal dunia. Tetapi beberapa bulan sebelum itu dalam tahun 1984, Tuhan telah menunjukkan visi kematiannya kepada saya. Dalam usaha menanam keimanan dalam diri ahli, saya telah memaklumkan mereka apa yang saya lihat. Beberapa bulan selepas itu, kami membaca artikel dalam akhbar yang beliau jatuh sakit, dan akhirnya meninggal dunia.

Perisytiharan 6/29 dan Proses Pendemokrasian

Pada 29 Jun 1987, En. Taewoo Roh, Presiden Parti Keadilan Demokratik mengeluarkan Perisytiharan 6/29. Selepas Pilihan Raya Umum pada 12 Februari 1985, parti-parti pembangkang mengkritik ketelusan Presiden Doohwan Chun, yang dilantik melalui pilihan raya tidak langsung, dan mereka meminta diadakan pilihan raya presiden yang terus dan langsung. Mereka mendesak supaya rakyat diberi hak memilih presiden secara terus.

Untuk menentang desakan ini, pada 13 April 1987, Presiden Doohwan Chun mengeluarkan 'Perlindungan Perlembagaan' untuk menghentikan segala perbincangan tentang mengubah Perlembagaan dan menyerahkan kerajaan menurut undang-undang semasa. Pada 10 Jun, beliau mengadakan persidangan parti Keadilan Demokratik dan melantik Taewoo Roh sebagai calon presiden parti, dalam usaha mengembangkan kerajaan ketenteraan. Dalam situasi ini, seorang pelajar kolej bernama

Jongcheol Park meninggal dunia selepas ditembak polis. Bermula 10 Jun, demonstrasi diadakan di seluruh negara. Pada 26 Jun, lebih daripada sejuta orang di 37 bandar melakukan demonstrasi sehingga larut malam. Memandangkan tenaga polis tidak mencukupi untuk mengawal demonstrasi, kerajaan mempertimbangkan untuk menggunakan tenaga tentera. Namun akhirnya, usaha kesederhanaan ini berjaya. Mereka mengambil keputusan untuk menerima permintaan rakyat untuk mengadakan pilihan raya terus, dan ini membuahkan Perisytiharan 6/29.

Pada 15 Jun 1987, saya sedang mengetuai jemaah kebangkitan di Gereja Cheil Bupyeong-Gu, di Bandar Incheon. Pada 18 Jun, Tuhan tiba-tiba memberikan saya inspirasi dan visi. Tuhan menyatakan yang Perisytiharan 6/29 akan dikeluarkan serta memaklumkan saya tentang isi kandungannya. Disebabkan Tuhan memberitahu saya tentang perubahan besar dalam negara melalui inspirasi Roh Kudus, saya faham bahawa segala-galanya berlaku dengan pantas.

Keesokan harinya, 19 Jun, saya memberitahu ahli gereja saya hanya melalui akronim, dan saya menerbitkan akronim ini dalam buletin mingguan untuk hari Ahad akan datang. Kerajaan sedang membincangkan hal ini secara sulit, dan ini sesuatu yang sukar dibayangkan oleh rakyat biasa seperti kami.

Menerbitkan Terlebih Dahulu Perkembangan dalam Buletin Mingguan Bertarikh 21 Jun 1987

Memandangkan situasi politik dan kerajaan diktator pada masa itu, saya menerbitkan akronim untuk disiarkan pada buletin mingguan Ahad ini secara terbalik. Kami masih menyimpan buletin mingguan ini. Akronim ini ditulis dalam tulisan Hangul Korea, "Min, Gey, Yak, Sei, Dae, Gye, Chong, Mo, Roh, Hu, Dae." Saya menerangkan akronim ini dengan lebih terperinci pada jemaah Ahad, 5 Julai.

Ia bermakna, "Presiden (Dae) Chun mengeluarkan 'Perlindungan Perlembagaan' untuk menyokong calon presiden (Hu) Taewoo Roh (Roh). Namun kerana seorang lelaki mati ditembak (Chong) di kepalanya (Mo), semua rancangan (Gye) 'Perlindungan Perlembagaan' akan gagal. Pengaruh (Sei) presiden (Dae) Chun semakin lemah (Yak) disebabkan tentangan rakyat, dan untuk menerima permintaan rakyat, beliau akan mengeluarkan Perisytiharan 6/29. Akan ada pindaan (Gey) terhadap Perlembagaan untuk menerima pilihan raya terus, dan ia menjadi permulaan pendemokrasian (Min).

Untuk maklumat anda, lapan peruntukan Perisytiharan 6/29 adalah seperti berikut:

1. Penyerahan kerajaan secara damai pada Februari 1988 melalui pindaan perlembagaan.
2. Pengurusan pilihan raya yang adil dan saksama dengan meminda undang-undang pilihan raya presiden.
3. Pengampunan dan penghukuman undang-undang En. Daejung Kim.
4. Menghormati maruah kemanusiaan dan pembaikan dalam akta hak kemanusiaan.
5. Kebenaran kebebasan bersuara.
6. Autonomi tempatan, kebebasan kolej, dan autonomi pendidikan.

7. Menjamin akta-akta bagi pihak-pihak berbeza.
8. Tindakan tegas pentahiran sosial.

Keputusan Pilihan Raya Presiden

Pada bulan Disember tahun 1987, sebelum pilihanraya presiden ke-13 berlangsung, saya berdoa mengenainya. "Ya Tuhan, apakah kehendakMu? Siapakah presiden yang paling sesuai menurut kehendakMu? Siapa yang akan menjadi presiden?

Tuhan memberitahu saya yang calon Taewoo Roh akan menjadi presiden dalam pilihan raya ini. Kemudian, Tuhan menunjukkan saya calon Youngsam Kim menaiki kereta berhias bunga menuju Cheong Wa Dae, iaitu istana presiden, selepas En. Roh, dan kemudian calon Daejung Kim masuk ke Cheong Wa Dae menaiki kereta berhias bunga.

Tuhan juga menjelaskan, jika Youngsam Kim dan Daejung Kim bersatu, calon Youngsam Kim akan menjadi presiden terlebih dahulu, dan Daejung Kim akan menjadi presiden seterusnya. Semasa Tuhan menunjukkan saya visi ini, Dia menerangkan yang kehendakNya adalah supaya kedua-dua calon ini bergabung, namun disebabkan mereka tidak bergabung dalam pilihan raya ini, calon Taewoo Roh akan menjadi presiden.

Tuhan juga menyatakan yang calon Roh akan mendapat lebih banyak undian dari yang dijangka, kedua ialah calon Youngsam Kim, yang ketiga ialah calon Daejung Kim, serta calon keempat, Jongpil Kim akan mendapat jumlah undian yang sedikit. Tuhan juga menerangkan dengan terperinci bagaimana calon Youngsam Kim dan Daejung Kim boleh bersatu dan jika ini berlaku, calon

Youngsam Kim akan menjadi presiden terlebih dahulu. Saya menuliskan hal ini dalam surat dan menyuruh salah seorang ahli gereja saya menghantarnya kepada calon Youngsam Kim di kediamannya di Sangdo Dong. Ahli gereja ini pergi ke kediaman calon Youngsam Kim, namun beliau berada di Busan untuk memberikan ucapan dan berkempen, jadi surat ini diserahkan kepada isterinya. Dia membaca surat ini pada masa itu juga, dan berjanji akan menyerahkannya kepada suaminya. Kami masih menyimpan salinan surat ini di gereja. Akhirnya, disebabkan kedua-dua calon ini tidak bergabung, calon Taewoo Roh telah dilantik sebagai presiden.

Bab 6
Pertumbuhan Gereja dan Dugaan

Perampasan Hak Bersuara dan Tukul Kayu Yang Patah

Sebenarnya, gereja saya termasuk dalam mazhab Kesatuan Gereja Kekudusan Korea. Sejak pembukaan gereja, saya telah mencuba yang terbaik untuk bekerjasama dengan mazhab ini, dan gereja saya sentiasa berkembang.

Selepas Bergabung dengan Mazhab Lain

Tetapi, pada 13 Disember 1988, mazhab kami dan Gereja Kekudusan Korea di Anyang telah digabungkan, dan kami termasuk dalam mazhab Anyang. Waktu itu Paderi Taekgu Sohn, profesor seminari saya, merupakan presiden Kesatuan Gereja Kekudusan Korea, dan dia mencadangkan gereja-gereja ini bergabung. Waktu itu, gereja saya sedang berkembang dengan begitu pesat. Apabila cawangan gereja kami yang kelima ditubuhkan di Suwon, Perhimpunan Agung mazhab membantah nama yang diberikan kepada cawangan gereja kami. Menurut mereka, nama 'Manmin' tidak boleh digunakan pada cawangan gereja kami, kami terpaksa menukar namanya kepada "Gereja Suwon Deokwoo."

Pada bulan Disember 1989, saya menerima surat rasmi dari perhimpunan agung menyatakan yang akan ada pemeriksaan, dan saya perlu hadir pada jam 11 pagi. Pada 18 Disember, saya tiba di bilik perhimpunan pada jam 10:30 pagi, tetapi tidak ada tanda-tanda perjumpaan sehinggalah tengah hari. Lewat tengah hari itu barulah saya dipanggil ke dalam bilik mesyuarat. Enam orang paderi yang merupakan ahli Perhimpunan Agung berada dalam bilik itu. Sebaik saja saya melangkah masuk ke dalam bilik, mereka mula bertanyakan soalan. Saya fikir sebaiknya kita mulakan dengan berdoa memandangkan ini satu perjumpaan antara paderi. Jadi saya amat terkejut kerana ia tidak begitu. Mereka menanyakan soalan bertubi-tubi dan melemparkan tuduhan.

"Saya dengar khabar kamu menyatakan yang Yesus akan kembali dalam masa 3 hingga 4 tahun ini, betulkah?"

"Saya tidak pernah kata begitu."
"Kamu menipu! Kamu paderi yang menipu."

Saya amat terkejut dengan soalan-soalan ini. Mereka menyatakan yang saya tidak perlu menerangkan apa-apa, cuma jawab 'Ya' atau 'Tidak.'

"Dalam hal inipun kamu boleh menipu, itu sebabnya kamu menipu beribu-ribu orang ahli. Kamu fikir kami tak boleh dapat sebegitu ramai ahli gereja, kalau kami menipu?"

"Mereka kata kamu menerima wahyu. Jadi, kamu ada wahyu lain selain 66 buku dalam Kitab Injil?"

"Itu tidak pernah berlaku."

"Penipu! Kamu menyuruh ahli gereja berhenti kerja, dan menyuruh pelajar supaya jangan belajar!"

"Saya tak pernah buat begitu."

"Kamu menari tarian ahli sihir di mimbar?"

"Saya tak pernah buat begitu."

Soalan-soalan yang tidak masuk akal ini terus ditanyakan kepada saya. Semua persoalan ini datang dari salah faham. Mereka tidak memberikan saya masa untuk menerangkan semua tuduhan ini. Seorang paderi yang saya namakan di sini sebagai 'Paderi S', yang menyoal saya, memberikan saya sembilan klausa yang telah disediakan terlebih awal. Saya tidak tahu yang soalan-soalan tidak masuk akal ini adalah sebahagian daripada penghakiman untuk menjatuhkan hukuman. Sembilan klausa ini telah dihantar ke gereja saya. Mereka menyatakan jika saya tidak membetulkan sembilan perkara ini, mereka akan menurut keputusan penghakiman dalam bilik pemeriksaan ini. Klausa ini termasuklah: melarang penjualan memoir testimonial saya, *Tasting Eternal Life before Death*; melarang jualan pita ceramah saya; melarang penggunaan nama 'Manmin' apabila kami menubuhkan gereja cawangan baru; dan melarang tarian suci (tarian yang mengiringi lagu-lagu suci). Semua hal ini tidak dapat saya terima.

Merujuk kepada 'surat rasmi' ini, saya menghantar surat jawapan dengan penjelasan terperinci. Saya juga menyatakan bahawa saya menulis surat ini kerana saya tidak menemui apa-apa yang menentang Firman Tuhan, dan jika ada apa-apa yang tidak kena, saya meminta mereka untuk memaklumkan saya. Selepas beberapa bulan, perhimpunan agung menghantar jawapan menyatakan yang mereka telah mengambil keputusan untuk menolak surat jawapan saya tanpa sebarang alasan.

Dinafikan Hak Bersuara

Perhimpunan Agung Mazhab diadakan selama dua hari, dari 30 April sehingga 1 Mei. Saya merupakan ahli kepada lembaga perwakilan perhimpunan ini, jadi saya menghadirinya. Terdapat dua lagi ahli dalam lembaga ini, dan kedua-duanya merupakan orang yang lebih tua dalam gereja saya. Tetapi kami tidak dapat mencari kerusi yang bertulis nama saya. Saya sedar bahawa mereka merancang untuk melucutkan jawatan saya. Saya cuba mencari nama saya di semua tempat duduk, tetapi saya tidak menjumpainya. Nama saya juga tiada dalam senarai ahli lembaga. Tanpa kerusi, ini bermakna saya tiada hak untuk bersuara. Tetapi, saya perlu memberitahu mereka perkara sebenar, jadi saya mengikuti perhimpunan ini dari kerusi belakang.

Apabila Perhimpunan Agung bermula pada 1 Mei, nama saya disebut. Paderi 'S,' ketua jawatankuasa pemeriksaan, mula menyatakan perkara yang menghina saya. Mereka menidakkan hak saya untuk bersuara sebelum perhimpunan bermula, dan kemudian, meneruskan mesyuarat berdasarkan agenda yang disediakan. Semua perkara yang dibincangkan tentang saya adalah tidak benar, seperti:

"Paderi Jaerock Lee menyatakan yang dia tahu tarikh kembalinya Yesus. Ia ditulis pada halaman berikut dalam buku testimonialnya."

Saya tidak pernah menyatakan yang saya tahu tarikh kembalinya Yesus. Sudah tentulah saya tidak tahu tarikh sebenar, dan perkara ini tidak tertulis dalam buku testimonial saya. Namun, memandangkan ahli yang hadir tidak dapat membaca buku saya pada waktu itu, mereka mempercayai apa sahaja yang dikatakan dan mengambil bahagian dalam undian. "Kerana Paderi Jaerock Lee bersalah, kita akan melucutkan jawatannya. Sila angkat tangan jika kamu setuju."

Dalam mesyuarat meluluskan undian untuk melucutkan saya, hampir semua daripada 300 ahli lembaga meninggalkan dewan, dan hanya 90 orang ahli yang tinggal. Di antara mereka, kira-kira 30 orang mengangkat tangan bersetuju, dan mereka adalah ahli-ahli yang telah bersepakat sebelum mesyuarat bermula. Ahli kami mengira jumlah orang yang mengangkat tangan. Jumlah ahli yang mengangkat tangan hanyalah 30 orang, tetapi pengerusi mengumumkan, "48 orang ahli mengundi setuju, dan ini melebih separuh, jadi undi ini diluluskan." Dia kemudiannya menghempas tukul kayu, dan saya dilucutkan jawatan dengan hanya 30 undi daripada 300 ahli keseluruhan.

Tukul Kayu yang Pecah

Apabila pengerusi menghempas tukul kayu, leher tukul ini patah dan ia jatuh ke lantai. Ini bukanlah sesuatu yang biasa berlaku. Dengan hanya menyaksikan leher tukul kayu yang patah, kami berasakan bahawa ini bukanlah keputusan yang betul di mata Tuhan. Saya, sebagai mangsa, tidak dibenarkan bercakap sepatah pun untuk mempertahankan diri saya. Pada saat itu, Pegawai Gereja Boaz Jungho Lee yang kedudukannya tidak begitu tinggi, berkata, "Apa sahaja yang telah dikatakan tadi tidak benar. Bagaimana kamu boleh menghakiminya tanpa membenarkan dia mempertahankan diri langsung? Dia ada di sini sekarang, apa kata kita mendengar penjelasannya?"

"Baik, kita akan berikan dia hak untuk bersuara. Baliklah ke tempat kamu."

Namun walaupun telah berjanji, pengerusi tidak memberi saya peluang untuk mempertahankan diri saya. Walaupun Pegawai Gereja Lee telah kembali ke tempat duduknya, saya tidak diberikan peluang untuk bercakap, dan dia mula membantah dengan suara yang kuat,

"Pengerusi, saya kembali ke tempat duduk saya kerana tuan katakan akan memberi peluang kepada Paderi Jaerock Lee untuk bersuara, tapi mengapa tuan masih tidak memberikannya hak ini?"

Pengerusi tidak mengendahkan bantahan Pegawai Gereja Lee. Semuanya ditamatkan dengan pantas. Saya telah menunggu dari pagi selama tujuh jam dan berdepan dengan penghinaan, hanya untuk diberi peluang bercakap, dan hak ini tidak diberikan kepada saya sehinggalah tamat mesyuarat. Seorang penjenayah yang akan dihukum gantung pun lazimnya diberikan hak untuk mempertahankan dirinya. Walaupun dalam negara diktator atau penghakiman dalam parti komunis, mereka akan mendengar penjelasan dari tertuduh. Tetapi saya tidak diberikan peluang untuk bersuara, walaupun saya telah menerima tuduhan palsu dalam perkumpulan ini.

Tuntutan yang Diajarkan oleh Kitab Injil

Dalam Kitab Injil ada disebutkan bahawa untuk membuat tuduhan terhadap pegawai gereja, sekurang-kurangnya perlu ada dua orang saksi (1 Timotius 5:19). Dalam kes ini, sebagai seorang paderi, mereka sepatutnya memberikan saya peluang untuk mempertahankan diri, tetapi mereka menghalang saya untuk bersuara walau sepatahpun, dan menghukum saya secara berat sebelah. Untuk mengeruhkan keadaan, tuduhan mereka semuanya tidak benar dan rekaan semata-mata.

Semasa Daud ditekan oleh Raja Saul yang cemburukannya, Daud pernah sekali mempunyai peluang untuk membunuh Raja Saul, tetapi dia tidak berbuat begitu. Dia berkata, *"Tidaklah demi Tuhan akan aku lakukan hal ini terhadap rajaku, yang telah diurapi Tuhan, untuk menghulurkan tanganku menentangnya, sedang dia telah diurapi Tuhan."* Walaupun Saul telah ditinggalkan oleh Tuhan, dia pernah sekali diurapi oleh Tuhan. Hanya Tuhan yang boleh menyelesaikan hal ini bagi hambanya yang telah diurapi, tetapi mereka melucutkan saya dengan kehendak mereka sendiri.

Saya Boleh Mengelakkannya dengan Berkata 'Ya' Hanya Sekali

Beberapa orang paderi yang berada dalam perhimpunan berasa kasihan terhadap saya dan memberi nasihat, "Paderi, gereja kamu sedang berkembang dengan pesat, itu sebabnya kamu dicemburui. Mengapa tidak katakan 'Ya' sekali sahaja terhadap apa yang dikatakan oleh paderi kanan? Katakan 'Ya' hanya sekali! Kalau mereka katakan kola ialah sider, katakan 'Amin,' dan jika mereka kata sider ialah kola, katakan 'Amin' juga." Saya tidak bertolak ansur dengan perkara yang tidak betul, saya hanya mengikut jalan yang benar. Saya teringat kisah Daniel yang tidak bertolak ansur dengan perkara yang salah semasa dia dihumban ke dalam sangkar singa. Kemudian saya teringat tentang tiga orang kawan Daniel yang tidak bertolak ansur walaupun mereka dihumban ke dalam relau api. Memikirkan hal ini saya tidak mahu bergantung kepada sesiapa melainkan Tuhan.

Apabila berita ini tersebar di gereja kami, beratus-ratus orang ahli pergi berjumpa dua paderi yang mengetuai gerakan melucutkan jawatan saya untuk membantah. Ramai juga paderi lain yang mengetahui cerita sebenar menelefon kedua-dua paderi ini dan membantah. Selepas itu, presiden mazhab ini meminta saya untuk bertemu dengannya. "Saya akan melupakan semua perkara yang telah berlaku. Tetapi beritahu saya satu perkara," katanya, "Kemudian, saya akan membersihkan nama kamu dan hubungan kita akan kembali seperti sebelumnya. Katakan kepada saya yang kamu akan katakan "ya" kepada kesemua sembilan klausa dan mematuhinya." Saya tidak boleh mengakui perkara yang tidak benar. Bagaimanakah saya boleh bertolak ansur dengan penipuan hanya kerana takut dilucutkan jawatan? Saya sangat sedih sepanjang minggu itu dan berat badan saya turun empat kilogram. Apabila memikirkan dua orang paderi yang dengan berat sebelah mengecam saya, saya berasa sedih dan kasihan terhadap mereka. Salah seorang dari mereka yang saya gelar "Paderi K," yang juga merupakan salah seorang presiden mazhab ini, selalu berkata, "Gereja Besar Manmin bukanlah bidaah Injil."

Saya telah menerbitkan buku bertajuk Heaven Will Declare the Justice dan menghantarnya ke banyak gereja tanpa mengira mazhab, ke seluruh Korea. Selepas hal ini berlaku, semasa saya sedang berdoa, Tuhan berfirman kepada saya,

"Kamu boleh keluar dari mazhab ini dan tidak perlu melalui kecaman dan penghinaan dilucutkan jawatan seperti ini. Tetapi kamu tidak berbuat begitu kerana tidak mahu membelot dengan mazhab sendiri. Inilah jenis hamba atau anak-anak yang Aku mahukan. Kamu telah memilih jalan yang benar, dan tidak lama lagi, kamu akan menjadi ketua persatuan-persatuan gereja."

Tuhan membimbing kami untuk menubuhkan satu mazhab baru supaya kami dapat mengelakkan larangan yang tidak masuk akal dan bekerja untuk kerajaan Tuhan dengan sepenuh tenaga. Pada 1 Julai 1991, Perhimpunan Agung Kesatuan Gereja Kudus Korea telah ditubuhkan, dan saya telah dilantik sebagai presiden. Selepas kami melalui satu ujian besar, saya dapat rasakan yang Tuhan telah mengurniakan saya kuasa yang lebih besar.

Memimpin Perjumpaan Penghidupan Semula di Seluruh Negara

Sejak saya ditahbiskan sebagai paderi pada tahun 1986, saya telah dijemput ke banyak tempat di seluruh negara untuk memberi ceramah pada jemaah kebangkitan. Sejak tahun 1987, saya juga memberi ceramah dalam jemaah kebangkitan pelbagai mazhab setiap bulan, termasuklah di bandar seperti Pohang dan Daegu. Saya lazimnya berkhutbah tentang doa merintih kepada Tuhan dan mengapa Yesus merupakan satu-satunya Penyelamat kita. Kedua-duanya adalah topik yang diterangkan dalam 'Pesanan Salib.'

Pada hari kedua atau ketiga jemaah kebangkitan, para paderi akan menerima kasih kurnia dari mesej yang disampaikan apabila mereka memahami makna kerohanian yang terkandung dalam Firman Tuhan, dan tidak seperti hari pertama jemaah kebangkitan, mereka akan mengucapkan terima kasih kepada saya dengan sikap rendah diri.

Paderi Kanan Boonhan Cho Disembuhkan dari Penyakit Kayap

Pada bulan Mac 1990, saya menerima jemputan dari sebuah gereja di Daegu dan pergi ke sana. Saya juga sempat melawat Paderi Kanan Boonhan Cho di rumahnya. Waktu itu dia berumur 77 tahun dan sedang menderitai penyakit kayap. Cucunya, Paderi Alvin Joonha Hwang waktu itu bekerja sebagai pegawai perubatan dalam pasukan tentera di bandar Jinhae, dan sedang menyambung pelajaran peringkat tinggi di Universiti Korea. Paderi Joonha Hwang mempunyai keimanan yang luhur, dan dia mengambil cuti beberapa kali untuk menjaga neneknya. Neneknya juga datang ke gereja kami buat beberapa lama untuk mendengar khutbah tentang Firman Tuhan. Paderi Kanan Boonhan Cho juga menderitai bisul dan apabila pecah, bisul ini akan menyebabkan artritis. Virus akan menyentuh saraf dalaman, dan ia menyebabkan kesakitan yang serius sehinggakan dia menjerit siang dan malam. Dia tidak mampu bergerak langsung dan hanya terbaring sepanjang masa. Anggota badannya mengecut, dan dia tiada selera makan serta sukar tidur. Badannya kurus sehingga tinggal tulang. Dia hanya berharap yang dia akan meninggal dunia dengan cepat. Keluarganya juga mengalami kesukaran kerana menjaganya dalam keadaan begitu.

Saya meletakkan tangan padanya dan berdoa untuknya, dan sejurus selepas saya selesai berdoa, dia tiba-tiba menjerit, "Syaitan ini sudah keluar!" dan dia mengangkat tangan kanannya. Dia menghidap kayap di bahagian kanan leher dan di bahu kanan, jadi sukar untuknya untuk menggerakkan lengan kanan. Tetapi tidak lama kemudian dia berdiri, dan dia berasakan bahawa syaitan yang menyebabkan semua penyakit ini telah meninggalkan tubuhnya. Dia telah disembuhkan sepenuhnya. Semua anaknya mahu menjaganya, termasuklah menantunya yang merupakan seorang profesor di Universiti Kebangsaan Kyoungbook di Daegu, tetapi dia berpindah ke Seoul dan menyewa sebuah rumah kecil berdekatan gereja. Dia menjalani kehidupan yang sihat sebagai seorang Kristian untuk beberapa lama dalam keimanan dan dipenuhi Roh Kudus.

Walaupun Berlaku Gangguan Terhadap Kesatuan Kebangkitan Daegu

Pada 4 Mei 1990, saya telah dijemput untuk berkhutbah dalam satu jemaah di Pusat Doa Pergunungan Jooahm di bandar Daegu. Jemaah ini dianjurkan oleh Kesatuan Misi Wilayah Kyeong Sang. Ramai sungguh orang yang hadir sehingga ada yang duduk di bawah mimbar dan di bahagian atas mimbar. Namun, tidak semua orang berpeluang masuk ke ruang suci. Jadi, kami menanggalkan daun tingkap bagi orang yang menghadiri jemaah tetapi berada di luar. Ahli koir juga tidak mempunyai ruang di dalam, jadi mereka menyanyi dari luar gereja. Dengan izin Tuhan, ramai juga paderi yang hadir, dan banyak kerja penyembuhan telah dijalankan.

Penganjur perjumpaan ini mengadakan perjumpaan yang lebih besar pada tahun berikutnya, kerana ia mendapat sambutan menggalakkan. Mereka menyewa Gimnasium Daegu. Banyak organisasi mubaligh menyokong perjumpaan ini dengan doa mereka. Mazhab yang mengecam saya cuba untuk mengganggu perjumpaan ini.

Seminggu sebelum perjumpaan ini, semasa jemaah sepanjang malam Jumaat, Tuhan berkata kepada saya. Dia meminta semua ahli gereja untuk berpuasa selama sehari pada hari Ahad berikutnya, untuk menghalang kerja jahat Syaitan. Sehingga itu, saya tidak menyedari apa yang sedang berlaku di Daegu. Pada hari Sabtu, saya menerima laporan daripada pekerja gereja yang melawat Daegu dan menyiasat apa yang sedang berlaku di sana.

Mazhab yang mengecam saya menghantar satu surat rasmi kepada pengerusi jawatankuasa penganjur, media, serta organisasi lain yang berkaitan, yang menyatakan bahawa saya telah dikecam sebagai pembawa bidaah dan telah dilucutkan jawatan, dalam usaha mereka untuk mengganggu perjumpaan ini. Kemudian, perhimpunan mazhab "J" yang telah lama menyokong perjumpaan ini menghantar surat rasmi kepada setiap gereja mereka dan menyatakan, "Disebabkan Rev. Jaerock Lee ialah pembidaah, kami akan mengecam sesiapa yang menyokong perjumpaan ini sebagai pembidaah juga." Disebabkan hal ini, banyak organisasi sokongan dan paderi yang telah berdoa untuk perjumpaan ini tidak lagi dapat membantu. Banyak khabar angin palsu yang disebarkan termasuklah bahawa perjumpaan ini telah dibatalkan.

Pada 18 Mac 1991, tanpa diberi peluang bersuara mengenai kedudukan gereja kami dan tentang kebenaran, perjumpaan ini dimulakan. Organisasi sokongan yang mempercayai surat yang dihantar, menarik balik sokongan mereka terhadap kami. Namun, walaupun mendapat tekanan daripada perhimpunan mazhab, ramai paderi masih mengambil bahagian dalam prosiding perjumpaan ini. Syukur kepada Tuhan! Tuhan telah menggerakkan hati ahli-ahli gereja kami, dan mereka pergi ke Daegu serta membuat persediaan untuk perjumpaan ini. Perjumpaan ini kini nampaknya dianjurkan oleh gereja kami, namun ramai penganut yang hadir dan ia berlangsung dengan jayanya, dengan izin Tuhan.

Musuh kita syaitan cuba untuk membatalkan mesyuarat ini dan mencipta banyak tentangan, namun kerana Tuhan tahu apa yang ada dalam fikiran manusia serta segala rancangannya, Tuhan meminta kami untuk berdoa dan berpuasa terlebih dahulu. Akhirnya, Tuhan memastikan segala-galanya berjalan mengikut rancangan.

> *Apa yang boleh kami katakan tentang hal ini? Jika Tuhan bersama kami, siapakah yang menentang kami? Tuhan yang tidak menyimpan AnakNya sendiri, tetapi mengorbankanNya untuk kami semua, bukankah Dia juga boleh memberikan apa sahaja yang Dia mahu kepada kami? Siapa yang akan membuat tuduhan terhadap orang pilihan Tuhan? Tuhan yang berhak mewajarkan; siapakah yang mengecam? Yesus Kristus yang disalib, ya, Dia juga yang dibangkitkan, yang merupakan tangan kanan Tuhan, yang juga memberi syafaat kepada kami. Siapa yang akan menghalang kami dari kasih sayang Kristus? Adakah dugaan, tekanan, atau penghukuman, atau kebuluran, atau tidak berpakaian, atau bahaya, atau mata pedang? Seperti yang telah ditulis, 'Demi Engkau kami diancam nyawa setiap hari; Kami dianggap biri-biri yang menunggu sembelihan.' Tetapi semua hal ini kami menang disebabkan Dia yang menyayangi kami* (Roma 8:31-37).

Berpindah Ke Gereja Baru Melalui Iman

Pada bulan Mac 1987, kami tidak dapat lagi menampung jumlah ahli gereja yang semakin bertambah dalam ruang suci yang ada, dan kami berdoa untuk mendapatkan gereja baru yang lebih besar. Di Shindaebang 2 Dong, di mana gereja kami bermula, sebuah bangunan baru telah dibina, dan kami menyewa tingkat dua dan tiga.

Dari 13 hingga 17 April, kami mengadakan jemaah kebangkitan sempena menyambut pemindahan ke bangunan baru. Tajuk jemaah ini adalah "Bukan Semua Orang Yang Memanggilku 'Ya Tuhan,' 'Ya Tuhan' Akan Diterima," dan saya berkhutbah tentang Kasih Kurnia, Roh Kudus, Keimanan, dan Kehidupan Abadi. Tiga bulan selepas jemaah kebangkitan, ruang suci dengan keluasan hampir 1,600 perkarangan persegi ini penuh dengan ahli gereja!

Sedang Kami Merintih Dalam Doa

Seperti hari ini, ahli gereja kami berdoa tiga jam sehari dalam Jemaah Doa Malam Daniel. Kami letakkan styrofoam di celah tingkap untuk menghalang bunyi dari keluar, namun kerana bangunan ini sendiri tidak kalis bunyi, masih ada juga bunyi yang dapat didengari dari luar. Mujurlah di hadapan gereja hanya ada pasar dan bukannya kawasan kediaman.

Pernah sekali, dalam mesyuarat kejiranan kawasan itu, seorang penduduk meletakkan dalam agenda mesyuarat tentang bunyi bising yang datang dari gereja kami. Tetapi seorang ahli persatuan wanita memberitahu mereka, "Tetapi mereka menutup tingkap walaupun dalam terik musim panas, malah mereka menyelitkan styrofoam di celah-celah tingkap. Bunyi orang berdoa bagi saya seperti senandung yang indah." Mereka tidak lagi berbincang tentang bunyi bising selepas itu. Pernah juga sekali, ada seorang yang membuat laporan polis. Polis yang menerima laporan tersebut menyatakan, "Waktu kamu tidur, mereka berdoa untuk negara ini dan mengorbankan tidur mereka. Apa masalahnya dengan kamu ni?" Orang yang membuat aduan itu tidak dapat berkata apa-apa lagi.

Menangani Krisis Dengan Izin Tuhan

Tuhan tidak mahu kami berpuas hati dengan keadaan yang sedia ada. Dia memberikan kami satu ujian yang akan membuatkan kami berpindah ke tempat yang lebih besar. Pada bulan April 1988, bukan hanya ruang suci utama malah pejabat, kawasan tangga serta koridor dipenuhi dengan orang yang menghadiri jemaah. Waktu itu, terdapat sebuah pasar raya di bahagian bawah tanah bangunan ini. Satu demi satu pasar raya ini ditutup kerana jualan yang tidak memberangsangkan. Kami mempunyai kontrak untuk membeli bahagian bawah tanah juga, tetapi tiba-tiba para pekedai di pasar dan penduduk menentang cadangan ini. Ada khabar angin palsu menyatakan yang gereja ini akan menghalau semua pekedai dari kawasan ini.

Mereka melakukan upacara perbomohan di hadapan pintu gereja pada hari Ahad, dan mereka memainkan dram tradisional Korea dengan begitu kuat. Walaupun selepas memanggil polis, mereka hanya datang untuk memeriksa keadaan setelah semuanya selesai. Dalang di sebalik kekecohan ini adalah pihak kerajaan bandar. Pada waktu itu, En. 'S,' yang merupakan ahli parti pembangkang, melawat gereja kami beberapa kali dan mempunyai hubungan yang baik dengan saya. Dia menerima doa saya sebelum pilihan raya, dan dia memenanginya Kemudian, calon dari parti majoriti yang kalah dalam pilihan raya tersebut berfikir yang memandangkan gereja kami menyokong parti pembangkang, sukar baginya untuk memenangi pilihan raya yang seterusnya. Jadi dia menggunakan pengaruhnya di pejabat daerah dan balai polis untuk menghalau gereja kami dari kawasan ini. Setelah beberapa lama, barulah saya memahami situasi yang berlaku. Para pekerja gereja menyatakan yang mereka sudah tidak tahan lagi dan mahu pergi ke pejabat daerah untuk membuat bantahan. Mereka juga mahu mengambil tindakan undang-undang, tetapi saya meminta mereka supaya jangan melakukan apa-apa. Saya memujuk mereka dengan Firman Tuhan yang menyuruh kita membalas kejahatan dengan kebaikan.

Ahli-ahli gereja menurut nasihat saya. Mereka berhadapan dengan tentangan dari penduduk tempatan dan masih cuba berbuat baik dan berkhidmat untuk mereka. Tetapi semakin lama, penentangan ini bertambah hebat. Pejabat 'Dong' (daerah kecil) tempatan, pejabat kerajaan daerah, wakil daerah kecil tempatan, presiden persatuan wanita, malah warga emas juga dibawa ke gereja untuk mengganggu jemaah doa, dan jabatan bomba datang memeriksa bangunan kami setiap hari semata-mata untuk menyusahkan kami.

Saya hanya melutut di hadapan Tuhan dan berdoa. Dan suatu hari, saya mendapat khabar bahawa pihak yang cuba menghalau gereja kami mahu berjumpa dengan saya. Apabila saya tiba di bilik mesyuarat pejabat daerah kecil tempatan, saya lihat ada lebih 10 orang wakil dari pelbagai sektor kawasan ini turut hadir.

Mereka hampir-hampir menangis, "Paderi, selamatkan kami! Kami amat-amat menderita. Kami rasakan seperti sedang jatuh ke dalam Neraka." Saya menjawab, "Kami juga mahu meninggalkan tempat ini, tetapi kami tidak jumpa bangunan yang lebih besar, dan kami juga tidak mempunyai wang yang cukup." Mereka berkata, "Paderi, berapa banyak yang kamu perlukan untuk memindahkan gereja ini?"

Mereka memberitahu saya kisah mereka, dan saya dapat lihat kerja yang Tuhan lakukan terhadap mereka. Antara mereka yang mengepalai protes untuk menghalau gereja kami dari lokasi sekarang, ada yang secara tiba-tiba jatuh sakit dan mendapat pelbagai jenis penyakit. Khabar angin tentang hal ini tersebar dengan cepat. Ada orang yang menjadi takut mendengarkan berita ini. Orang-orang yang aktif menerajui gerakan menentang kami berasakan seolah-olah mereka sedang jatuh ke dalam neraka. Kerana mereka tidak sanggup hidup dalam keadaan ketakutan ini, mereka mahu berjumpa dengan saya. Mereka memberikan kami 300 juta won (300,000 dolar AS) pada waktu itu, dan ini merupakan jumlah yang diperlukan untuk memindahkan gereja kami. Kami tidak mempunyai wang yang sebanyak itu, dan bagi kami, jumlah yang diberikan terlalu besar.

Apabila Abimelekh mengambil Sarah, dan memikirkan yang dia adik perempuan Ibrahim, Tuhan datang dalam mimpinya dan memberitahunya bahawa Sarah ialah isteri Ibrahim, dan memintanya untuk memulangkan Sarah kembali. Abimelekh tidak hanya memulangkan Sarah tetapi juga menghantar biri-biri, lembu dan hamba kepada Ibrahim (Kejadian 20). Apabila Tuhan melakukan kerja Nya, Ibrahim berjaya menangani krisis dan dilayan dengan baik. Dengan cara yang sama, gereja kami juga berjaya menangani krisis dengan campur tangan Tuhan.

Tanah yang Disediakan Tuhan berada di Hadapan Kami

Kami berdoa, "Ya Tuhan, berikanlah kami kawasan yang melebihi keluasan 54,000 kaki persegi." Berdekatan dengan gereja, terdapat sebuah bangunan seluas kira-kira 6,000 perkarangan persegi, dan kami berdoa dengan gigih untuk berpindah ke bangunan ini. Tetapi pada suatu hari dalam tahun 1990, Akademi Tentera Udara, yang terletak di Taman Boramae mengumumkan yang mereka akan berpindah, dan tempat ini akan dijadikan taman. Kerajaan bandar Seoul mahu menjual tanah ini kepada pelabur swasta. Saya sedar yang Tuhan telah menyediakan sebidang tanah untuk gereja kami di Taman Boramae. Banyak manfaatnya jika gereja didirikan di sini. Ada sebab mengapa Tuhan memimpin saya untuk membuka gereja di Shindaebang Dong. Apabila kami berdoa untuk berpindah ke Taman Boramae, Tuhan memberitahu kami, *"Aku telah berikan kamu tanah, sekarang pergilah dan ambil tanah ini. Seluruh jemaah kamu mesti menunjukkan keimanan. Selepas kamu mendapatkan tanah suci ini, Aku akan menguruskan segala hal-hal lain."* Gereja kami juga turut serta dalam proses membida, namun sukar untuk mendapatkan walau 4,000 perkarangan persegi tanah dengan keimanan dan kepercayaan yang ada pada ahli gereja kami waktu itu. Hanya beberapa orang ahli gereja yang benar-benar menunjukkan keimanan mereka.

Tuhan memimpin orang-orang Israel ke tanah Kanaan, tetapi mereka tidak dapat masuk ke tanah ini kerana mereka tidak patuh. Hanya anak-anak mereka yang dapat masuk ke tanah ini. Disebabkan kami tidak dapat menunjukkan keimanan seperti yang dikehendaki, Tuhan menunjukkan kami tempat kedua di Guro Dong. Dia telah menyediakan satu bangunan besar di kawasan perindustrian, yang luasnya kira-kira 10,000 perkarangan persegi.

Upacara Perasmian bagi Gereja Baru dan Gangguan Yang Berterusan

Kompleks perindustrian Guro adalah kawasan yang menerajui pengindustrian Korea. Waktu itu terdapat banyak kilang di sana. Gereja keempat kami, iaitu gereja Guro Dong, dahulunya merupakan kilang syarikat Shin Ae Electronics. Sebelum syarikat ini jatuh muflis, saya pernah bertemu dengan pemiliknya.

Dia memberitahu saya, "Paderi Kanan, saya mahu membina ruang suci Gereja Besar Manmin di tanah ini." Saya mempercayai kata-katanya. Saya menjawab, 'Amin.' Selepas itu Shin Ae Electronics jatuh muflis, dan pemiliknya melarikan diri ke Amerika Syarikat. Paderi Kanan Shin-ae Hyun menjadi Ketua Pegawai Eksekutif menggantikannya. Tetapi disebabkan hutang yang banyak, mogok pekerja dan pekerja yang mendesak untuk mendapatkan gaji yang tidak dibayar, dia mengalami masa yang sukar. Jadi, dia berdoa supaya perkarangan syarikat dapat digunakan untuk kerajaan Tuhan oleh beberapa orang paderi yang terkenal. Waktu itu, dia menerima jawapan dari Tuhan yang memberitahunya, *"Berikan tanah ini kepada Rev. Jaerock Lee, yang Aku kasihi."* Selepas bertanyakan ramai orang, dia akhirnya menemui saya. Selepas menerima panggilan telefon daripadanya, saya pergi ke tempatnya di mana dia menjalankan jemaah kebangkitan untuk bertemunya secara formal. Lokasi ini terletak di Yongsan, di mana saya pernah menerima penyembuhan dari Tuhan di gerejanya pada tahun 1974. Selepas itu, saya pernah berjumpa dengannya secara formal hanya sekali. Kami tidak pernah berjumpa lagi selepas itu, dan dia langsung tidak ingat akan saya.

Dia menerangkan kepada saya proses yang dilaluinya untuk mencari saya. Tuhan menggerakkan hati saya, dan kami mengambil keputusan untuk membeli kawasan ini. Kami memerlukan 10 bilion won (10 juta dolar AS), dan untuk menyelesaikan masalah pekerja dengan segera, kami memerlukan 2 bilion won (2 juta dolar AS).

Jemaah Memperingati untuk Ruang Suci yang Baru

Pada 10 Februari 1991, kami meninggalkan gereja di Shindaebang Dong dan berpindah ke Guro Dong, dan kami mengadakan jemaah memperingati. Kami membayar para pemiutang dan gaji pekerja yang tertunggak. Kemudian kami mula mengubahsuai bangunan ini menjadi sebuah gereja.

Apabila kami berpindah, kami hanya mempunyai 300 juta won (300,000 dolar AS) yang kami dapat dari bangunan yang lama. Jadi, melihatkan realiti situasi ini, sukar untuk kami mengambil walau satu langkah pun ke hadapan, dengan begitu ramai ahli. Tetapi kerana kami sedar yang Tuhan sedang membimbing kami, kami melangkah dengan yakin dan penuh keimanan. Setahun selepas kami berpindah ke sini, pihak bank mahu melelong bangunan ini sekali lagi, tetapi kami tidak mempunyai wang. Pihak bank berkata, "Pihak gereja telah menyelesaikan situasi serius syarikat ini yang menghadapi masalah dengan kesatuan pekerja; dan kamu menghabiskan banyak wang mengubahsuai bangunan ini menjadi sebuah gereja. Tetapi kamu fikir, siapa yang akan membuat spekulasi terhadap tanah ini?" Mereka menyuruh kami membeli tanah ini apabila harganya turun. Tetapi realiti yang berlaku adalah berbeza. Sebuah syarikat telah membeli tanah ini sebagai sebahagian daripada pelan spekulasi hartanah mereka. Mereka meminta kami mengosongkan bangunan itu. Sudah tentulah kami tidak mempunyai tempat lain untuk berpindah, jadi kami tidak dapat pergi ke mana-mana.

Pada 15 Februari 1992, syarikat yang membeli tanah ini datang membawa 100 orang pemunggah dan membawa keluar semua harta benda gereja. Beberapa orang pekerja gereja turut dipukul apabila mereka cuba menghalang para pemunggah ini. Syarikat ini juga memfailkan saman jenayah terhadap kami, dan menyatakan bahawa kami telah melanggar undang-undang. Dengan dugaan yang ditempuhi ini, Tuhan membuatkan ahli berasa lebih sayang dengan gereja ini dan mereka berdoa dengan lebih tekun lagi. Tuhan kemudiannya menggerakkan hati syarikat yang membeli tanah ini, dan mereka membuat perjanjian baru dengan kami. Kami kemudiannya mula membayar semula harga tanah ini.

Gangguan Terhadap Perjuangan Penginjilan Seoul

Dari 18 hingga 21 Mei 1992, 'Perjuangan Penginjilan Seoul' telah dianjurkan di gereja kami oleh 'Jawatankuasa Penganjuran Penyatuan Semula Bangsa dan Perjuangan Jubli 1995.' Ia dianjurkan oleh Gerakan Penyatuan Semula Bangsa dan Penginjilan dengan sokongan *The Kukmin Ilbo*, Syarikat Penyiaran Far East, Sistem Penyiaran Christian, *The Christian Newspaper*, *The Korea Church Newspaper*, dan Pejabat Paderi Polis. Musuh kita syaitan sekali lagi bangkit untuk menggagalkan perjumpaan ini.

Dalam perjumpaan ini, beberapa orang paderi terkenal termasuklah paderi Hyeon-gyoon Shin dan Jaechul Hong akan menjadi penceramah. Mereka menerima tekanan untuk tidak berucap dalam perjumpaan ini. Sekali lagi ada yang menyebarkan berita bahawa saya seorang pembidaah, dan saya mempunyai rekod dilucutkan jawatan dari mazhab. Jika mereka berucap dalam perjumpaan ini, mereka akan berdepan dengan situasi yang tidak diingini pada masa hadapan. Tetapi para penceramah ini tahu bahawa saya seorang paderi yang menurut jalan benar yang ditunjukkan Kitab Injil dengan kasih sayang terhadap Yesus, jadi mereka tidak tunduk kepada desakan luar ini. Perjumpaan ini dilaksanakan dengan jayanya, dengan bantuan Roh Kudus. Pada 14 hingga 17 September tahun yang sama juga, 'Perjuangan Penyatuan Penginjilan Warga Seoul' telah diadakan di gereja kami, dan dianjurkan oleh Persatuan Kebangkitan Kristian Korea, dan lapan orang paderi termasuk paderi Jongman Lee berucap dalam perjumpaan ini.

Perdamaian dengan Mazhab Kesucian (Anyang)

Pada bulan Februari 1992, Gereja Kristian Suci Korea (Anyang), mazhab yang telah mengecam saya, mula mengambil tindakan terhadap gereja kami kerana kami telah membentuk mazhab sendiri dan berkembang dengan pantas. Paderi 'Y' yang merupakan presiden mazhab pada waktu itu telah banyak kali menyebarkan khabar angin palsu kepada Majlis Kristian Korea dan juga pihak media. Memandangkan fitnah seperti ini masih berterusan, ia bukan hanya menjatuhkan maruah, tetapi juga menyebabkan kesan buruk kepada kerja-kerja dakwah dan penyebaran ajaran Injil. Kami akhirnya bersepakat supaya wakil gereja kami memfailkan saman malu terhadap paderi 'Y.'

Paderi 'Y' terpaksa membayar denda dan hampir dipenjarakan. Dia menjadi terdesak dan beberapa kali meminta kami untuk membatalkan saman melalui profesor seminari saya, Paderi Taekgu Sohn. Paderi Taekgu Sohn juga memohon supaya kami membatalkan kes ini, memandangkan paderi 'Y' telah berjanji untuk tidak terlibat dengan persatuan gereja lagi, dan hanya akan menumpukan perhatian terhadap kerja-kerja penyebaran agama.

Paderi 'Y' sudah agak berusia, dan saya berasa kasihan terhadapnya. Jadi, apabila saya mahu menerima permintaan paderi Taekgu Sohn untuk membatalkan saman, peguam yang menguruskan kes ini menentang keras idea tindakan ini. Dia menasihatkan, "Kamu tidak patut membatalkan kes ini sekarang. Saya telah menyiasat tindakan mereka sebelum ini, dan jika masalah ini tidak diselesaikan secara berprinsip, mereka akan melakukannya sekali lagi." Walaupun pihak peguam tidak bersetuju, saya menandatangani perjanjian bersama dan membatalkan kes ini.

Kami berdua bersemuka dan menandatangani perjanjian pada 20 April 1993. Kami masih menyimpan perjanjian ini. Paderi 'Y' menandatangani perjanjian bertulis yang menyatakan, "Saya memohon maaf kerana saya telah mengganggu bahan-bahan dan telah memburukkan nama Rev. Jaerock Lee dan Gereja Besar Manmin. Saya akan cuba sedaya upaya untuk tidak melakukan hal yang sama pada masa akan datang, dan saya menumpukan perhatian hanya kepada kerja-kerja penyebaran agama saya." Kami membatalkan saman ini dan saya memaafkannya, tetapi seperti yang dijangkakan oleh peguam, dia terus mengganggu gereja kami. Dia memberikan alasan dengan berkata, "Saya tidak memohon maaf sebagai presiden mazhab tetapi hanya secara peribadi."

Penyelewengan Berdasarkan Kepada Injil

Saya menjadi begitu terkenal disebabkan kebangkitan yang berlaku dengan pantas, tetapi sesetengah orang menganggap saya sebagai pembawa bidaah disebabkan kecaman oleh Gereja Kristian Suci Korea. Bagi orang yang belum pernah berjumpa dengan saya atau datang ke gereja kami, dengan mudah sahaja mereka menghakimi kami kerana mereka mendengar cerita dari orang sekeliling. Dalam Kitab Injil sendiri, hawari Paulus yang begitu mengasihi Yesus dan menyebarkan ajaran Kitab Injil sepanjang hidupnya telah dihukum dan dikecam sebagai 'gila,' 'menyusahkan,' dan 'ketua taifah Nazareth' (Kisah Para Rasul 24:5).

Di sini mari kita lihat penjelasan tentang bidaah berdasarkan definisi dalam Kitab Injil. Buku 2 Petrus 2:1 menyatakan, *"Sebagaimana nabi-nabi palsu dahulu tampil di tengah-tengah umat Tuhan, demikian pula di antara kamu akan ada guru-*

guru palsu. Mereka akan memasukkan pengajaran sesat yang membinasakan, bahkan mereka akan menyangkal Penguasa yang telah menebus mereka dan dengan jalan demikian segera mendatangkan kebinasaan atas diri mereka." Di sini, 'Penguasa yang telah menebus mereka' merujuk kepada Kristus. Oleh itu, sebelum Yesus disalib, dibangkitkan semula dan menyelesaikan tugasNya sebagai Penyelamat, perkataan bidaah tidak wujud dalam Kitab Injil. Ini sebabnya tiada perkataan 'bidaah' disebutkan dalam Perjanjian Lama dan Empat Kisah Injil, iaitu dalam Matius, Markus, Lukas dan Yohanes.

Dalam Empat Kisah Injil, semua jurutulis, Farisi, sami, dan ketua sami tidak menggunakan perkataan 'bidaah' walaupun semasa mereka menghukum Yesus. Hanya selepas Yesus dibangkitkan dan menyelesaikan tugasNya sebagai Kristus, orang yang menidakkan 'Penguasa yang telah menebus mereka' mula wujud, dan hanya dalam Buku 2 Petrus, Kitab Injil memberi amaran terhadap pembidaah ini. Namanya Yesus bermakna 'Dia yang akan menyelamatkan umatNya dari dosa mereka sendiri' (Matius 1:21), dan Kristus bermakna 'Yang Diurapi.' Hanya selepas Yesus disalib dan dibangkitkan semula, Dia akan menyelesaikan tugasNya sebagai Kristus dan menjadi Penyelamat kita.

Oleh itu, apabila kita menghabiskan doa, daripada menyatakan, "Dengan nama Yesus, saya berdoa," sebaliknya kita katakan, "Dengan nama Yesus Kristus saya berdoa" kerana ini lebih sempurna dari segi makna kerohaniannya. 1 Yohanes 2:22 menyatakan, *"Siapakah pendusta itu? Bukankah dia yang menyangkal bahawa Yesus adalah Kristus? Dia itu adalah anti Kristus, iaitu dia yang menyangkal baik Bapa mahupun Anak."* Oleh itu, menyangkal Tuhan Trinitas (Tuhan Bapa, Yesus Kristus Anak, dan Roh Kudus) adalah dianggap bidaah.

Oleh itu, adalah tidak benar di sisi Tuhan untuk kita mengadili atau menghukum seseorang atau gereja yang percaya terhadap Tuhan Bapa dan menerima Yesus Kristus sebagai Penyelamat.

Untuk menghukum gereja di mana Roh Kudus hadir atas nama Yesus Kristus adalah menghukum dan menentang Roh Kudus, dan Kitab Injil telah memberi amaran kepada kita bahawa dosa ini tidak akan diampunkan. Roh Kudus ialah satu entiti Tuhan dan menuduh apa yang dilakukan oleh Roh Kudus sebagai kerja syaitan, samalah seperti menyatakan yang Tuhan adalah syaitan dan pembidaah. Bagaimanakah orang-orang sebegini dapat diselamatkan? Dari Matius 12:22 dan seterusnya, Yesus menyembuhkan orang yang buta dan pekak disebabkan syaitan. Orang Farisi mengecam Yesus dan menyatakan, *"Dengan Beelzebul, penghulu syaitan, Dia mengusir syaitan."* Yesus menjawab, *"Sebab itu Aku berkata kepadamu: Segala dosa dan kekufuran manusia akan diampuni, tetapi kekufuran terhadap Roh Kudus tidak akan diampuni. Apabila seorang mengucapkan sesuatu menentang Anak Manusia, dia akan diampuni, tetapi jika dia menentang Roh Kudus, dia tidak akan diampuni, di dunia ini tidak, dan di dunia yang akan datang pun tidak"* (Matius 12:31-32).

Apabila orang Farisi mengecam kerja Roh Kudus yang dimanifestasikan oleh Yesus melalui kuasa Tuhan, ia merupakan kekufuran terhadap kerja Roh Kudus. Ia merupakan dosa yang amat besar dan tidak boleh diampunkan, dan mereka tidak akan diselamatkan.

Dugaan Pendarahan Sehingga Hampir Mati

Pada Jun 1992, saya melalui banyak perkara sukar di gereja yang tidak boleh dikongsikan dengan orang lain, maka saya tidak dapat berehat dan tidak dapat tidur selama berhari-hari. Tahap kepenatan saya tidak dapat dikawal lagi. Tambahan pula, beberapa orang pembantu paderi dan pekerja gereja berhenti berdoa, dan mereka mula tidak patuh, dan akhirnya Tuhan memberikan satu ujian. Disebabkan saya menanggung beban yang begitu berat secara sendirian, saya hampir-hampir mengalami pendarahan otak. Apabila ahli gereja jatuh sakit, saya boleh berdoa untuk mereka. Tetapi bagaimana pula jika saya mengalami pendarahan di kepala? Tuhan melakukan segala-galanya dengan teliti, dan sebelum saya jatuh sakit disebabkan pendarahan otak, Dia memecahkan satu salur darah di hidung dan membiarkan saya berdarah.

Perkara ini berlaku pada hari Sabtu, 13 Jun 1992. Saya

bersiap-siap untuk keluar kerana ada perkahwinan yang perlu dijalankan. Tiba-tiba hidung saya berdarah dan saya meminta seorang paderi lain untuk menggantikan saya menjalankan upacara perkahwinan. Darah mengalir melalui kedua-dua belah hidung dan mulut saya. Saya mengalami pendarahan selama lebih kurang sejam setengah pada tengah hari itu. Pada malamnya pula, saya sekali lagi mengalami pendarahan selama sejam. Saya terpaksa duduk dengan memanggung kepala. Jika saya mengangkat kepala, darah akan mengalir masuk ke tekak dan menyebabkan saya tercekik.

Pada pagi Ahad semasa saya mahu membersihkan diri, saya mula mengalami pendarahan sekali lagi jadi saya tidak pergi ke gereja. Banyak darah keluar melalui lubang hidung saya dan mengalir ke leher. Semasa saya mengalami pendarahan, saya tertanya-tanya dari mana datangnya begitu banyak darah.

Lebih daripada 100 pembantu paderi dan pekerja gereja mendapat tahu dan mereka datang ke kediaman saya. Pada mulanya, ada yang cuba mengelap darah dengan tisu, kemudian tuala, tetapi mereka tidak dapat membantu kerana darah terus-menerus mengalir tanpa henti, dan saya meletakkan sebuah besen di depan saya. Mereka tahu bahawa dengan keimanan sahaja, saya tidak bergantung kepada pendekatan duniawi, jadi tiada sesiapapun yang mencadangkan supaya pergi ke hospital.

Saya tiba-tiba mahu mendengar lagu puji-pujian dan meminta mereka memainkan untuk saya. Salah seorang dari mereka mula menyanyikan lagu puji-pujian. Semasa saya mendengar lagu-lagu ini, hati saya berasa tenang, dan saya berasa sangat teruja untuk ke Syurga. Saya mula kehilangan tenaga dan saya mula hilang kesedaran. Tetapi saya dapat rasakan bahawa roh saya semakin jelas dan dipenuhi Roh Kudus.

Di Persimpangan Pilihan antara Hidup dan Mati

Pada saat itu, dengan inspirasi yang jelas, Tuhan menyatakan kepada saya tahap kerohanian beberapa orang yang berada di situ. Saya menggesa mereka untuk menghentikan perasaan bangga dan kepalsuan yang dibenci Tuhan, dan memberikan wasiat terakhir kepada keluarga saya. Selepas itu saya dapat tahu bahawa seluruh jemaah gereja mula berdoa untuk saya.

Nadi saya berhenti, dan pernafasan saya juga berhenti. Waktu itu saya sudah tidak sedarkan diri, dan saya dapat rasakan roh saya meninggalkan jasad. Saya mendengar Pegawai Gereja Boaz Lee dan orang lain yang berada di sana berdoa, "Ya Tuhan, hidupkanlah kembali paderi kami!" dan mereka berdoa sambil menangis. Mereka memberitahu saya apabila mereka menyentuh pergelangan tangan saya, mereka tidak dapat mengesan nadi dan dada saya juga sejuk. Pada waktu itu, Tuhan datang kepada saya.

"Wahai hambaKu, mahukah kamu datang kepadaKu, atau mahukah kamu pulang untuk menunaikan tanggungjawabmu?"

"Ya Tuhan, aku mahu berada di sisiMu."

Pada waktu itu, kami tinggal di rumah yang disewa. Saya tidak mempunyai sebuah rumah pun, apatah lagi wang simpanan. Namun begitu, saya tidak risau tentang ahli keluarga saya, dan saya hanya mahu masuk ke Syurga. Tuhan kemudiannya menunjukkan saya dua senario. Selepas saya berada di sisi Tuhan, musuh kita syaitan akan menyerang gereja kami. Gereja kami runtuh dan ramai penganut yang berkeliaran seperti biri-biri sesat dan kembali ke dunia, ke arah kematian. Sesetengah ahli sedang menuju pintu Syurga dengan berpuasa dan berdoa, tetapi kebanyakan daripada ahli gereja hilang arah, dan mereka mula menuju jalan duniawi dan jalan ke Neraka. Pada waktu itu, saya mula terfikir.

"Ya Tuhan, biarkan saya pulang. Saya mahu berhadapan denganMu bersama-sama ahli gereja selepas kami membina Ruang Besar Suci."

Saya berdoa dengan semangat untuk hidup. Pada saat itu, cahaya datang dari atas, dan suatu kuasa yang kuat datang kepada saya. Saya tiba-tiba duduk dan saya minta air untuk diminum. Kemudiannya, saya dapat tahu bahawa air yang saya minum bertukar menjadi darah dalam tubuh saya. Saya berdiri dan keluar ke ruang tamu. Beberapa orang ahli yang tidak dapat masuk ke bilik saya sedang berdoa dan menangis di sini. Mereka amat terkejut tetapi gembira melihat saya. Saya berjabat tangan dengan semua orang dan berbual-bual dengan mereka. Wajah saya mula kemerah-merahan. Tiada tanda langsung yang saya telah kehilangan banyak darah dan hampir mati. Namun saya masih belum betul-betul pulih, dan saya hanya ingat apa yang orang lain beritahu saya, dan saya tidak ingat segala-galanya dengan terperinci.

Sejak itu, saya akan minum air apabila saya mengalami pendarahan. Saya lazimnya lebih gemar minuman ringan, tetapi kini saya mahu minum banyak air. Saya telah kehilangan banyak darah dan saya pastinya akan mati melainkan jika ada bekalan darah. Tetapi sebagaimana Yesus menukarkan air menjadi wain, saya percaya yang air boleh ditukarkan kepada darah dengan kuasa Tuhan, setiap kali saya minum air. Saya juga menyedari bahawa pendarahan ini adalah atas kehendak Tuhan, dan saya tidak mahu bergantung kepada ubat-ubatan duniawi langsung. Saya benar-benar percaya dan berserah kepada Tuhan yang Maha Berkuasa, dan saya menyerahkan segala-galanya di tangan Tuhan.

Saya langsung tidak mempunyai keinginan untuk ke hospital untuk menyelamatkan nyawa saya. Jika Tuhan mahu mengambil roh saya, tiada alasan untuk saya cuba melanjutkan hidup lagi. Hanya dengan kehendak Tuhan, saya lebih rela memilih kematian. Saya lebih mengenali Tuhan yang Maha Berkuasa berbanding orang lain, dan saya telah menyembuhkan ramai orang sakit dengan kuasa Tuhan, jadi jika saya tidak dapat disembuhkan hanya dengan keimanan, bagaimanakah saya dapat mengajar para ahli gereja untuk menerima penyembuhan melalui keimanan? Itu sebabnya saya lebih rela mati dari bergantung kepada hospital. Saya berdepan dengan kematian dengan rasa gembira, memberikan wasiat terakhir kepada keluarga saya dengan tenang, tetapi memandangkan bukan kehendak Tuhan untuk saya mati, Tuhan membenarkan saya kembali ke kehidupan dalam sekelip mata.

Melepasi Ujian Ibrahim

Memandangkan pendarahan telah berhenti malam itu, saya makan malam dan kemudian pergi ke tempat berdoa. Tetapi malam itu saya mengalami pendarahan sekali lagi selama sejam setengah, dan pagi esoknya juga hal yang sama berlaku. Saya tidak boleh makan mahupun baring. Jika saya berbaring, darah dari jantung saya akan turun ke bawah, jadi saya perlu duduk dalam keadaan senget, dan kepala ditundukkan ke bawah. Pada hari Ahad, saya masih berada di tempat berdoa saya. Saya ada pita video rakaman jemaah berdoa dengan khutbah bertajuk "Tuhan

Maha Penyembuh" yang pernah saya khutbahkan sebelum ini. Tibanya masa 'Doa Untuk Orang Sakit,' saya meletakkan tangan di atas kepala dan menerima doa, dan sejak itu pendarahan berhenti sepenuhnya. Melalui pengalaman ini, saya sekali lagi menyedari dan berasa kagum dengan kekuatan doa untuk orang sakit.

Saya mengira tempoh masa saya mengalami pendarahan. Selama lapan hari, dalam 30 kejadian berbeza, saya mengalami pendarahan selama 24 jam. Masa ini cukup untuk mengeringkan sepenuhnya darah dalam badan, sebanyak beberapa kali. Apabila saya berdarah, saya akan minum air dan air ini ditukarkan menjadi darah. Hal ini berlangsung selama lapan hari. Tuhan menguji saya selama lapan hari, tetapi saya tidak pernah merungut atau mempunyai kebencian seperti Ayub. Saya hanya mempunyai rasa kesyukuran. Walaupun saya mati, ini adalah untuk berada di sisi Tuhan, dan saya akan hidup dengan gembira di dalam Syurga, jadi saya tidak mempunyai sebab untuk bersedih.

Saya terpaksa duduk dengan memanggung kepala sepanjang masa kerana darah akan mengalir lebih banyak jika saya berbaring. Pada masa itu saya memikirkan banyak perkara. Tuhan memberikan saya banyak kuasa, tetapi saya tidak memimpin jemaah dengan baik dalam keimanan, saya tidak mengawal pekerja gereja dengan baik, dan kami masih belum membina ruang suci lagi. Semakin banyak saya berfikir, semakin kesal saya rasakan di hadapan Tuhan. Saya menghabiskan masa lapan hari tanpa tidur, dengan hati yang penuh taubat di hadapan Tuhan.

Disebabkan saya bersedia untuk memberikan nyawa dan hidup saya seperti yang dikehendaki Tuhan, Dia telah mengembalikan kesihatan saya dalam masa lapan hari. Tuhan kemudiannya memberitahu saya, seperti Ibrahim yang melepasi ujian mengorbankan satu-satu anak lelakinya Ishak, saya juga telah melepasi ujian mengorbankan nyawa saya. Selepas melepasi ujian ini, kepercayaan Tuhan terhadap saya semakin bertambah, dan Dia telah merahmati saya untuk menunjukkan kerja-kerja yang lebih berkuasa. Insiden ini juga adalah peluang untuk pekerja gereja dan ahli gereja untuk dibangunkan sekali lagi, dan gereja ini dibina di atas asas batu yang kukuh.

Walaupun Saya Telah Memberi Amaran Eskatologi Terhad-Masa

Pada 1984, selepas gereja kami dibuka, saya memberi khutbah tentang tanda-tanda akhir zaman, melalui perkara yang saya sedari hasil inspirasi dari Tuhan. Saya menerangkan tentang hubungan antara Korea Selatan dan Utara, tentang nombor '666,' dan penyatuan Eropah sebagai satu negara dan lain-lain lagi. Namun hubungan antara Korea Selatan dan Utara berada dalam situasi yang buruk, malah kad kredit juga sesuatu yang masih baru, jadi ahli gereja tidak begitu faham tentang apa yang saya katakan.

Yesus berkata, *"Apabila Anak Manusia tiba, adakah Dia akan menjumpai keimanan di dunia?"* (Lukas 18:8). Jadi, saya cuba sebaik mungkin untuk menanam keimanan dalam diri ahli gereja untuk menjadikan mereka biji gandum sebenar yang mempunyai keimanan sebenar, dalam masa akhir zaman ini. Tetapi apabila saya berkhutbah tentang tanda-tanda akhir zaman, ada pihak yang berfikir bahawa saya telah menetapkan had masa untuk penamatan sejarah dan dunia. Artikel saya diterbitkan dalam akhbar, majalah dan disiarkan, dan saya sekali lagi dikenali dunia.

Sesetengah artikel yang diterbitkan menulis perkara yang tidak saya sebutkan, dan seorang paderi bernama paderi 'L' yang juga bercakap tentang akhir zaman, menyatakan yang saya menyebutkan hal yang sama sepertinya. Kebanyakan penerbitan menulis artikel yang baik untuk saya, tetapi En. 'T' dari sebuah majalah bulanan mengecam dengan berkata bahawa saya menyatakan yang saya tahu bilakah Hari Kedatangan Kedua Yesus. Namun, kerana semua perkara akan dijelaskan pada masanya, saya tidak mengambil apa-apa tindakan guaman atau memberikan penjelasan.

Semua ceramah saya direkodkan, dan dijual kepada orang ramai. Sejak pembukaan gereja, saya selalu mengingatkan ahli gereja supaya dibangunkan dalam kehidupan Kristian mereka seperti lima perawan arif yang diceritakan dalam bab 25 Kisah Injil Matius. Di sini disertakan petikan dari ceramah berkenaan, dari awal sehingga pertengahan tahun 1992 yang merupakan contoh ajaran saya berkenaan hal ini.

"Hari ini, sesetengah daripada kamu membaca buku atau mendengar dari orang lain, dan adakah sesiapa antara kamu yang percaya bahawa Yesus akan kembali pada 10, atau 28 Oktober? Janganlah berbuat begitu! Pernahkah kamu mendengar saya bercakap tentang tahun 1992? Kamu tidak pernah. Saya hanya mengajarkan Firman Tuhan, dan saya mengajar kamu untuk menghindari dosa dan hidup dalam Cahaya dan kebenaran untuk menyerupai Tuhan, dan menghias diri kamu seperti pengantin perempuan Tuhan, dengan tangisan dan doa saya. Walaupun sekiranya Yesus akan kembali esok, saya mengajarkan kamu untuk menanam pokok epal hari ini." (Petikan dari Jemaah Ahad pada 19 Januari 1992, "Berjagalah")

"Dalam Matius bab 24, para hawari bertanyakan Yesus tentang kedatangan semulaNya dan tanda-tanda akhir zaman. Yesus mengajarkan mereka tentang tanda-tanda pada zaman Dia akan kembali. Begitulah kita mengetahui tentang tanda-tanda akhir zaman... Melihatkan orang yang menyatakan Oktober 1992, ada yang ditipu dan ada yang menyatakan mereka gila. Apa pendapat kamu? Jika kamu mengasihi Tuhan dan mengetahui kehendakNya, kamu tidak patut membuat kenyataan begitu. Kamu tidak perlu mempercayai kenyataan begitu. Kita dapat diselamatkan dengan keimanan, bukannya dengan mengetahui bila, dan pada hari apa dalam bulan apa, Yesus akan kembali. Yesus ialah Penyelamat kita dan Dia menebus dosa kita, supaya kita dapat diampunkan dari dosa melalui keimanan, menjadi anak-anak Tuhan, dan masuk ke kerajaan Syurga. Tetapi mereka menyatakan yang kita hanya akan diselamatkan apabila kita percaya dan menyatakan bulan mana dan hari apa, dan kita tidak akan diselamatkan jika tidak berbuat begitu. Betapa tidak masuk akal! Hal ini tidak benar lansung menurut Kitab Injil." (Petikan dari Jemaah Ahad pada 31 Mei 1992, "Apakah Tanda-tandanya?")

Bab 7

Tuhan Memperluaskan Sempadan Gereja

Pintu Evangelisme Dunia Terbuka

Di Perjuangan Penginjilan Roh Kudus Dunia

Pada Mei 1992, saya telah dijemput ke majlis sarapan doa kebangsaan tahunan yang turut dihadiri presiden dan ahli politik terkenal, dan saya ke sana bersama Orkestra Nissi kami. Pada tahun yang sama, pada 14 dan 15 Ogos, saya turut mengambil bahagian dalam prosiding 'Perhimpunan Pengamatan Roh Kudus Sedunia 1992,' yang diadakan di Dataran Yoido. Perhimpunan Pengamatan Roh Kudus Sedunia ini diadakan dengan tajuk, 'Dunia Pada Pandangan Roh Kudus' dan merupakan satu perjumpaan berskala besar yang telah dihadiri oleh lebih daripada 1 juta orang. Gereja kami mengambil bahagian dengan koir seramai 200 orang, iaitu Orkestra Nissi, dan 400 orang ahli gereja yang berkhidmat sebagai sukarelawan untuk menguruskan lalu lintas dan aspek keselamatan di lokasi perhimpunan.

Di perhimpunan ini, saya bertemu Paderi Gwangsam Rah, yang merupakan presiden bagi Kelab Roh Kudus Washington D.C. dan pengerusi tetap Perhimpunan Penginjilan Roh Kudus. Dia merupakan rakan sekolah menengah saya dan sedang berkhidmat di Washington D.C. Saya tidak pernah bertemu dengannya sejak tamat sekolah, dan kami bertemu sebagai paderi di sini.

Dia berkata kepada saya yang dia tertanya-tanya dari gereja manakah datangnya para sukarelawan, dan dia terkejut mendengarkan yang mereka datang dari gereja saya. Melalui pertemuan dengannya, usaha pengembangan agama saya mula diperluas ke benua Amerika.

Perhimpunan Kesatuan Penginjilan Washington D.C.

Pada tahun 1993, Tuhan membuka luas pintu untuk misi mubaligh ke luar negara. Saya menerima jemputan untuk berucap untuk 'Perhimpunan Kesatuan Penginjilan Washington D.C.,' yang telah dianjurkan oleh Persatuan Gereja-Gereja Korea Washington D.C., dari 6 hingga 8 Ogos 1993. Saya menerima banyak jemputan untuk mengadakan perjumpaan di negara-negara lain, tetapi saya tidak berkesempatan berbuat demikian. Tetapi memandangkan ini adalah ibu negara Amerika Syarikat, saya berasakan yang ini adalah kehendak Tuhan lalu saya mengambil keputusan untuk pergi.

Pihak penganjur Perhimpunan Kesatuan Washington D.C. menyatakan yang mereka menganjurkan perjumpaan ini untuk menanam keimanan sebenar dalam diri orang Korea di sana dan memberikan mereka peluang merasai perubahan dalam hidup mereka melalui Roh Kudus. Perhimpunan ini diadakan di gimnasium Sekolah Menengah Wheaton di bawah tajaan kesatuan 180 gereja di Timur Laut, termasuklah Washington D.C., New York, dan Baltimore. Perjumpaan ini dipenuhi oleh Roh Kudus selama tiga hari.

Pada hari pertama, saya memberi khutbah 'Pesanan Salib,' pada hari kedua 'Keimanan Fizikal dan Keimanan Rohani,' dan pada hari ketiga, 'Rahmat Kehidupan Abadi.' Para hadirin amat dahagakan ajaran dan menerima mesej dengan memberi respon 'Amin.'

Menyeru Orang Ramai supaya Hidup dalam Cahaya

Selepas perhimpunan Washington dilaksanakan dengan jayanya, saya dijemput sekali lagi sebagai penceramah dan presiden kehormat 'Perhimpunan Penginjilan LA 1993,' yang dianjurkan oleh persatuan Korea di Korea Town, sempena sambutan ulang tahun ke-20 'Hari Korea Town' pada 19 September tahun yang sama. Sebelum perhimpunan ini, Tuhan memberikan saya peluang untuk membuat persediaan dengan banyak berdoa. Saya menghabiskan masa khas untuk berdoa bagi perhimpunan ini. Saya pergi berdoa di gunung selama tiga minggu dan membuat persediaan, sambil berdoa dalam rintihan.

Pihak penganjur 'Perhimpunan Penginjilan LA' meminta saya memberi ucapan bersifat menceriakan hati bagi rakyat Korea di sana, tetapi saya tidak berbuat begitu. Apa yang mereka perlukan bukanlah mesej untuk menggembirakan mereka. Mereka perlu bertaubat kerana tidak hidup sebagai seorang Kristian yang baik, dan mereka sepatutnya menghidupkan Hari Tuhan, serta hidup dalam cahaya.

Pada 29 April 1992, terdapat geng rakyat Amerika Afrika

di kawasan LA, dan orang Korea yang tinggal di sana hidup dalam ketakutan dan selalu menjadi mangsa. Pada mulanya ia disebabkan sikap perkauman orang kulit hitam dan kulit putih, tetapi geng ini mula mencuri dan membakar kedai-kedai yang kebanyakannya dimiliki oleh orang Korea di sana. Ramai keluarga Korea yang menderita secara material dan mental.

Kitab Injil mengajarkan bahawa jika kita hidup berpandukan Firman, dan jika kita memiliki hati yang suci dan keimanan yang sempurna, jiwa kita akan makmur, dan segala-galanya tentang hidup kita akan berjalan lancar serta kesihatan akan terjamin. Jika kita mengamalkan Firman Tuhan, kita akan dilindungi dari semua jenis kemalangan atau bencana. Saya menggunakan ayat-ayat dari Kisah Para Rasul 4:11-12, dengan mesej yang bertajuk, "Mengapakah Yesus merupakan satu-satunya Penyelamat kita?" Saya memberi khutbah Pesanan Salib dan cuba menanam keimanan dalam diri mereka. Saya menggesa mereka agar menjadi penganut Kristian sebenar yang hidup pertama-tamanya berpandukan Firman Tuhan.

Saya juga dijemput ke sebuah gereja di Irvine dan menyampaikan satu mesej. Selepas selesai semua perjumpaan, pada 21 September, saya telah melawat Majlis Perbandaran LA. Ahli majlis perbandaran berhenti dari mesyuarat mereka sebentar dan meminta saya untuk berdoa, jadi saya mendoakan rahmat Tuhan untuk mereka. Pada hari itu, saya telah menerima Kewarganegaraan Kehormat dari Daerah LA, dan saya dengar ini merupakan kali pertama mereka memberikan penghormatan ini. Saya mengambil bahagian dalam 'Perarakan Kereta Berhias Bunga,' yang merupakan acara tumpuan Festival Hari Korea Los Angeles, dan berarak menaiki sebuah kereta berhias. Doa yang saya baca dan gambar saya menaiki kereta berhias telah disiarkan dan dilaporkan oleh rangkaian KTAN, KATV, KTE, serta dalam *The Hankook Daily, The Joong-Ang Daily,* dan ini merupakan peristiwa yang menyebabkan saya dikenali di wilayah ini. Semuanya berlaku atas izin Tuhan.

Khutbah Disiarkan Secara Aktif

Dari bulan Mac 1990, khutbah saya mula disiarkan dalam program yang dinamakan 'Tanah Yang Jauh, Khabar Gembira' oleh Syarikat Penyiaran Far Eastern. Ia disiarkan di China dan sesetengah kawasan di Rusia. Sejak itu, saya mula menerima surat mengucapkan terima kasih daripada ramai orang Korea di China, dan beberapa orang dari mereka datang melawat gereja kami.

Dari bulan Ogos tahun itu, khutbah saya mula disiarkan di kawasan Washington D.C. oleh sebuah radio Korea. Dari bulan Disember 1992, khutbah saya disiarkan dalam 'This Gospel' oleh Sistem Penyiaran Kristian Busan, pada bulan November 1993 di Sistem Penyiaran Kristian Iri, dan bermula bulan Februari 1994, Sistem Penyiaran Kristian Cheongju mula menyiarkan khutbah saya setiap minggu. Setiap tahun, jumlah khutbah saya yang disiarkan semakin meningkat, dan lebih 900 minit khutbah disiarkan setiap minggu. Saya perlu merekodkan suara untuk setiap khutbah, dan ini bukan satu tugas yang mudah. Dari 20 hingga 22 Mei 1994, saya menyampaikan satu khutbah dalam satu perjumpaan orang Korea di Washington D.C. dan Baltimore, yang dianjurkan oleh Sistem Radio Kristian Washington (WCRS). Selepas itu, Pegawai Gereja Yeong-ho Kim, iaitu Ketua Pegawai Eksekutif bagi WCRS meminta saya untuk menjadi pengerusi lembaga WCRS, dan saya menerima tawarannya.

Ramai pendengar WCRS memberikan respon yang amat baik, dan melalui radio ini saya mula dikenali di kawasan ini. Ketua Pegawai Eksekutif, Pegawai Gereja Kim, menghantarkan kepada saya respon orang ramai, yang menyatakan bahawa mesej yang disampaikan adalah ajaran yang suci. Dia amat gembira mendapat banyak respon yang baik dari para pendengar.

Iman adalah Jaminan Segala-gala Harapan

Diiktiraf sebagai satu daripada 50 Gereja Teratas Dunia

Pada bulan Februari 1991, apabila kami berpindah ke gereja baru di Guro Dong, kami mengadakan Perjumpaan Kebangkitan Khas Dua Minggu. Pada hari terakhir Kebangkitan, semasa jemaah sepanjang malam Jumaat, jumlah ahli berdaftar mencecah lebih 10,000 orang. Tuhan menghantarkan ramai orang dari pelbagai lapisan masyarakat, dari latar belakang budaya, sosial dan ekonomi yang berbeza. Selepas enam bulan, gereja ini telah penuh. Selepas tiga tahun, gereja ini tidak dapat menampung jumlah ahlinya lagi.

Pada 11 Februari 1993, akhbar harian utama Korea dan akhbar Kristian melaporkan pengumuman 50 gereja utama di dunia oleh majalah *'Christian World'* dari Amerika Syarikat, dan gereja kami merupakan salah satu daripada gereja tersebut.

Ini selepas 10 tahun pembukaan gereja, dan Tuhan telah membenarkan pertumbuhan gereja kami sehingga menjadi sebuah gereja bertaraf dunia. Ini bukan kerja saya, tetapi Tuhan yang mengizinkannya, dan saya hanya mampu mengucapkan rasa syukur serta memberi puji-pujian kepada Tuhan Bapa.

Apa Sahaja yang Kita Doakan dengan Harapan

Amsal 29:18 menyatakan, *"Bila tidak ada wahyu, menjadi liarlah rakyat. Berbahagialah orang yang berpegang pada hukum."* Wahyu adalah apa yang Tuhan beritahukan kepada kita melalui nabi-nabiNya. Jika kita tidak mempunyai wahyu, kita tidak akan ada kekangan, dan kita akan tidak mempedulikan hukum Tuhan dan bertindak mengikut kehendak sendiri, dan akhirnya menuju ke jalan kemusnahan.

Semasa saya berpuasa selama 40 hari sebelum pembukaan gereja, Tuhan telah memberikan saya banyak mimpi dan visi. Tuhan bekerja dalam diri kita, untuk memilih dan mahu bekerja untuk menyenangkan hatiNya. Dia memberikan saya mimpi dan memimpin saya. Saya amat banyak berdoa sehinggalah selepas saya membuka gereja, Dia menjadikan gereja ini sebuah gereja dengan misi antarabangsa, dan gereja yang amat dikasihiNya.

Untuk mencapai misi dunia, mula-mula saya perlu mencari pekerja. Saya perlu membimbing ramai pemimpin yang benar di mata Tuhan, dan dapat digunakan bukan hanya untuk misi tempatan tetapi juga boleh dihantar ke luar negara sebagai mubaligh. Saya berdoa untuk melahirkan ramai paderi yang bagus. Semasa saya menghadiri kolej teologi, pelajar teologi pada waktu itu lazimnya bertugas membersihkan tandas di gereja, menulis buletin mingguan dan membuat kerja-kerja sukar untuk paderi dan ahli gereja. Tetapi mereka biasanya tidak menerima sebarang pujian. Jika mereka melakukan kesalahan, mereka akan dimarahi oleh paderi dan dalam kes yang berat, mereka akan dihalau keluar dari gereja. Saya amat kasihan melihat pelajar seminari dilayan dengan cara ini. Selepas saya membuka gereja ini, saya membayar yuran pengajian dan kos sara hidup para pelajar teologi di gereja kami. Saya mahu memberi sokongan kepada mereka supaya hati mereka tidak berpaut pada dunia, dan mereka akan berkembang menjadi paderi yang berkuasa. Tuhan menggerakkan hati saya untuk mendidik ramai paderi. Hal ini bukan sesuatu yang mudah bagi kami kerana situasi kewangan di gereja ini tidak begitu baik. Kadang kala, ahli gereja yang bertanggungjawab terhadap kewangan akan merungut. Saya memujuk mereka dan cuba memastikan mereka faham dan dapat bekerja dengan tenang.

Untuk mencapai misi dunia, saya juga memerlukan satu pasukan pujian yang bagus, dan saya berdoa dengan mimpi untuk hal ini. Semasa saya berpuasa selama 40 hari, saya melihat beberapa pasukan pujian memimpin puji-pujian dalam setiap jemaah. Setiap kali, saya berdoa, "Ya Tuhan, apabila saya membuka gereja, berikanlah saya pasukan pujian yang hebat." Saya berdoa dan berharap dengan penuh keimanan. Kemudian, saya berdoa bukan hanya untuk pasukan pujian tetapi juga sebuah orkestra untuk memberi kemuliaan kepada Tuhan. 1 Tawarikh 23:5 menyatakan, *"4,000 orang menjadi penunggu pintu gerbang; dan 4,000 orang menjadi pemuji Tuhan dengan alat-alat muzik yang telah dibuat oleh Daud untuk puji-pujian."* Kita dapat saksikan ada empat ribu orang memainkan alat-alat muzik di Rumah Suci Tuhan. Mazmur 150 menyuruh kita memuji Tuhan dengan sangkakala, seruling dan kecapi, dengan alat-alat muzik bertali dan seruling, dengan dengan ceracap yang kuat, dan ceracap yang berdentang!

Semasa saya berdoa untuk sebuah Orkestra, saya menunggu selama bertahun-tahun untuk mendapat bimbingan Tuhan. Tuhan memanggil ahli muzik profesional yang memainkan pelbagai alat muzik. Tuhan membiarkan mereka membesar dengan firmanNya, dan menggerakkan hati mereka untuk mempunyai impian. Lazimnya, ahli muzik mempunyai sikap mereka sendiri, dan bukan mudah untuk mereka mengubah diri sendiri dan pengetahuan mereka untuk berkhidmat kepada gereja dan memberikan kemuliaan kepada Tuhan. Namun, ada ahli muzik profesional yang hanya mahu memberikan kemuliaan kepada Tuhan dengan rasa kesyukuran terhadap rahmat Tuhan, dan mereka membentuk sebuah orkestra. Inilah Orkestra Nissi. Pada 1 Mac 1992, kami mengadakan jemaah pengasasan, dan sejak itu, mereka telah begitu aktif dalam persatuan gereja. Mereka telah bermain di Perhimpunan Jubli yang diadakan di Dataran Yoido, dan konsert-konsert lain yang dianjurkan oleh gereja lain, serta konsert amal di dalam dan luar Korea.

Tuhan juga memberikan kami sebuah koir yang indah. Kini kami mempunyai lebih daripada 20 pasukan pujian, dan mereka memuliakan Tuhan dengan puji-pujian mereka bukan hanya di Korea malah juga di negara-negara lain.

Pujilah Dia dengan Rebana dan Tari-tarian

Impian untuk mencapai misi dunia membawakan asas bukan hanya pasukan pujian, tetapi juga pasukan tarian. Saya bermeditasi dengan Kitab Injil tentang perkara apakah yang menggembirakan Bapa kita semasa kita memujiNya. Saya mendapat jawapan melalui apa yang ditulis oleh Daud. Daud menari dengan penuh kegembiraan apabila bahtera Tuhan kembali kepadanya (2 Samuel 6:12-23). Tetapi isterinya Mikhal dalam hati membenci suaminya dan mengutuknya. Kemudian, Daud berkata, *"Di hadapan TUHAN, yang telah memilih aku dengan menyisihkan ayahmu dan segenap keluarganya untuk menunjuk aku menjadi raja atas umat Tuhan, yakni atas Israel. Di hadapan TUHAN aku menari-nari"* (2 Samuel 6:21). Mikhal, yang tidak suka Raja Daud menari-nari di hadapan Tuhan, telah disumpah dan menjadi wanita mandul. Jelas sekali, kita perlu mematuhi Firman Tuhan dan menyenangkan hatinya, daripada berasa takut dengan apa yang dikatakan oleh orang lain.

Mereka Melakukan Tarian Bomoh!

Pada bulan Mac 1986, 'Pasukan Tarian Suci' telah diasaskan dan mereka memuliakan Tuhan dengan tarian yang indah dan memberikan inspirasi, yang mengiringi lagu-lagu pujian. Tarian ini dipersembahkan untuk memberikan harapan Syurga kepada penonton. Nama 'Pasukan Tarian Suci' telah ditukar kepada 'Pasukan Misi Seni.'

Hari ini, tarian dalam budaya Kristian adalah sesuatu yang lazim kerana dipromosikan oleh media, tetapi pada waktu itu ia sesuatu yang amat jarang dilihat. Gereja kami menubuhkan 'Jawatankuasa Pujian' dan 'Jawatankuasa Misi Seni Persembahan.' Selepas itu kedua-dua jawatankuasa ini digabungkan menjadi satu dan dinamakan 'Jawatankuasa Seni Persembahan.' Mereka menganjurkan pelbagai acara dan menghasilkan penyanyi, penari dan pemain muzik profesional. Tetapi memandangkan gereja kami berkembang dengan pesat, sesetengah pihak berasa cemburu dan mereka menyebarkan khabar angin dan berita palsu. Satu khabar angin yang disebarkan adalah "Mereka melakukan tarian bomoh dalam setiap jemaah doa!" Beberapa kali dalam setahun, kami menyediakan persembahan istimewa untuk acara khas seperti jamuan Injil, dan pasukan ini membuat persembahan di hadapan semua orang. Tetapi beberapa khabar angin palsu menyatakan yang kami telah dirasuk roh jahat dan menari dalam setiap jemaah.

Walaupun dilanda khabar angin palsu, 'Pasukan Tarian Suci' kami telah dijemput ke Perhimpunan Hallelujah Kesatuan Soviet 1991 yang dianjurkan oleh Paderi Hyeon-gyoon Shin. Ini merupakan persembahan antarabangsa pertama mereka, memuliakan Tuhan dengan tarian mereka. Sejak itu, mereka menambat hati dan menarik minat ramai orang dengan persembahan mereka di Korea dan negara-negara lain. Mereka masih menjalankan tanggungjawab memberikan kemuliaan kepada Tuhan.

Terkenal kerana Bakat Mereka

Pada masa ini, kami mempunyai banyak pasukan seni persembahan di gereja ini. Mereka telah mengasah bakat masing-masing demi Tuhan dan aktif melakukan kerja-kerja keagamaan. Pada 1 Jun 1991, salah satu pasukan gereja kami telah mengambil bahagian dalam 'Pertandingan Muzik Kristian Kebangsaan ke-10' yang dianjurkan oleh Syarikat Penyiaran Far Eastern, dan pasukan kami telah memenangi Hadiah Utama. Pada 17 Jun 1995, pada pertandingan kali ke-14, 'Korus Bunyi Cahaya' dari gereja kami telah memenangi Hadiah Utama. 'Korus Bunyi Cahaya' terdiri daripada tiga orang ahli pada waktu itu, dan salah seorang daripada mereka ialah anak perempuan ketiga dan bongsu saya, Soojin. Tuhan telah memanggilnya sebagai hambaNya semasa dia masih kecil lagi, dan dia menamatkan kursus teologi dan kini berkhidmat untuk gereja sebagai presiden Persatuan Paderi-Paderi.

Pada 17 April 1993, diadakan konsert muzik Kristian di Dewan Hwaetbool (Obor), bagi kanak-kanak yang merupakan ketua keluarga mereka, dan Orkestra Nissi kami telah dijemput untuk bermain di sana. Pada tahun yang sama, Orkestra Nissi telah dijemput bersama dengan 'pasukan Misi Seni' dan pasukan pujian yang lain. Mereka telah membuat persembahan dalam 'Jemaah Doa Khas untuk Penginjilan Para Pendakwa,' yang telah diadakan di dalam bilik persidangan Pejabat Pendakwa Raya Agung. Pada 6 November 1993, kumpulan 'Penyanyi Kristal' dari gereja kami telah mengambil bahagian dalam 'Pertandingan Penulisan Muzik Kristian Ke-4' yang dianjurkan oleh Sistem Penyiaran Kristian, dan telah memenangi Hadiah Emas.

Bekerjasama di dalam Kementerian Persatuan Gereja

Hati yang Sedia Berkhidmat

Memandangkan ahli gereja kami menghadiri dan menjadi sukarelawan dalam banyak acara Kristian, pelbagai organisasi mahu menawarkan saya kedudukan yang tinggi. Namun disebabkan ramai lagi paderi yang lebih tua dari saya, dan juga kerana saya mahu membantu dari belakang tabir, saya tidak menerima jawatan yang mereka tawarkan kepada saya. Saya telah banyak kali menolak, namun saya fikir mungkin mereka akan menganggap saya biadab kerana menolak begitu banyak tawaran, saya meminta supaya jawatan ini diturunkan satu pangkat dan menerima tawaran mereka. Dalam mana-mana acara, jika nama saya ada di mana-mana kerusi, saya perlu duduk di sana, tetapi jika tempat duduk saya tidak ditetapkan, saya biasanya akan duduk di bahagian hujung barisan. Saya berasa segan untuk duduk di bahagian tengah memandangkan ramai lagi paderi yang lebih tua

Di Perhimpunan Gegaran Roh Kudus 1992

Di Perhimpunan Penyatuan Penginjilan Daegu

Perhimpunan Penginjilan Para Pendakwa

Konsert di Jemaah Pengampunan Dosa dan Penginjilan Banduan

Berkhutbah di Perjumpaan Doa Puasa bagi Negara dan Rakyatnya

Perhimpunan Penyatuan Hallelujah Seoul (di Gereja Besar Manmin)

Perhimpunan Jubli untuk Penyatuan Korea Utara dan Selatan 1995 (di Yoido)

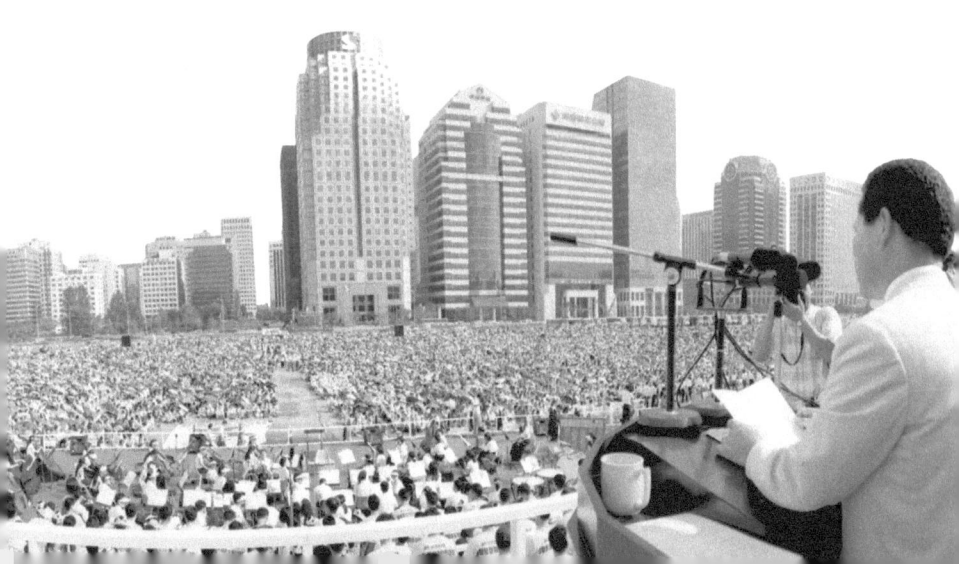

dan berpengalaman daripada saya. Saya paling selesa jika dapat duduk di bahagian hujung barisan. Tambahan pula, waktu ini pun saya masih perlu berfikir dan menumpukan perhatian kepada Firman Tuhan, dan tidak begitu gemar menyertai aktiviti luar. Jadi, seringkali pembantu paderi atau pegawai gereja akan hadir di acara-acara ini bagi pihak saya. Disebabkan saya jarang bersosial dan kurang menghadiri perjumpaan, saya tidak mempunyai ramai kawan-kawan paderi lain. Orang yang tidak mengenali saya mungkin akan menganggap yang saya seorang yang sombong. Namun bila sahaja ada jemputan untuk bekerjasama dalam satu acara persatuan gereja, saya cuba sedaya upaya untuk membantu menjayakan acara tersebut.

Pada 21 Jun 1993, saya menjalankan jemaah doa khas untuk 'Kempen Berbasikal Satu Negara dan Perhimpunan Agung untuk Penyatuan Semula Dunia Imjingak.' Orkestra Nissi, kumpulan koir kami dan para sukarelawan turut mengambil bahagian. Pada 18 hingga 21 Oktober tahun yang sama, Perhimpunan Penginjilan Kawasan Seoul yang membuat persediaan untuk Perhimpunan Agung Jubli Penyatuan Semula Bangsa, telah diadakan di gereja kami. Empat orang paderi terkenal Korea merupakan penceramah jemputan, dan mereka menegaskan kita supaya menyatukan semula negara yang berpecah dengan ajaran Injil. Pada 24 November tahun itu, saya telah dijemput sebagai penceramah bagi Perjumpaan Doa untuk Penyatuan Semula Bangsa yang diadakan di Gunung Doa Haneolsan. Saya menyampaikan mesej khutbah dan berdoa untuk para hadirin, dan banyak kerja penyembuhan telah berlaku.

Saya juga berminat dengan Misi Kemajuan Rohani bagi penghuni penjara dan banduan yang baru dibebaskan. Pada 28 Februari 1994, 'Jawatankuasa Kemajuan Rohani Kementerian Undang-undang Perhimpunan Kristian Korea' kali kedua telah diadakan di Gereja Presbiterian Myung Sung, anjuran Persatuan Kristian Jawatankuasa Kemajuan Rohani Kebangsaan, dengan tajuk, "Firman, Kasih Sayang, dan Kemajuan Rohani." Saya merupakan salah seorang presiden bersama Persatuan ini, dan saya berkhutbah dalam bentuk bacaan ayat-ayat Kitab Injil. Pasukan pujian dan Orkestra Nissi kami, serta pasukan tarian membuat persembahan dalam perhimpunan ini untuk memuliakan Tuhan. Pada 24 Mac pada tahun yang sama, untuk memperingati Ulang Tahun ke-40 Sistem Penyiaran Kristian (CBS), 'Festival Koir Misi ke-11' telah diadakan di dewan utama Pusat Sejong. Kumpulan koir dan Orkestra Nissi kami turut membuat persembahan dalam festival ini. Pada 20 Jun 1994, 'Perhimpunan Agung Imjingak untuk Penyatuan Semula Bangsa' telah dianjurkan oleh Majlis Pusat Penginjilan Dunia, yang mana presiden pada waktu itu ialah Paderi Hyeon-gyoon Shin, dan saya menjalankan majlis perwakilan doa di sana.

Presiden perhimpunan, Paderi Hyeon-gyoon Shin memberi khutbah bertajuk 'Cara Penyatuan Semula Bangsa melalui Ajaran Injil,' menggesa semua gereja untuk bersatu tanpa mengira mazhab. Beratus-ratus orang ahli dari gereja kami melakukan kerja sukarela sebagai ahli koir, orkestra, penyambut tetamu dan pengawal lalu lintas. Dari 20 hingga 22 Jun, Perhimpunan Agung untuk Penyatuan Semula Bangsa Majlis Pusat Penginjilan Kawasan Seoul telah diadakan di gereja kami, dan penceramah pada perhimpunan ini ialah Paderi Homun Lee.

Lawatan ke Istana Presiden Cheong Wa Dae dan Perhimpunan Jubli

Pada 29 Julai 1995, sebagai presiden tetap Penyatuan Semula

Bangsa & Persatuan Gerakan Penginjilan, saya mengadakan jemaah doa khas dalam 'Perjumpaan Doa Puasa untuk Bangsa dan Rakyat.' Pada 12 Ogos 1995, 10 orang paderi, yang merupakan pemimpin 'Perhimpunan Jubli Penyatuan Semula Secara Aman', telah dijemput ke istana presiden Cheong Wa Dae, untuk memperingati Hari Kemerdekaan Korea yang ke-50. Saya diberitahu bahawa kami akan diberi masa selama satu jam untuk berbual dengan presiden dan mengutarakan cadangan. Pada hari sebelumnya, saya berdoa kepada Tuhan dan bertanyakan apakah soalan yang patut saya utarakan kepada presiden keesokan harinya. Tetapi Tuhan tidak memberikan sebarang jawapan. Saya berdoa untuk perjumpaan ini, tetapi saya tidak menerima apa-apa jawapan daripada Roh Kudus. Agak pelik kerana tiada jawapan yang saya terima dari Roh Kudus.

Pada jam 11 pagi, 12 Ogos, kami menghadiri perjumpaan di Cheong Wa Dae, dan saya sedar mengapakah tiada jawapan yang saya terima bagi doa saya berkenaan perjumpaan ini. Kami bertemu dengan Presiden Youngsam Kim, tetapi kami tidak diberikan masa untuk berbual atau mengutarakan apa-apa cadangan. Presiden bercakap tanpa henti dan tak lama kemudian perjumpaan ini ditamatkan. Kami hanya diminta untuk berdoa, dan kemudian pulang.

Kami pergi ke Dataran Yoido untuk menghadiri Perhimpunan Jubli Penyatuan Semula Secara Aman yang bermula pada jam 2 petang. Saya dapat lihat ahli gereja kami yang melakukan kerja-kerja sukarela seperti mengawal lalu lintas, menjaga parkir, penyambut tetamu di platform dan ahli-ahli yang bermain muzik dalam Orkestra Nissi.

Apakah Rahsia Pertumbuhan Gereja?

Harapan dan Visi Paderi Hyeon-gyoon Shin

Pada 5 Disember 1994, saya dijemput untuk menyampaikan mesej di 'Pusat Latihan Penggerak Kebangkitan' Persatuan Gerakan Penginjilan Kebangsaan, dan pada 8 Disember, siaran langsung khas kali ke-4,500 dalam program CBS 'Perbaharui Kami', untuk memperingati Ulang Tahun CBS ke-40, telah diadakan di gereja kami. Saya menyampaikan mesej yang bertajuk 'Suara Sebenar,' yang menggesa stesen penyiaran untuk melaksanakan tanggungjawab seperti nabi untuk mencapai keadilan dan keamanan melalui mesej yang disiarkan. Paderi Hyeon-gyoon Shin amat sayangkan gereja kami. Dia telah meninggal dunia, tetapi Paderi Hyeon-gyoon Shin dikatakan adalah Bapa Penggerak Kebangkitan Korea dan seorang tokoh Kristian Korea selama lebih 40 tahun. Dia amat menyayangi saya dan gereja kami. Dia menunjukkan harapan dan visi terhadap gereja-gereja di Korea dengan mesej tentang Roh Kudus dan Penyatuan Semula Korea. Dia juga seorang yang lucu. Dia disayangi ramai orang dari pelbagai mazhab. Memandangkan dia tahu bahawa saya telah menjadi mangsa penyalahgunaan kuasa mazhab, dia telah melawat gereja kami semasa jemaah ulang tahun pada bulan Oktober 1992, dan melakukan pembacaan doa memohon rahmat. Sejak itu, dia datang lagi untuk pelbagai acara dan perjumpaan lain dan memberikan kami semangat dengan mesej-mesej yang berkuasa.

Apakah Rahsia Perkembangan Gereja?

Ramai paderi, bukan sahaja di Korea malah di negara-negara lain, amat kagum dan tersentuh dengan sokongan padu dari ahli gereja kami, dan mereka sering bertanyakan rahsia perkembangan gereja kami. Saya sering ditanyakan, "Paderi, saya tidak nampak apa-apa organisasi atau latihan khas di gereja kamu, jadi apakah rahsia perkembangan gereja ini? Bagaimanakah ahli-ahli gereja dengan senang hati menawarkan diri melakukan kerja sukarela?" Saya sebenarnya tidak mengajarkan apa-apa. Mereka melakukan semuanya secara sendiri melalui kasih kurnia Tuhan.

Ramai orang mempunyai pendapat yang berbeza tentang perkembangan gereja. Sesetengah paderi menyatakan, "Tuhan hanya memberikan kami ahli seramai ini," atau "Ahli seramai ini cukuplah untuk gereja saya." Kitab Injil menyatakan yang gereja-gereja awal, yang disenangi Tuhan, mempunyai jumlah ahli yang diselamatkan yang bertambah dari sehari ke sehari. Kerana kehendak Tuhan adalah supaya semua orang mendapat penyelamatan (1 Timotius 2:4), gereja-gereja awal yang berkhidmat dengan kehendak Tuhan mempunyai jumlah orang beriman yang meningkat setiap hari (Kisah Para Rasul 2:47). Saya amat gembira jika mendengar berita tentang mana-mana gereja yang berkembang saiznya. Kerana setiap gereja ditubuhkan dengan darah Yesus, saya berdoa untuk gereja itu dan paderinya. Pada 23 Februari 1995, Perkumpulan Doa Paderi Korea telah mengadakan Persidangan Paderi Kebangsaan ke-149 di gereja kami. Persidangan ini dihadiri oleh kira-kira 1,000 orang paderi. Saya memberi khutbah tentang rahsia perkembangan gereja. Pada tahun 1996 juga, dalam persidangan paderi Hawaii dan Argentina, saya memberi khutbah tentang beberapa elemen penting dalam perkembangan gereja.

Pertama, paderi dan gereja mesti menerima kasih sayang dari Tuhan.

Amsal 8:17 menyatakan, *"Aku mengasihi orang yang mengasihi aku, dan orang yang tekun mencari aku akan mendapatkan Aku."* Untuk mengasihi Tuhan, seperti yang dinyatakan dalam 1 Yohanes 5:3, *"[adalah] menjalankan perintahNya."* Yesus juga menyatakan, "Barang siapa memegang perintahKu dan melakukannya, dialah yang mengasihi Aku. *"Dan barang siapa mengasihi Aku, ia akan dikasihi oleh BapaKu dan Akupun akan mengasihi dia dan akan menyatakan diriKu kepadanya"* (Yohanes 14:21).

Kedua, kita mesti berdoa.

Untuk menjalankan kerja gereja dengan berjaya, kita mesti mendapatkan kuasa Tuhan melalui doa. Peneraju keimanan yang melaksanakan kehendak Tuhan adalah orang-orang yang kuat berdoa. Para hawari yang membuka gereja-gereja pertama menyatakan, *"Kami akan menghambakan diri dengan berdoa dan tekun menyebarkan Firman Tuhan"* (Kisah Para Rasul 6:4). Mereka melepaskan tanggungjawab pentadbiran gereja kepada paderi lain, dan mereka hanya menumpukan perhatian terhadap Firman Tuhan dan doa. Apabila kita berdoa, kita perlu merintih dengan sepenuh tenaga dan keinginan (Yeremia 33:3). Dalam Kejadian 3:17, Tuhan berkata kepada Adam, yang telah melakukan dosa, *"Dengan bersusah payah engkau akan mencari rezekimu dari tanah seumur hidupmu."* Seperti manusia yang dapat menuai hanya selepas bekerja dan bermandi peluh, secara roh juga, kita hanya akan menerima jawapan jika kita berdoa dengan sepenuh hati dan berpeluh di dahi. Hari ini, beribu-ribu orang ahli gereja kami datang ke gereja dan berdoa sepanjang malam. Sama juga kisahnya di gereja tempatan, gereja cawangan dan rumah-rumah mereka di seluruh dunia.

Ketiga, kita mesti mempunyai keimanan rohani.

Keimanan di sini merujuk kepada keimanan yang diberikan oleh Tuhan, yang dapat kita percayai sepenuh hati. Keimanan ini adalah kepercayaan untuk mencipta sesuatu dari ketiadaan, dan ini keimanan di mana tiada apa yang mustahil. Kita tidak boleh mempunyai keimanan seperti ini hanya dengan mengetahui kandungan Kitab Injil sebagai pengetahuan atau menjadi orang Kristian untuk jangka masa yang lama. Ia dapat diberikan oleh Tuhan kepada orang yang mengamalkan Firman Tuhan. Kitab Injil menyatakan bahawa keimanan tanpa ibadat adalah sia-sia. Hanya dengan berdoa berlandaskan keimanan ini dapat kita menerima jawapan bagi apa jua doa, seperti yang dinyatakan dalam Matius 21:22, *"Dan apa saja yang kamu minta dalam doa dengan penuh kepercayaan, kamu akan menerimanya."* Kita juga akan menerima jawapan bagi perkembangan gereja.

Keempat, kita mesti mendengar suara dan menerima bimbingan dari Roh Kudus.

Roh Kudus hadir dalam hati anak-anak Tuhan yang diselamatkan, dan Roh Kudus membimbing kita untuk menurut kehendak Tuhan. Jika kita mendengar dan menerima bimbingan Roh Kudus dengan jelas, kita akan dapat melihat jalan yang jelas untuk mengembangkan gereja. Untuk mendengar suara Roh Kudus, paderi sendiri perlu menentang dosa habis-habisan sehingga menumpahkan darah dan menghalau semua kejahatan keluar dari hatinya. Ini caranya untuk dia meninggalkan fikiran-fikiran duniawi dan cara pemikiran yang bertentangan dengan Tuhan. Walaupun Firman Tuhan tidak bersetuju dengan sesuatu yang kita fikir dan percaya, kita mestilah mampu mematuhi Firman Tuhan.

Kelima, kita mesti mengambil contoh gereja-gereja awal.

Dalam Buku Kisah Para Rasul, gereja-gereja awal menerangkan Pesanan Salib. Mereka mengamalkan Firman dan menunjukkan banyak tanda-tanda dan mukjizat. Disebabkan banyak kerja Tuhan yang berkuasa dilaksanakan melalui hawari, ramai orang mula menerima ajaran setelah melihat mukjizat, dan gereja berkembang dengan cepat.

Gerakan Tempatan dan Antarabangsa pada Skala Besar

Memulakan Misi di Afrika

Pada bulan Januari 1994, Paderi Charles Macom dari Gereja Pentekosta Tanzania melawat gereja kami. Dia tersentuh dengan mesej yang disampaikan, dan apabila dia kembali ke negaranya, dia bercakap tentang saya. Dari 4 hingga 6 Julai 1994, saya berucap di 'Persidangan Pemimpin-Pemimpin Gereja Afrika' yang dianjurkan oleh Persatuan Gereja Pentekosta Tanzania, di Dar Es Salaam, ibu negara Tanzania. Saya sangat sedih melihatkan ramai orang di Afrika yang menderita akibat kemiskinan dan pelbagai penyakit termasuklah AIDS, kerana saya tahu bahawa sesiapa sahaja boleh dibebaskan dari segala jenis kesusahan dan hidup dengan sihat, dari segi rohani dan fizikal jika seseorang ini hidup dalam Firman Tuhan.

Semasa persidangan ini, Tuhan telah menunjukkan kami banyak keajaiban. Apabila kumpulan kami tiba di Tanzania, paderi-paderi tempatan menyatakan, "Paderi, ini agak aneh. Pada musim ini biasanya hujan tidak turun selalu, tetapi hujan telah turun tanpa henti sebelum kamu datang, dan sekarang cuaca amat baik tanpa sebarang habuk. Nampaknya Tuhan mengawal keadaan cuaca juga." Dari hari kumpulan kami tiba di lapangan terbang sehinggalah kami meninggalkan negara ini, ke mana-mana sahaja kami pergi, Tuhan melindungi kami dengan awan semasa hari panas terik, dan memberikan kami hujan pada waktu malam supaya kami dapat menikmati cuaca yang baik. Untuk memastikan pemimpin gereja mempunyai keimanan yang sebenar, saya memberikan khutbah 'Pesanan Salib.' Mereka memahami Firman Tuhan dan merasai betapa hidupnya Firman ini, dan mereka memberi respon dengan melodi yang unik, sambil bertepuk tangan dan menari. Saya dapat melihat sikap mereka yang keanak-anakan dan suci. Ramai antara mereka yang mengakui bahawa kepercayaan mereka telah diperbaharui dan mereka mendapat keyakinan dan keimanan sebagai seorang paderi.

Selepas persidangan ini, kami melawat puak Masai di Tanzania. Ketua puak Masai dan ramai orang-orang asli

Di perkampungan puak Masai

menyambut kedatangan kami. Mereka menghidangkan darah lembu apabila menerima tetamu khas. Namun, meminum darah adalah dilarang oleh Tuhan, dan kami tidak akan meminum hidangan ini, mereka sebaliknya menghidangkan kami kola.

Untuk menanam kepercayaan dalam diri mereka, saya menceritakan kisah saya bertemu dengan Tuhan. Ia diterjemahkan ke dalam bahasa Inggeris, kemudian ke dalam bahasa Swahili, dan akhirnya bahasa Masai. Rev. Dr. Myongho Cheong menterjemah ke dalam bahasa Inggeris. Sebelum berkhidmat untuk gereja, dia merupakan seorang profesor Kesusasteraan Inggeris di Universiti Hoseo di Korea. Kemudian, dia mempunyai keinginan untuk menjalankan misi ke Afrika, dan menubuhkan pusat misi di Nairobi, Kenya. Hari ini, Rev. Dr. Myongho Cheong menjalankan dakwah Lima Cabang Kesucian Injil kepada 54 negara Afrika untuk membangkitkan jiwa-jiwa Afrika.

Jepun, Tanah yang Kontang Ajaran Injil

Pada masa yang sama, pintu penginjilan ke Jepun mula dibuka. Dari 5 hingga 8 November 1993, 'Perhimpunan Misi Kebangkitan Goshien' telah diadakan di stadium bola lisut Goshien, yang merupakan stadium bola lisut terbesar di Jepun, dan 'Pasukan Misi Seni' gereja kami mengadakan persembahan yang sungguh menarik untuk menyentuh hati orang Jepun Korea yang hadir. 'Pasukan Misi Seni' telah dijemput oleh Paderi Hyeon-gyoon Shin untuk membuat persembahan di 'Perhimpunan China & Perjumpaan Doa Penyatuan Semula Gunung Baekdu' pada bulan Julai tahun yang sama.

Pada bulan Julai 1994, Paderi Seung-gil Ryu telah dihantar

ke Jepun sebagai mubaligh, dan ini merupakan misi kami ke Jepun. Dari 22 hingga 23 November 1994, kami mengadakan perhimpunan di Pusat Seni Ganae di Ida, Jepun, yang dihadiri kira-kira 1,000 orang, dengan tajuk, 'Menyimbahkan Api Roh Kudus.' Ia dianjurkan oleh gereja Ida (Diketuai oleh Yoshikawa Noboru) dengan sokongan beberapa buah gereja lain di Ida. Saya menyampaikan mesej yang bertajuk, 'Bukti Sejarah Kebangkitan,' dan menggesa para hadirin supaya yakin dengan jaminan kebangkitan Yesus, dan menggalakkan mereka hidup dengan cara Kristian dan mempunyai harapan kebangkitan. Pada hari kedua, saya berkhutbah tentang bagaimana kita dapat berjumpa dengan Tuhan yang Hidup. Selepas menyampaikan mesej, saya berdoa untuk orang sakit, dan banyak mukjizat berlaku dengan kuasa api Roh Kudus. Saya hanya mampu bersyukur kepada Tuhan. Paderi Yoshikawa Noboru yang memimpin perhimpunan ini berkata, "Ramai penganut Jepun amat tersentuh dengan mesej kerohanian mendalam yang disampaikan oleh Rev. Dr. Jaerock Lee, dan hal ini jarang berlaku di Jepun. Ramai penganut Jepun berasakan yang kerja-kerja penyembuhan hanya berlaku semasa zaman Yesus. Mendengar mesej Rev. Dr. Jaerock Lee yang dipenuhi kuasa Tuhan, ramai orang yang disembuhkan dan mereka datang menghadap Tuhan."

Saya masih ingat seorang pesakit yang disembuhkan semasa perhimpunan ini. Namanya Yoshizawa Motohisa. Dia telah menjalani pembedahan tulang belakang semasa bekerja sebagai jurutera pencetakan. Namun kesan sampingan pembedahan ini adalah dia sukar untuk berjalan, dan dia menghadiri perhimpunan ini dalam keadaan menanggung kesakitan yang amat sangat. Pada hari pertama, dia mula mendapat keimanan apabila mendengar mesej yang disampaikan. Pada keesokan harinya, dia datang ke hotel saya untuk menerima doa. Saya berdoa dengan tekun untuknya, dan apabila dia pulang selepas menerima doa, kesakitannya hilang dan belakang badannya yang bongkok telah lurus semula.

Pasangan yang Mengalami Kemandulan Mendapat Jawapan Doa

Pada bulan Februari 1991, kami mengadakan jemaah kebangkitan peringatan kerana berpindah ke gereja baru, dengan tajuk 'Apabila Jiwa Kita Makmur.' Saya menyampaikan 15 mesej dalam masa dua minggu, dan saya juga mengetuai jemaah doa khas untuk orang sakit.

Kami mula mengadakan Perjumpaan Kebangkitan Khas Dua Minggu bermula tahun 1993. Perjumpaan Kebangkitan Khas Dua Minggu yang pertama diadakan pada bulan Mei, dengan tajuk 'Dosa, Kebenaran, dan Pengadilan' (Yohanes 16:8). Mendengar mesej dua kali sehari, satu di waktu pagi dan satu di waktu malam, tentang apakah itu dosa, kebenaran dan pengadilan, para hadirin mula menyedari tentang dinding dosa yang mereka ada di hadapan Tuhan. Mereka menyelami diri sendiri dan bertaubat sambil menangis dengan air mata meleleh di pipi masing-masing. Mereka meruntuhkan tembok dosa di hadapan Tuhan dan merasai pengalaman penyembuhan.

Mereka tidak tahu apakah itu keimanan, tetapi apabila mereka mendengar setiap mesej, mereka mula merasai kehadiran Roh Kudus, memahami Firman dan berdoa, dan cuba hidup berpandukan Firman Tuhan. Ramai orang yang hadir dari pelbagai gereja di seluruh negara, tanpa mengira mazhab. Para penganut yang menerima kasih kurnia dan disembuhkan semasa kebangkitan ini dipenuhi Roh Kudus dan berkhidmat kepada gereja mereka dengan lebih tekun. Ada orang yang disembuhkan dari kanser uterus dan perut oleh Api Roh Kudus. Terdapat banyak testimoni dari pesakit yang dapat mendengar semula dan tidak memerlukan alat bantu pendengaran lagi, pesakit yang disembuhkan penglihatan dan tidak memerlukan cermin mata, malah wanita yang mandul tetapi akhirnya dapat mengandung.

Ramai pasangan yang datang terutamanya kerana isteri tidak dapat mengandung sepanjang lebih lima tahun berkahwin, dan banyak pasangan ini menerima rahmat kehamilan. Disebabkan banyak pasangan yang meminta saya berdoa untuk mereka, pada sesi malam Perjumpaan Kebangkitan 5 Mei 1993, apabila saya berdoa untuk orang sakit, saya juga berdoa untuk, "Sesiapa yang mandul, terimalah rahmat kehamilan." Selepas selesai perjumpaan kebangkitan, saya dengar banyak pasangan melahirkan anak pada tahun berikutnya. Ramai kanak-kanak yang dilahirkan pada waktu itu telah tamat Tadika Manmin pada tahun yang sama.

Sepatutnya Ditakdirkan Hidup Dengan Kecacatan Tubuh

Kami mengadakan Perjumpaan Kebangkitan Dua Minggu yang kedua pada bulan Mei 1994, dengan tajuk, "Saya Akan Lakukan" (Yohanes 14:13). Dalam perjumpaan ini, kehadiran Roh Kudus dirasai dengan begitu kuat juga. Ramai yang hadir dalam perjumpaan ini mengalami penyembuhan suci. Saya ingin bercerita tentang Joanna Park, yang waktu itu berada dalam hospital kerana terlibat dalam kemalangan jalan raya yang teruk.

Joanna Park terlibat dalam kemalangan jalan raya langgar belakang yang melibatkan empat kenderaan semasa dalam perjalanan pulang dari tempat kerja, pada 27 Mei 1993. Dia

Joanna Park terpaksa hidup dengan kecacatan seumur hidupnya
Joanna Park disembuhkan sepenuhnya dan boleh berjalan di perjumpaan penyembuhan dengan Rev. Jaerock Lee
Joanna Park kini berkhidmat untuk gereja, dengan tubuh yang sihat sebagai seorang mubaligh

mengalami koma dan dibawa ke hospital. Rahangnya retak dan sendi pada dagunya patah. Ususnya juga mengalami kecederaan teruk. Dia dipenuhi luka di seluruh tubuhnya. Disebabkan tulang femurnya terkehel, bahagian pelvis dan sendi pinggul hancur dan membengkak. Kaki kanannya juga kebas dan dia tidak dapat menggerakkan jari-jari kakinya dan pergelangan kaki. Disebabkan kelumpuhan saraf fibula, salah satu daripada kakinya memendek sebanyak 5 sm. Doktor menyatakan yang dia terpaksa hidup dengan kecacatan ini seumur hidupnya.

Pada 10 Mei 1994, Joanna Park mendapat kebenaran dari pihak hospital untuk menghadiri Perjumpaan Kebangkitan Khas Dua Minggu. Dia datang dengan memakai topang, tetapi apabila saya berdoa untuk semua jemaah dari mimbar, kerja penyembuhan mula berlaku. Kakinya yang senget telah kembali lurus. Dia sebelum ini tidak dapat menguap atau membuka mulut, tetapi hari itu dia sudah boleh menguap beberapa kali tanpa sebarang kesakitan. Apabila saya berdoa untuknya secara peribadi, dia merasakan Api Roh Kudus, dan dia dapat berjalan sendiri tanpa bantuan topang. Ahli-ahli gereja yang menyaksikan keajaiban ini berasa amat gembira dan memuliakan Tuhan dengan satu tepukan yang gemuruh. Selepas 2 minggu, dia pergi menjalani pemeriksaan di Hospital Universiti Hanyang. Kaki kanannya telah memanjang sebanyak 5 sm, dan kini kedua-dua belah kakinya telah sama panjang.

Ada satu lagi kisah tentang seorang bayi yang tiada harapan langsung untuk hidup, tetapi dengan izin Tuhan telah disembuhkan. Ketua Paderi Soonim Kim melahirkan anaknya tidak cukup bulan, dan bayi ini hanya seberat 1.2 kg. Bayi ini dimasukkan ke dalam inkubator, tetapi saluran darah berdekatan jantungnya telah putus, dan dia mengalami pendarahan otak dan hilang penglihatan. Doktor menyatakan bahawa pendarahan otak pada bayi adalah sesuatu yang tidak boleh dirawat. Tanpa pembedahan, dia juga akan hilang penglihatan sepenuhnya. Namun, walaupun pembedahan ini berjaya, dia hanya akan mendapat satu pertiga daripada penglihatan normal.

Pada 7 Mei 1994, doktor meminta ibu bapa ini membawa bayi pulang ke rumah, memandangkan mereka tidak dapat berbuat apa-apa lagi. Mujurlah Perjumpaan Kebangkitan sedang berlangsung pada waktu itu. Ketua Paderi Soonim Kim membawa anaknya ke gereja. Keadaan bayi ini amat serius. Selepas mengambil terlalu banyak ubat dan suntikan, beratnya tidak mencecah walau satu kilogram. Nampaknya seperti tiada harapan untuk dia hidup. Bapanya sendiri sudah berputus asa dengan bayi ini.

Pada 8 Mei, apabila saya mula berdoa dengan khusyuk untuk bayi ini, Tuhan mula menunjukkan kekuasaanNya. Anak matanya yang sebelum ini tidak jelas, mula berubah menjadi warna hitam, dan dia dapat melihat secara normal. Dia juga mula bertenaga dan dapat menyusu melalui botol. Sejak itu dia mula makan lebih banyak dan membesar dengan sihat. Namanya 'Hanna,' dan kini dia merupakan seorang pelajar sekolah menengah yang membesar dengan indah di hadapan Tuhan.

Seorang Pesakit yang Menghidap Apopleksi Serebrum

Pada tahun 1995, Perjumpaan Kebangkitan Khas Dua Minggu dijalankan dengan tajuk, 'Orang Yang Benar Hidup Berpandukan Iman.' Pada hari terakhir Kebangkitan, semasa doa untuk orang sakit sedang berlangsung, berlaku sedikit kekecohan di pintu masuk gereja, dan seorang lelaki dibawa masuk dengan pengusung. Nampaknya dia dibawa ke sini dengan ambulans. Keadaan lelaki ini amat kritikal. Kemudian, saya mendapat tahu bahawa dia adalah Pegawai Gereja Moonki Kim, yang telah diserang apopleksi serebrum. Satu salur darah telah pecah dalam otaknya.

Isterinya merupakan seorang paderi. Dia berkhidmat sebagai paderi di sebuah gereja yang baru dibuka, dan dia selalu datang

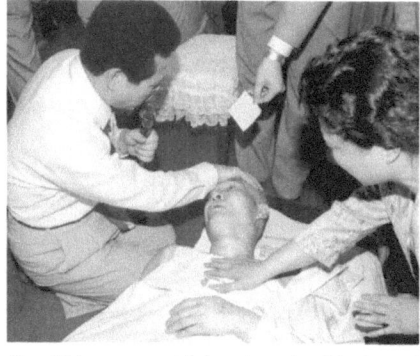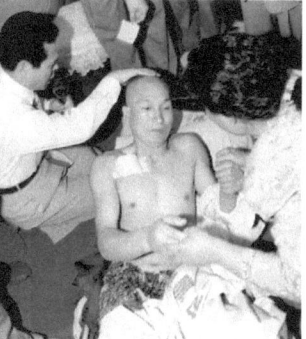

Pesakit dengan apopleksi serebrum berdiri selepas doa

ke gereja kami dari semasa ke semasa untuk mendengarkan Firman Tuhan. Apabila lelaki ini dibawa ke hospital, doktor menyatakan yang harapannya untuk hidup amat tipis. Jadi, memandangkan isterinya tahu bahawa perjumpaan kebangkitan sedang dijalankan di gereja kami, dia membawa suaminya dengan ambulans ke gereja kami untuk menerima penyembuhan berdasarkan keimanan.

Saya berdoa untuk pesakit yang sudah tidak sedarkan diri ini, dan sejurus selepas saya selesai berdoa, dia terus duduk tegak. Perkara ini berlaku seperti dalam filem. Semua hadirin yang menyaksikan hal ini mula bertepuk tangan dan memuliakan Tuhan.

Menerima Penyembuhan Sejurus Sebelum Tangan Dipotong

Dalam perjumpaan ini, Ketua Paderi Sang-yi Lee yang

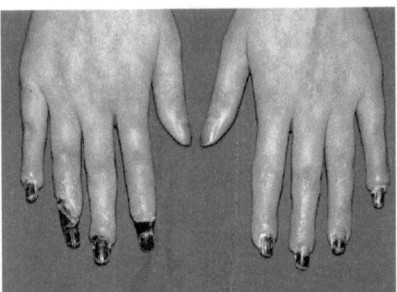

Sang-yi Lee disembuhkan dari jari-jari mereput

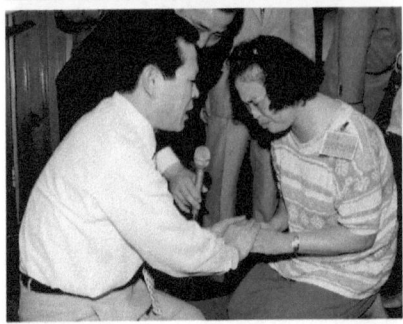

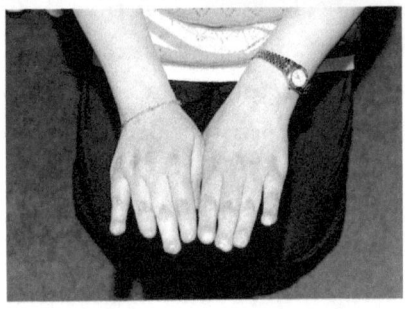

mempunyai lapan jari yang telah mereput, menerima penyembuhan dan jari-jarinya sembuh selepas menerima doa. Pada musim sejuk tahun 1985, dia telah mengalami luka beku. Dia telah mencuba pelbagai-bagai jenis rawatan termasuklah akupunktur. Tiada satupun daripada rawatan ini memberikan kesan. Dia juga mengalami artritis di seluruh tubuhnya. Pada tahun 1990, semasa berada di Seoul, dia telah disarankan untuk datang ke gereja kami dan dibawa ke sana. Selepas datang beberapa kali, dia kembali ke rumahnya. Selepas pulang ke rumah, dia menjauhkan diri dari Tuhan dan menjadi malas dalam mengukuhkan keimanannya.

Pada tahun 1993, tubuhnya mula mengecut dan lehernya menjadi keras. Dia disahkan menghidap artritis reumatik di seluruh tubuhnya, dan simptom mula timbul apabila tubuhnya mula lemah. Dia dimasukkan ke Hospital Universiti Guro Korea, tetapi dua bulan kemudian, lapan jari-jarinya mula mereput, kecuali kedua-dua ibu jari. Tangannya menjadi hitam hingga ke pergelangan. Bukan hanya kuku, malah tulang jarinya juga mula mereput. Doktor menyatakan yang tangannya terpaksa dipotong hingga ke pergelangan untuk menghentikan pereputan merebak ke lengan, dan tarikh pembedahan ini telah ditetapkan. Disebabkan kesakitan yang teruk, Ketua Paderi Sang-yi Lee terpaksa mengambil banyak ubat penahan sakit. Pada bulan Mei 1994, satu hari sebelum pembedahan akan dijalankan, dia menghadiri Perjumpaan Kebangkitan Khas Dua Minggu. Dia akhirnya menerima doa dari saya, dan dia mengakui pada masa itu, tangannya mula berasa panas dan kesakitan yang tidak tertanggung ini hilang begitu sahaja. Sejak itu keadaannya bertambah baik, dan doktor menyatakan yang dia tidak memerlukan pembedahan dan dia dibenarkan pulang.

Pereputan berhenti dan bahagian yang keras seperti kulit kayu ini tertanggal dan menampakkan kulit yang baru tumbuh. Kukunya juga tumbuh yang baru. Tahun depannya, pada bulan Mei 1995, dia sekali lagi menghadiri Perjumpaan Kebangkitan Khas Dua Minggu. Pada perjumpaan doa khas untuk orang sakit pada hari kedua kebangkitan, dia sekali lagi menerima doa dari saya. Selepas saya berdoa untuknya, badannya terasa ringan dan kesakitan yang disebabkan oleh artritis reumatik hilang sama sekali. Dia telah bersih dan sempurna, bukan sahaja jari-jarinya yang dahulu mereput, tetapi seluruh tubuhnya juga bebas dari kesakitan dan penyakit.

Dilindungi Dalam Keruntuhan Pasar Raya Sampoong

Dalam gereja ini, kami mempunyai satu organisasi misi yang dinamakan 'Misi Cahaya dan Garam' yang merupakan misi untuk orang yang bekerja di restoran dan perniagaan pengedaran. Sejak ditubuhkan pada bulan Oktober 1985, kumpulan ini telah menjalankan jemaah dan perjumpaan doa di banyak tempat. Mereka bekerja untuk dakwah dalam industri pengedaran dan restoran. Memandangkan ahli-ahli 'Misi Cahaya dan Garam' bekerja pada hari Ahad, mereka menghadiri jemaah selepas kerja mereka selesai, iaitu pada jam 9 malam dan 11 malam setiap Ahad.

Pada 29 Jun 1995, satu malapetaka berlaku pada kira-kira jam 6 petang. Bangunan yang dinamakan Pasar Raya Sampoong telah runtuh. Kira-kira 10 orang ahli gereja kami sedang bekerja di sana, dan Tuhan memberikan pelbagai jalan berbeza untuk mereka menyelamatkan diri. Dalam situasi yang buruk ini, kami menerima keajaiban iaitu kesemua ahli kami selamat.

Rahib Jinsook Hong, yang bekerja di Pasar Raya Sampoong, terperangkap oleh runtuhan konkrit di tingkat bawah aras tiga bersama rakan-rakan yang lain, dan dengan keajaiban telah berjaya diselamatkan. Dia bekerja di bar makanan ringan pekerja di tingkat bawah aras tiga. Apabila tamat jam bekerja, dia pergi ke farmasi untuk berehat sebentar. Bangunan ini runtuh semasa dia di sana, dan dia terperangkap bersama jururawat di farmasi ini. Semasa bangunan ini runtuh, kepala jururawat ini tercedera dan tulang kakinya patah. Disebabkan mereka tidak dapat melihat langsung dalam gelap, mereka tidak dapat mencari jalan keluar. Kadang kala mereka dapat mendengar jeritan orang meminta tolong dari jauh.

"Jinsook, kepala saya berdarah. Semasa kamu berdakwah

Runtuhan Pasar Raya Sampoong

kepada saya, saya tidak sukakannya dan cuba mengelak dari kamu. Saya minta maaf. Ya Tuhan! Saya minta ampun, saya percayakan kamu sekarang!" Jururawat ini merintih dan menjerit. Rahib Jinsook Hong berdoa untuknya sambil menangkannya dengan Firman Tuhan. Debu simen di udara telah masuk ke tekaknya. Rahib Hong berdoa, "Ya Tuhan, hantarkanlah penyelamat bukan untuk saya sahaja, tetapi juga untuk semua orang di sini, tolong hentikan runtuhan ini dan berikanlah kami udara segar."

Tuhan menjawab doa ini. Tiga jam selepas tertimbus, pada kira-kira jam 9 malam, mereka dapat melihat cahaya lampu suluh dan seseorang berkata, "Ada sesiapa di sana?" Mereka menjerit, "Di sini!" dan dua orang penyelamat datang selepas mendengar jeritan mereka. Farmasi ini berdekatan pintu kecemasan, dan mujurlah pintu kecemasan dan tangga di sini tidak runtuh.

Apabila anggota penyelamat tiba di tangga, mereka mendengar suara orang berdoa dan memuji Tuhan. Jururawat ini dibawa ke hospital dengan ambulans, tetapi rahib Jinsook Hong tidak cedera langsung. Kisah ini dilaporkan dalam banyak akhbar utama pada hari esoknya, yang menyatakan bagaimana anggota penyelamat mendengar suara menyanyi dan menjumpai mangsa yang tertimbus.

Siapa yang akan menyanyi dalam situasi terdesak dan membahayakan seperti ini? Suara ini adalah suara berdoa dan memuji Tuhan, dan Tuhan menggerakkan hati para penyelamat untuk pergi ke tempat di mana hambaNya sedang terperangkap. Jinsook Hong memang sentiasa menghadiri jemaah Ahad dan selalu memberikan derma. Apabila kita menghormati Hari Tuhan dan memberikan derma seperti yang sepatutnya, Tuhan melindungi kita dari kemalangan dan penyakit.

L. A. 1995

Gereja Sebelum Berpecah

Sebelum Kempen Misi diadakan, dari 27 hingga 29 April, terdapat satu siri perhimpunan gabungan lebih 40 gereja di beberapa tempat, dan saya mengadakan perhimpunan di gereja [H] Presbiterian yang diketuai paderi [O] yang juga merupakan pengerusi jawatankuasa penganjur. Sebelum saya pergi ke Los Angeles, ahli gereja kami membekalkan saya dengan sedikit wang untuk digunakan dalam lawatan misi ini. Sebelum bertolak, saya berkata kepada beberapa orang pekerja gereja, "Tuhan memberikan saya sejumlah wang yang banyak untuk derma misi kali ini, dan saya percaya ia diperlukan untuk tujuan tertentu." Gereja Presbiterian yang disebutkan tadi, di mana saya mengadakan perhimpunan selama tiga hari adalah sebuah gereja kecil. Paderinya yang sudah berusia lebih 60 tahun, bekerja keras secara sendirian tanpa bantuan sesiapa. Perhimpunan ini bersaiz

Membacakan doa pembukaan di Majlis perbandaran LA

Menerima Kerakyatan Kehormat dari LA

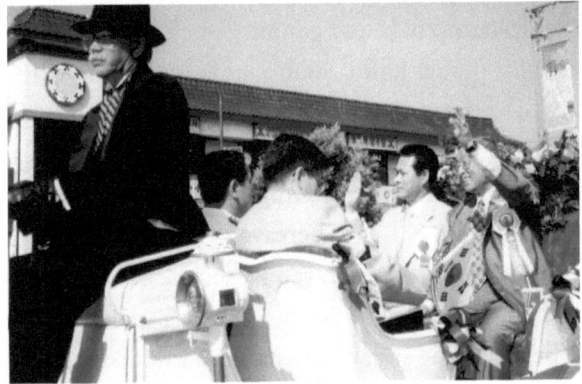

Di Perarakan pada "Hari Korea" di LA

kecil di mana kira-kira 100 orang berkumpul selama tiga hari, dan saya cuba memberikan khutbah yang terbaik. Ramai paderi yang mengetuai gereja yang lebih besar mahu saya menjadi penceramah, dan mereka agak sedih kerana saya tidak dapat hadir. Saya percaya ada sebabnya Tuhan menghantar saya untuk mengadakan perhimpunan di gereja kecil ini selama tiga hari.

Pada 29 April, semasa perjumpaan terakhir, paderi gereja berdoa untuk gerejanya dan dia menangis semasa berdoa sambil berkata, "Ya Tuhan, tolonglah selesaikan masalah kewangan gereja kami. Gereja ini akan diserahkan kepada dunia." Saya telah mengalami banyak situasi yang tidak menyenangkan sebagai penceramah pada masa itu, tetapi mendengarkan doa ini, hati saya bertambah runsing. Tuhan menggerakkan hati saya pada waktu itu.

"Bantulah gereja ini. Bukankah jumlah derma misi yang banyak ini disediakan untuk situasi seperti ini? Bantulah gereja ini."

Semasa mendengar suara ini, saya berkata dalam ceramah, "Saya tidak tahu berapa banyak hutang gereja ini, tetapi gereja Tuhan tidak sepatutnya menderita akibat perkara duniawi. Saya akan berikan bantuan kecil, jadi marilah semua ahli turut mengambil bahagian," dan saya menjanjikan derma sebanyak 20,000 dolar AS.

Saya memahami bahawa Tuhan menghantar saya ke gereja ini kerana saya mampu menerima dan memahami situasi-situasi yang tidak menyenangkan. Saya tidak mahu dilayan seperti penceramah, tetapi hati saya dipenuhi keinginan untuk membantu paderi ini dan memberikan ketenangan dalam hatinya. Saya cuba sedaya upaya supaya paderi ini tidak berasakan apa-apa ketidaksenangan, dan masanya tidak akan dibazirkan kerana saya. Semasa perhimpunan, kumpulan puji-pujian saya mengetuai sesi memuji Tuhan. Mereka juga cuba memberikan sebanyak mungkin rahmat dan kehadiran Roh Kudus kepada ahli gereja.

Pada keesokan harinya, hari Ahad 30 April, paderi datang berjumpa saya dengan wajah yang murung dan berkata, "Paderi, sehingga semalam, ahli gereja lain yang mengenali kamu datang ke perjumpaan ini, tetapi hari ini, saya yakin semuanya tentu tidak akan datang. Kamu tidak perlulah ke gereja untuk melihatnya." Saya terkejut dengan apa yang dikatakannya, dan bertanyakan apa yang telah berlaku. Dia menyatakan yang pembantu paderi gereja ini telah gagal peperiksaan pentahbisan paderi, dan dia membuat aduan tentang paderi ini. Dia telah meletakkan jawatan dari gereja, dan ada beberapa orang pegawai gereja yang tidak sukakan paderi ini, dan mereka kini berpecah. Gereja ini berada dalam keadaan kucar kacir. Tambahan pula, gereja ini mempunyai masalah kewangan disebabkan hutang, dan ahli gereja telah hilang semangat untuk bangkit semula.

Tetapi semasa saya pergi ke gereja, kami dapati bahawa ahli-ahli tidak meninggalkan gereja malah gereja ini penuh. Kerusi di bahagian koir juga penuh, dan mereka hadir dengan wajah berseri-seri. Tuhan mengetahui situasi gereja ini dan untuk menyelamatkannya, Dia menghantar saya untuk menyampaikan Firman Tuhan dan membantu paderi dari segi kewangan.

Kempen Misi LA '95

Pada 30 April 1995, 'Misi Kempen Dunia LA 1995' telah berlangsung di Pusat Konvensyen oleh Jawatankuasa Penginjilan

Dijemput sebagai Pengerusi Kehormat pada Hari Korea ke-22 LA dan mengambil bahagian di Pusat Budaya

Dunia dan Jawatankuasa Gerakan Kerohanian Kristian Korea-Amerika, dan saya telah dijemput sebagai penceramah utama. 'Kempen Misi Dunia' telah berlangsung dengan jayanya dengan izin Tuhan. Dua hari selepas itu, saya telah membaca Akhbar Kristian Amerika. Ia menyatakan,

"Pada 30 April, seramai kira-kira 50 penggerak kebangkitan dan lebih 8,000 penganut telah berkumpul dan mengadakan perjumpaan kebangkitan untuk penyatuan banyak kaum. Rev. Jaerock Lee, penceramah utama telah memberikan khutbah bertajuk, 'Mari Kita Menjadi Satu,' dan menggesa para hadirin, 'Kita adalah saudara dalam satu agama, tidak mengira kawasan, budaya dan mari kita jadikan penyatuan kepercayaan ini sebagai batu asas penginjilan dunia.' Suara hadirin yang menyorakkan moto kempen ini, 'Sebarkan dakwah ke hujung dunia; jadikan bandar ini bandar malaikat; kemenangan milik kita!' bergema di seluruh dewan konvensyen."

Saya juga menghadiri majlis sarapan doa yang turut dihadiri hampir 300 orang pemimpin kawasan metropolitan bandar Los Angeles. Mereka memuji persembahan pasukan pujian dan tarian gereja kami, dan sesetengah daripada mereka mengalirkan air mata kerana tersentuh dengan persembahan ini.

Festival Hari Korea

Pada bulan September 1995, saya menghadiri 'Festival Hari Korea' ke-22 di Koreatown, Los Angeles, sebagai pengerusi kehormat. Saya menyampaikan doa perwakilan bagi batu asas sebuah monumen, dan saya juga membacakan doa pembukaan bagi acara 'Malam Korea.' Saya juga melibatkan diri dalam acara kemuncak festival ini, iaitu Perarakan Festival dengan kereta berhias bunga. Ada sebuah kereta berhias yang ditarik empat ekor kuda, dan ini merupakan kereta berhias untuk tetamu khas. Saya tidak selesa membuat kemunculan di hadapan begitu ramai orang, namun dengan hati yang rendah diri, saya telah dipilih untuk menaiki kereta berhias ini. Kereta berhias lain mengekori kereta yang saya naiki dari belakang dalam perarakan ini.

Terdapat gangguan dan kekacauan yang berlaku dengan niat menghalang saya dari menghadiri acara ini sebagai pengerusi kehormat. Persatuan Korea Los Angeles mengadakan mesyuarat tentang hal ini dan mengeluarkan kenyataan bantahan terhadap gangguan ini, dan menyatakan jika sesiapa didapati menyebarkan khabar angin palsu tentang saya, pengerusi kehormat, mereka akan mengambil tindakan undang-undang terhadap pihak berkenaan. Kerja jahat Syaitan dihentikan oleh orang-orang yang Tuhan sediakan di tempat-tempat yang saya tidak jangka.

- Tamat buku 1 -
Bersambung (Buku 2)

Penulis:
Dr. Jaerock Lee

Dr. Jaerock Lee dilahirkan di Muan, Wilayah Jeonnam, Republik Korea, pada tahun 1943. Semasa berumur 20-an, Dr. Lee telah menghidap pelbagai jenis penyakit yang tidak boleh disembuhkan selama tujuh tahun dan hanya menunggu kematian tanpa sebarang harapan untuk sembuh. Suatu hari pada musim bunga tahun 1974, dia dibawa ke gereja oleh kakaknya dan melutut untuk berdoa, dan Tuhan yang Hidup menyembuhkan semua penyakitnya serta-merta.

Sejak saat Dr. Lee berjumpa Tuhan melalui pengalaman menakjubkan ini, dia telah mengasihi Tuhan dengan sepenuh hati dan keikhlasan dan pada tahun 1978 telah dipanggil untuk berkhidmat sebagai hamba Tuhan. Dia berdoa dengan tekun supaya dapat memahami kehendak Tuhan, mencapai kehendak ini dan menurut segala Firman Tuhan. Pada tahun 1982, dia mengasaskan Gereja Pusat Manmin di Seoul, Korea, dan banyak kerja Tuhan, termasuklah penyembuhan dan mukjizat, telah berlaku dalam gereja ini.

Pada 1986, Dr. Lee telah ditahbiskan sebagai paderi pada Perhimpunan Tahunan Yesus Gereja Sungkyul di Korea, dan empat tahun selepas itu, pada tahun 1990, khutbahnya mula disiarkan di Australia, Rusia, Filipina, dan banyak negara lain melalui Syarikat Penyiaran Far East, Stesen Penyiaran Asia dan Sistem Radio Washington Christian.

Tiga tahun selepas itu, pada tahun 1993, Gereja Besar Manmin telah dipilih sebagai "50 Gereja Terbaik dunia" oleh majalah *Christian World* (AS) dan dia telah menerima Doktor Kehormat Ketuhanan dari Kolej Kepercayaan Kristian, Florida, AS, dan PhD pada tahun 1996. dalam bidang Khidmat Agama dari Seminari Teologi Kingsway, Iowa, AS.

Sejak 1993, Dr. Lee telah menerajui misi dunia melalui banyak perjuangan ke luar negara seperti ke Tanzania, Argentina, L.A., Baltimore, Hawaii, dan New York di AS, Uganda, Jepun, Pakistan, Kenya, Filipina,

Honduras, India, Rusia, Jerman, Peru, Republik Demokratik Congo, dan Israel. Perhimpunan di Uganda telah dipaparkan dalam CNN, dan di Perhimpunan Israel yang diadakan di ICC di Jerusalem, dia menyatakan yang Yesus Kristus adalah Al-Masih. Pada tahun 2002, dia dinobatkan sebagai "paderi sedunia" oleh akhbar-akhbar berbahasa Inggeris utama di Korea atas kerjanya di pelbagai negara luar dalam Perhimpunan Penyatuan Agung.

Pada bulan Disember 2015, Gereja Besar Manmin mempunyai ahli seramai 120,000 orang. Terdapat 10,000 cawangan gereja di dalam dan luar negara di seluruh dunia termasuklah 56 gereja cawangan di bandar-bandar utama Korea, dan setakat ini lebih 103 mubaligh telah dihantar ke 23 negara, termasuklah Amerika Syarikat, Rusia, Jerman, Kanada, Jepun, China, Perancis, India, Kenya dan banyak lagi.

Pada tarikh buku ini diterbitkan, Dr. Lee telah menulis 100 buah buku, termasuklah yang mendapat sambutan hangat seperti *Merasai Kehidupan Abadi Sebelum Kematian, Hidup Saya Iman Saya I&II, Tujuh Gereja, Ukuran Iman, Syurga I &II, Neraka* dan *Kuasa Tuhan*. Hasil karyanya telah diterjemahkan ke dalam lebih 75 bahasa.

Penulisan kolumnya diterbitkan dalam *The Hankook Ilbo, The JoongAng Daily, The Dong-A Ilbo, The Munhwa Ilbo, The Seoul Shinmun, The Kyunghyang Shinmun, The Hankyoreh Shinmun, The Korea Economic Daily, The Korea Herald, The Shisa News,* dan *The Christian Press.*

Dr. Lee kini merupakan pemimpin banyak organisasi dan persatuan Kristian: termasuk sebagai Pengerusi, Gereja Penyatuan Suci Yesus Kristus; Presiden Tetap, Persatuan Misi Kebangkitan Kristian Dunia; Pengasas & Pengerusi Lembaga, Global Christian Network (GCN); Pengasas & Pengerusi Lembaga, Jaringan Doktor Kristian Sedunia (WCDN); dan Pengasas & Pengerusi Lembaga, Seminari Antarabangsa Manmin (MIS).

Buku-buku lain yang hebat dari penulis yang sama

Syurga I & II

Jemputan ke Bandar Suci Yerusalem Baru, yang mana 12 pintu pagarnya diperbuat daripada mutiara yang bergemerlapan, di tengah-tengah Syurga yang luas dan bersinar seperti permata berharga.

Tujuh Gereja

Mesej Tuhan untuk membangkitkan orang Kristian dan gereja daripada tidur rohani, yang dihantar ke tujuh gereja yang dicatatkan dalam Wahyu bab 2 dan 3, yang merujuk kepada semua gereja Tuhan.

Neraka

Mesej kepada semua manusia daripada Tuhan, yang tidak mahu walau satu jiwa pun masuk ke Neraka! Anda akan mengetahui perkara yang tidak pernah diterangkan di mana-mana sebelum ini tentang penderitaan di Neraka.

Hidup Saya Iman Saya II

Satu kisah menyentuh hati tentang keimanan sebenar untuk mengatasi apa jua jenis dugaan, serta kerja-kerja api Roh Kudus yang dipaparkan di gereja yang mempunyai keimanan sebenar.

Ukuran Iman

Apakah tempat tinggal, mahkota dan ganjaran yang disediakan untuk anda di syurga? Buku ini memberikan kebijaksanaan dan bimbingan untuk anda mengukur tahap iman dan memupuk iman yang terbaik dan matang.

www.urimbooks.com

www.ingramcontent.com/pod-product-compliance
Lightning Source LLC
LaVergne TN
LVHW041742060526
838201LV00046B/883